夢を叶える夢を見た

耳を通じて

心がうらぶれたときは　音楽を聞くな。
空気と石ころぐらいしかない所へ
そっと沈黙を食べに行け！　遠くから
生きるための言葉が谺してくるから。

清岡卓行

夢を叶える夢を見た／目次

まえがき

これは「何とか人生を変えたい」、「このままでは生まれてきた甲斐がない」、「今の仕事を辞《や》め、新しい世界に飛ぼうか、飛ぶまいか」と悩んでいる男女に贈るリポートである。

作家の島田雅彦は、朝日新聞（二〇〇二年九月一日付）の「私がいる時間」というコラムで、次のような発言をしている。

今「本職」の定義というのを考えています。ある仕事をしていて①恥ずかしくない②費やす労力と時間を無駄だと思わない③金にならなくてもやる、ということがあれば、その仕事はその人にとって「本職」なんです。ひとつひとつの文章を、時間をかけて磨き上げていく作業は楽しいし、それにかまけて飽きることがありません。のってくれば

1日に15時間書き続けても苦にならない。逆に書いていないと、病気になってしまいます。たとえ出版されなくても、戦争が起きても小説を書き続けるでしょう。「本職」を持っているのは、幸せなことだと思います。

私は自分の「脚本家」という仕事において、島田の発言に近い思いを持っている。本職であり、天職だと思っている。だが、「本職」を持つ前はいつも「何とか人生を変えたい。このままでは生まれてきた甲斐がない」と思っていた。それが作家であれスポーツ選手であれ専業主婦であれ、自分にとって「本職」だとして満たされる仕事を持っていれば、まず「生まれてきた甲斐がない」とは思わないはずだ。

これは「本職」を求めて揺れている男女に贈るリポートでもある。

脚本家になる前の私は、三菱重工業に勤務するごく普通のOLだった。在籍は十三年半の長きにわたっている。

当初は、二、三年勤めたら結婚して、専業主婦になるつもりでいたので、就職は安定したブランド企業であればどこでもよかった。一生仕事を続ける気なんぞサラサラなく、最初から「腰かけ」である。その意味では仕事内容もどうでもよかった。

伯父のコネで三菱重工業に入社した時、まさか十三年半も勤務することになるとは思いもせず、ずっと独身でいるはめになるとも思わず、まして、ゆくゆくは脚本家として生きることになろうとは、もうどこを押しても引いても考えられなかった。あの頃、「脚本家」という言葉さえ、私は知らなかったのではないかと思う。

ところが、二、三年で結婚退職するはずがそうはならず、毎日、毎日、雑用とごく簡単な仕事をこなしながら、私はふと考えるようになっていた。

「このままではいけない。人生を変えなくちゃ……」

さりとて、何をどう変えていいものやらまったくわからない。何よりも、私には何の能力もなかった。しかし、「このままではいけない」という思いは年齢を重ねるごとに強くなっていった。

「雑用とコピー取りとお茶くみで、人生を終えるんだろうか……。何とかしてここを脱け出さなくちゃ。何とかして会社を辞めなくちゃ」

当時の社会はまだ「女は二十代前半が結婚適齢期」という考え方が強く、結婚したら退職するのが普通であった。そのため、どこの会社でも一般ＯＬは私と似たりよったりの仕事をしていたはずである。その一方で、男たちは終身雇用が当然の時代であり、まして大企業を飛び出そうとする人は限りなくゼロに近かった。男たちは昇給も昇格も、ほぼ年功序列で保証されている時代であった。

それを十分わかっていて「腰かけ」で入社した私なのに、こんな生活を続けていては何のために生まれてきたのかわからないという思いが、ついには強迫観念に近くなっていた。

だが、辞める勇気がない。大企業でぬくぬくしている限り、特別な能力のない私でも生きていけるのだ。しかし、毎日はあまりにも虚しい。そんな中で「人生を変えなくては……」と焦《あせ》るばかりで、結局は雑用の日々から脱出できない。年齢だけがどんどん増えていく。人生の先が見えてくる。世間的に評価される力は何ひとつない。どう力をつけたら、何の力をつけたら武器になるのかもわからない。会社には毎年、若い新卒ＯＬが入社し、二十代後半ともなれば暗黙のうちにオバサン扱いされている。

二十代半ばからの十年間余りは、決してオーバーではなく、私が生きていて何の価値があるのだろうと思ったほどだ。あの苦しさ、閉塞《へいそく》感というのは病気を引き起こしても不思議はなかったと思う。このままでは人生を棒に振るのは目に見えており、私の危機感は異常なまでに大きかった。

当時、そんな思いを抱えているＯＬは社内にも非常に多かった。本当に自分の力を試そうという勇気のある女たちは、飛び出して行った。外資系企業に転職した女もいたし、ひそかに受験勉強をして上級国家公務員になった女もいた。ケーキ職人の見習いになったり、海外留学したり、仲間と会社を起こした女もいた。また、やっぱり結婚が一番と思った女たちは、積極的に相手を探し、結婚退職していった。

一番困るのが、私のようにどっちつかずの女である。飛び出す勇気もないくせに、結婚話にものれない。結婚は正直なところ、しようと思えばできた。だが、踏み切れなかった。あの頃、私は結婚退職していく女たちよりも、仕事のために飛び出して行く女たちの方をはるかに羨むようになっていたのである。とにかく仕事をしたくて、結婚は二の次だった。

私は取り残された女たちと、寄るとさわると愚痴をこぼし、ため息をついた。

「どうにかしなきゃね。ここを脱け出さないと。でも、何もできないし……」

こうやって一緒に愚痴って、一緒にため息がつける仲間がたくさんいたことは、何という救いだったことか。

だが、私はさらに追いつめられることになった。彼女たちと私とでは、抱えている危機感に差がありすぎた。それを知った時の衝撃は強烈だった。彼女たちは「人生を変える手段」として、地域のバレーボールチームに入ったり、コーラスグループを作ったり、書道や油絵を習い始めたりしたのである。それらは「趣味」であり、私が望んでいるものは違った。私は、私を一人前として扱ってくれる「仕事」を手にしない限りは、絶対に人生は変わらないと思っていた。私の場合は、趣味を楽しむことで活路を見出せるレベルの危機感ではなかったのである。「このままでは死んでも死にきれない」という、火がつくほどの危機感だった。

私と非常によく似た思いが『ボクサー回流』（山岡淳一郎、文藝春秋）の中に書かれている。これはプロボクシングのWBA元ジュニア・ウェルター級世界王者、平仲明信について書かれたノンフィクションである。平仲は一九六三年に、沖縄で養豚業を営む家に生まれた。そして、物心ついた頃から父を助けてひたすら豚の世話に明け暮れていた。だが、このまま一生を終えていいのかと悩み抜く。何になりたいのかもわからない時期の苦しみである。それについて、次のように書いてある。

明信は豚から《逃げたい》とおもいながら、では何処へ逃げればいいのか、皆目見当がつかなかった。逃げ場は養豚に代わる「自活」の道でなければならない。豚舎で仕事をしていても、内面は、新しい契機を求めて、激しく渇えていた。自分を生かせる道は何か。くる日もくる日も豚小屋の掃除をしながら悶々と考えていた。

こうして彼は揺れ続けた末、ついに動いた。そして、アマチュアボクサーを経て、一直線にプロボクサーへの道を走り出して行く。

私もこれと同じ思いをした果てに、「脚本家」への道を歩き始めた。と書くとカッコよすぎる。現実にはＯＬのかたわら、『シナリオセンター』という脚本家養成学校の夜学に通うことにしただけである。

ただ、それはやがて確かな「夢」としてふくらんでいった。とうてい現実になるとは思えなかったが、現実にするための努力だけはしようと思った。

そして、初めて脚本家養成学校に行った日から約七年後、私は会社を辞めた。脚本家としての仕事など何ひとつなかったが、無理な力を入れずともポロリと退職できた。むろん、そこに至るまでは揺れに揺れたが、私はあの時、ひと思いに辞めなかったら、絶対に脚本家にはなれなかった。絶対に夢は手にできなかった。

私がそんな経歴を『切ないＯＬに捧ぐ』（講談社文庫）や、『切ない30代に捧ぐ』（角川文庫）に詳しく書いて以来、全国の読者から大変な量の手紙が届くようになった。その多くに書いてある。

「私も夢を叶えたい。でも飛び出す勇気がないのです。苦しいです」

「飛び出して成功するためには何が重要だと思いますか。それがわかれば、飛び出すべきか否か決心がつくと思うのです」

「夢に向かって突っ走っても成功するとは限らないし、このまま安全な道を進んだ方が後悔しない気がする。でも、夢を叶えずに死ぬのも悲しいし、揺れています」

これらの内容を読むたびに、私は胸が痛む。見ず知らずの私に手紙を書く思いに、遠い日の自分が重なる。当時の私にも、こういう、いわば素朴な思いを相談できる人はなく、そんな書籍も情報もなかった。私はいつでも自問自答し、今思えば危険と紙一重の選択をして飛び出したのである。あの頃、少しでもよりどころとなる相談相手や情報があれば、私とてどれほど救われただろう。

誰しも「なりたい自分」を持っている。「女優になりたい」、「作家になりたい」、「会社を起こしたい」等々、人間の数だけ「なりたい自分」はあるだろう。さらに、そこまで思わないまでも「人生を変えたい」という人はもっと多いだろう。

その思いを「夢」と呼んだ時に、夢に向かって飛び出すには必ずリスクを背負う。多くの場合、夢と現実は両立しない。誰もがそれをわかっているだけに、簡単には決断できない。安定した公務員の座に居続けながら自分の会社は起こせないのだ。私にしても、本格的に脚本家を志すには大企業ＯＬの安定を捨てるしかなかった。その上、夢を手にできない確率の方が、はるかに高い。

私は多くの手紙を読みながら、「夢という爆弾」を爆発させて人生を終える人と、爆発させることなく「夢の不発弾」を抱えて死ぬ人と、結局は二通りしかないのだと思った。人生を終える時、それぞれの人は何を思うのだろうか。夢のために安定を捨て、飛び出して満足して死ぬ人がいるだろう。飛び出して後悔して死ぬ人がいるだろう。一方、飛び出さずに満足して死ぬ人、飛び出さずに後悔して死ぬ人がいるだろう。どうなるのかは死ぬ時にしかわからない。

ただ、これだけは言える。よく生きた人だけがよく死ねるのだ。

私はそんな思いの中で、「飛んだ人」と「飛ばなかった人」をリポートしてみたいと考えた。そこに正解はない。アドバイスもできない。すべて自分が決めることだ。だが、遠い日の私と同じ悩みを抱えている人たちにとって、そんなリポートは決断のきっかけにはなるかもしれない。飛ぶにせよ飛ばないにせよである。

そう思って以来三年間、本職の脚本を書く一方で、取材を続けてきた。

本著における取材対象は、すべて私の友人知人ばかりである。未知の対象に突然ぶつかってみても、きれいごとと嘘が並ぶ危険があると思った。事実、私は友人知人たちの現在に至るまでのプロセスを多少なりとも知っているだけに、彼らは本音を語ってくれている。一人を除き、すべて実名である。

また、二十代から五十代までの男女各百人に、インターネットを通じてアンケートを取った。「なりたい自分」ということに関し、希望や諦《あきら》めや種々の思いが、年齢的にどう移り変わっていくのかを見たいと思ったのである。

そして、私はこの三年間、本著のために一人の若いプロボクサーを追い続けた。なぜプロボクサーかと思われようが、私はプロボクシングほどリスキーで厳しい仕事はないと思うからである。「世界で最も厳しい職種」と言ってもいいのではないか。

二〇〇二年三月、私の脚本によるNHKのテレビドラマ『私の青空2002』の記者会見で、プロボクサー役の俳優の三宅健に、記者から質問が飛んだ。

「プロボクサーに、どんな思いを持ちましたか」

三宅は言下に答えた。

「僕ならプロボクサーを仕事にしません」

その理由を問われると、

「僕はロードワークや走るのが嫌いですから」

と外《はず》した後で、言い切っている。

「役作りのためにボクシングジムに通って、ボクサーとも親しくなり、試合も観《み》てきました。試合前のボクサーの様子も、試合後の状況も知りました。仕事としては厳しすぎます」

おそらく三宅は、短期間にしてそれを感じたのだ。

「なりたい自分」というのが「プロボクサー」であるとしたら、これは本当に厳しい夢だ。その夢に向かって「飛ぶ」としたら、他の職種に向かうよりはるかに大きなリスクと覚悟を要する。それでもプロボクサーを夢見て飛んだ人たちが大勢いる。いかなる仕事であれ、夢に向かって飛ぶことは、プロボクサーを目指すほどのリスクがあると覚悟した方がいい。ボクシングはその象徴として取り上げた。そして私は、プロボクサーの榎洋之（角海老宝石ジム）を追ってきた。二〇〇二年十月現在、彼は日本フェザー級三位で、十六戦十五勝一引き分けの負け知らずである。

本著は膨大なデータを基《もと》にしたリポートではない。だが、飛んだ人も飛ばなかった人も真《しん》摯《し》に語ってくれている。

さらに、「世界で最も厳しい職種」であるプロボクシング界の方々にも、数多く話を聞いた。彼らの言葉の重みには圧倒される。それは飛ぼうか、飛ぶまいかと迷っているすべての人に、強烈な刺激を与えるだろうと確信している。

（まえがき及び文中敬称略）

第一章　飛ぶべきか　飛ばざるべきか

――揺れる人　揺れない人――

揺れる人　揺れない人

夢に向かって飛び出す決断は、そう簡単なものではない。おそらく、誰だって揺れる。それがどんな夢であれ、そう簡単に叶うものではないと、年齢を重ねるごとにわかってくる。今回、多岐にわたる項目でアンケートを取ったのだが、ここに非常に興味深い結果がある。

〈学生時代に希望した職業に、自分自身で見切りをつけたのは何歳の時ですか？〉

次頁のグラフを見るとわかる通り、各年代とも圧倒的多数の人々が「大学を卒業する時点」で不確かな夢に見切りをつけ、より確かな現実に向かって人生を歩き出している。おそらくこれは、「社会に出る時点」とイコールであろう。つまり、若者は社会に出る時に分別をつけるのだ。ということは、不確かな夢は、「分別のないもの」としてとらえられていると言っていい。

〈学生時代に希望した職業に、自分自身で見切りをつけたのは何歳の時ですか？〉

20代

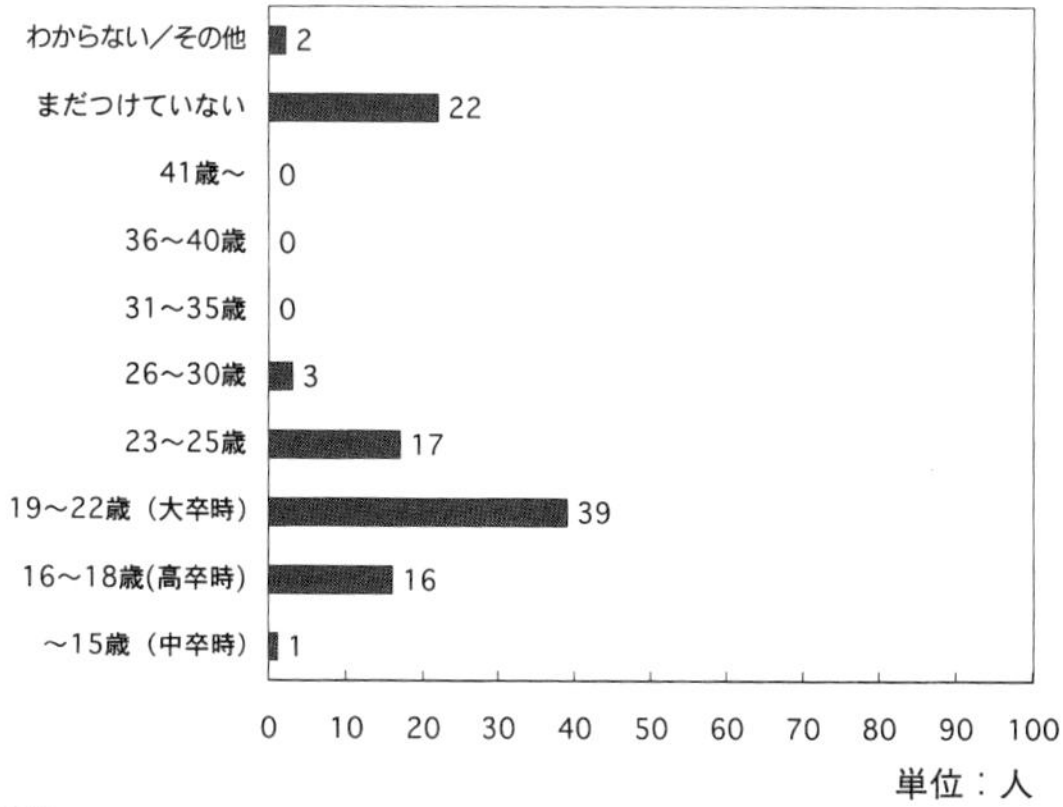

30代

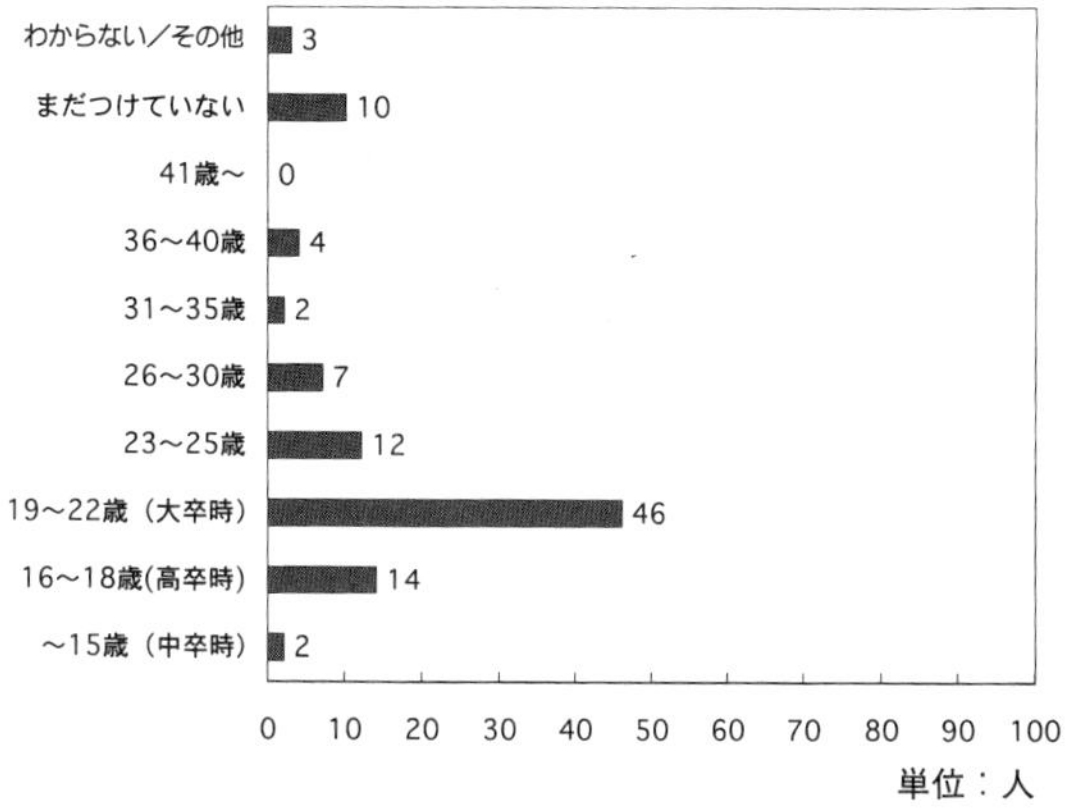

40代

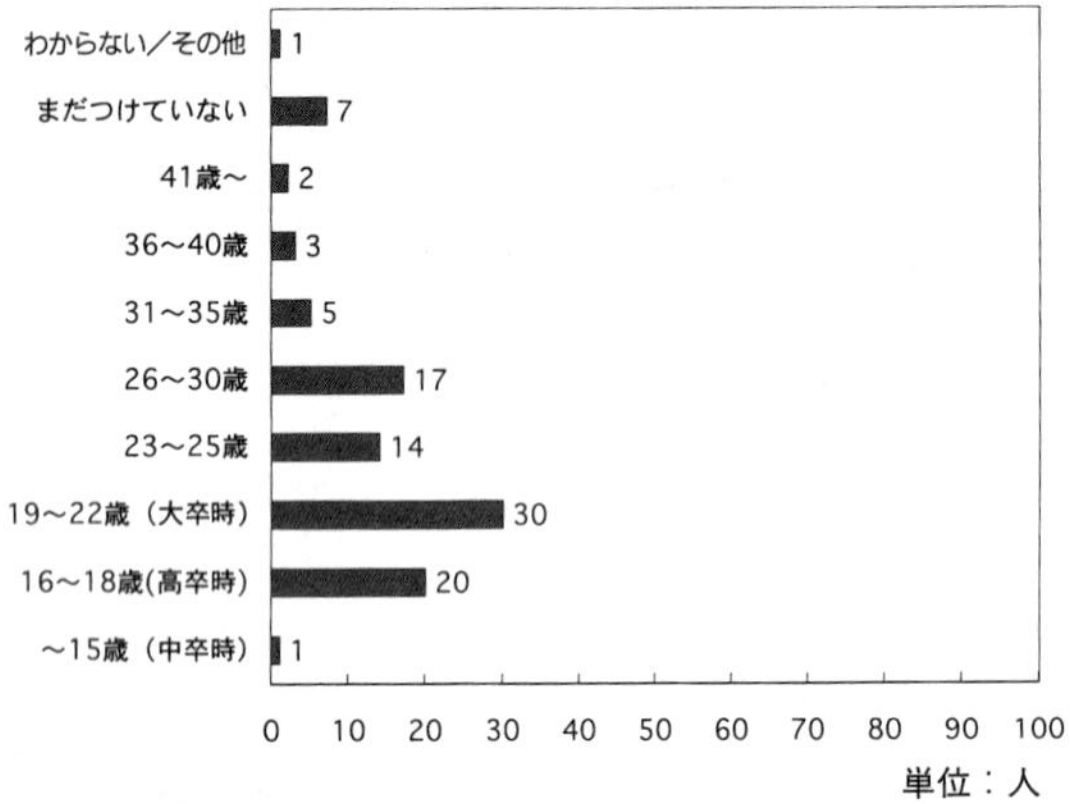
わからない／その他 1
まだつけていない 7
41歳～ 2
36～40歳 3
31～35歳 5
26～30歳 17
23～25歳 14
19～22歳（大卒時） 30
16～18歳(高卒時) 20
～15歳（中卒時） 1
0 10 20 30 40 50 60 70 80 90 100
単位：人

50代

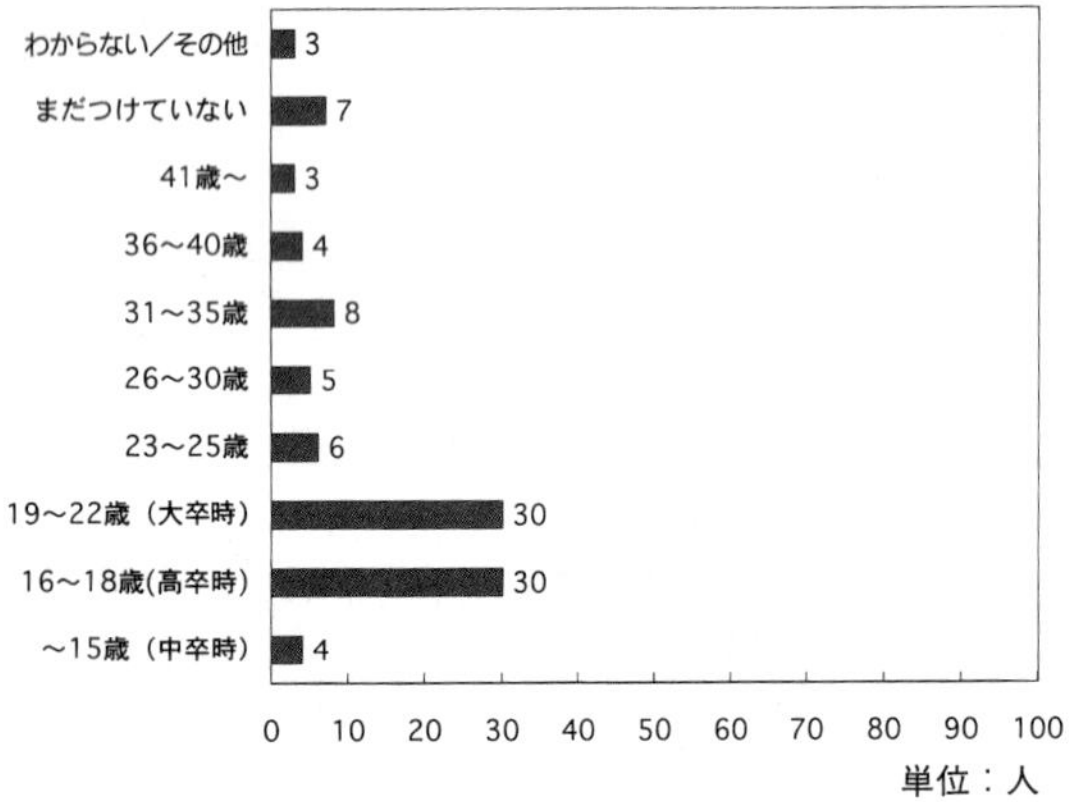
わからない／その他 3
まだつけていない 7
41歳～ 3
36～40歳 4
31～35歳 8
26～30歳 5
23～25歳 6
19～22歳（大卒時） 30
16～18歳(高卒時) 30
～15歳（中卒時） 4
0 10 20 30 40 50 60 70 80 90 100
単位：人

アンケートによると、五十代の人々は「大学卒業時」と「高校卒業時」が同数であるが、いずれにせよ十八歳から二十二歳くらいまでの間に、人間は「大人の選択をする」と考えられる。

しかし、これはかなり早すぎる決断とも言える。「人生八十年」と考えた時、残りの人生が六十年前後あるのだ。六十年もあれば、

「このまま人生を終えていいのだろうか」

「夢にもう一度チャレンジすべきではないだろうか」

「自分で選択した仕事であり、生活であるのだが虚しい。これは自分の考えていた人生ではない」

となるのは当然だろう。早すぎる分別が、後々に揺れを生むのは皮肉なことである。

だが、一度社会に出た後に、再び夢を目指して再出発するのはさらに難しい。学生時代と違い、守るべき生活基盤、加齢、家族など多くの問題が肩にかかっている。それを承知の上で飛び出さねばならないとなれば、気持が揺れ惑うのは当たり前のことである。

私自身も揺れに揺れた。普通に考えたなら「脚本家になる」などという夢は叶わないと思うものだし、それ以前に、そんなものを目指していることがバレたらもの笑いになる。私は会社の終業後に脚本家養成学校に通っていることを、ごく親しい女友達にしか言わなかった。

いつだったか、会社の同僚にバレた時には、

「うん、通ってるの。でもまさか脚本家になりたいとかそんなバカなことを考えてるんじゃないわよ。社内報の座談会やインタビュー記事をまとめるのに、脚本の勉強しとくとうまくまとめられそうだと思って」

と答えている。同僚は何の疑いも持たず、

「ああ、そりゃそうかもな」

と言った。私は社内報の編集が仕事のひとつであったし、何よりもお堅い大企業の一般OLが脚本家を目指していようとは、周囲は疑うことさえなかったのである。

ましてそんな周囲の人たちは、私が人生にそれほどまでの危機感を持っているとは、誰も考えなかったと思う。

それはそうだろう。まずつぶれる心配のない一流企業で、ヨットやテニスに明け暮れ、会社の安い保養所を利用して旅行三昧《ざんまい》のお気楽OLだ。仕事は誰にでもできる雑用とお茶くみとコピー取りだ。対外的には「社内報編集者」と言ってはいたが、月に一回タブロイド判数ページの社内報作りなど誰にだってできる。そんな楽な仕事をしながら、給料もボーナスも確実にもらっているわけである。その上、私は家に一銭も入れず、全額をおこづかいにしていた。それを知っている周囲は、私が悶々《もんもん》としているとは思いもしなかったはずだ。せいぜ

いが「結婚を焦っているだろう」という程度ではなかったか。

だが、現実の私は結婚よりも、何とかここから飛び出したいとそればかりを焦っていた。ただ、飛び出すには夢を現実に近づける必要がある。しかし、その夢が「脚本家」では、あまりにも現実離れしていて口にも出せない。

雑誌などで今、転職体験談や夢を叶えた人たちのコメントを読むと、少なからずの人々が、

「失敗も成功も考えず、とにかく思い切ってエイヤッと飛び出しました」

という類のことを語っている。確かにそういう人たちもいるだろうが、それを額面通りに受け取りすぎるのは危険だ。むろん、すべてがすべてではないが、そういう答のカッコよさにはある種のサービス精神が加味されていると考えた方がいい。安定した企業やポジションに身を置く社会人が、本当に何も考えずに揺れもせずに、「エイヤッ」で飛び出せるなら、それは非常に珍しいケースである。私のように独身で、親がかりで、たとえ「エイヤッ」とやってもさほどのマイナスはないような女でも、やはり飛び出すには十三年半の歳月が必要だったのだ。何の揺れもなかったのは入社後二年かそこらであり、それを差し引いても実に十一年以上、揺れて試行錯誤を繰り返した末の決断だったのである。

また、女性誌などでは女性有職者がよくアドバイスしているが、まず必ず出てくる言葉に、

「世間体なんか気にしないで生きろ」

「誰にどう言われようと、自分の思いを貫《つらぬ》け」

があある。それはその通りだが、私はそれらを読むたびに、この乱暴な確信はどこから出てくるのだろうかと思う。彼女たちは、強者の視点なのだ。一般的には世間体は捨て切れないし、家族に泣きつかれれば意志は貫き難《がた》いものである。そう簡単に貫けないから揺れるのである。

そして、これから紹介する人たちも、正直にその「揺れに揺れた日々」を語ってくれている。

一九九二年三月、一人の男が日本中の人々をあきれさせた。

「よくぞ夢に向かって決断したものだ。とても信じられない……」

国民の多くはそう言い、そう言いながらもこの男の決断と勇気に拍手を送った。そこには自分ができないことをやってくれた男への、羨望と期待も確実にあった。

男の名は成松伸哉《なりまつしんや》。後の大相撲力士「智乃花伸哉《とものはな》」である。

智乃花、つまり成松伸哉は一九六四年に熊本で生まれた。日本大学文理学部を卒業した後、山口県の公立中学、公立高校で体育教師として安定した生活を送っていた。将来は年金までつく公務員である。すでに学生時代からの恋人と結婚し、元気な一人息子は一歳を過ぎたばかりの可愛いさかり。傍目《はため》には幸せそのものの家族であった。

　ところがそんな中で、彼は一人で悶々としていた。大相撲の力士になりたい夢が、日に日に大きくなっていく。他の仕事と違い、プロスポーツ選手は特に年齢や肉体の若さが大きな条件となる。簡単に飛び込めるわけがない。

　成松は学生時代から相撲選手としてその名を馳《は》せており、教師時代にも欠かさず国体や全日本アマチュア選手権などに出場。一九九一年にはその選手権で念願の優勝も果たしている。だからといって、プロの力士になるとなれば話は別である。まして、彼はすでに二十八歳になろうとしていた。後に新聞などの報道では、

「平成四年三月初土俵、二十七歳」

　と書かれたが、それは三か月後の六月には二十八歳になろうという二十七歳だったのである。力士はその年齢で引退することさえあり、彼の夢はそれほどとてつもないことだった。それも安定した公務員の職を捨て、妻子と別居して新弟子から始めるのである。その上、力士として成功する保証は何ひとつない。年齢を考えても、「夢に賭け損」の率の方が高い。そんな中で「エイヤッ」のはずがあるまい。私は決断に至るまでの揺れを、直接本人に聞いてみたいと思った。

　そして二〇〇一年九月三日、智乃花を訪ねて立浪部屋に向かった。午前中の霧雨が残暑の

空気に残り、力士の鬢《びん》つけ油が濃厚に匂う午後だった。

立浪部屋の二階の大広間で、智乃花は髷《まげ》を結い直してもらっていた。朝の稽古をすませ、チャンコを食べ終え、一番心の休まる時間である。私が、

「十九日から九月場所が始まる忙しい時に、お時間を取って頂いてありがとうございます」

と言うと、彼はあの愛らしい顔を崩した。

「大丈夫ですよ。それより横綱審議委員にわざわざ来て頂いて。オーイ、誰か、お茶ッ」

まだ髷も結えない若い力士が、大きなパンツ姿で麦茶を運んで来た。そして、離れたところから私たちの麦茶の減り具合をさり気なく注意している。おかわりを注ぐたびに、土俵上の蹲踞《そんきょ》の姿勢になるのが何とも力士らしい。思えば智乃花も、こんな地位からスタートした二十七歳だったのだ。

髷を結い終えた彼に、私は「決断までにどう気持が逡巡《しゅんじゅん》したか」をまず訊《き》きたいのだと言った。

「エイヤッであろうはずがないと思うのですが」

とつけ加え、彼の表情をうかがった。

智乃花は小さくうなずき、しばし言葉を選ぶかのように間をとった後、言った。非常にもの静かな口調だった。

「自分はどっちかっていうと考えこむ方で、一歩が出ないんですよ、なかなか。相撲界に入る時は思い切って行きましたけど、それ以外はほとんど躊躇《ちゅうちょ》して、そう思い切ったことはできないタイプなんですよね」

そう言って麦茶にも手を出さず、揺れた日々のことを語り始めた。私は大相撲観戦が趣味であり、ずっと以前から相撲関係の月刊誌や新聞報道を丁寧にチェックしている方だが、初めて聞く話も少なくはなかった。智乃花は、

「そうかもしれませんね。『揺れ』について集中的に質問されたことなんてありませんから」

と言って笑った。

成松伸哉、後の智乃花は日大の卒業を前にしたある日、相撲部の田中英寿監督から言われた。

「どうだ、いっそプロでやってみないか」

日大相撲部から大相撲界に入って成功した力士は数多い。その筆頭が「黄金の左」と呼ばれた横綱輪島である。左廻しを取ったら、手がつけられないほど強く、実に魅力的なキャラクターを兼ね備えた花形力士だった。

智乃花は言う。

「だけど、どうしても……自分にはどうしてもその時、勇気がなかったんですよ。相撲界に

飛び込む勇気が……。力士としての自分の素質とか力を信じてなかったところもありますよね。すごく怖かったですから、プロの相撲界なんて。雲の上ですから、プロの力士は。そうは言っても……本当はやってみたい気持も半分あった。半々でした」

この「半々」が、いざ就職という時に、公務員の方に傾いたのは実に簡単な理由だった。「教職の免状を取っていたんですよ。もしも教職免状を持っていなかったら、卒業と同時に相撲界に入っていたかもしれませんね」

私はそれを聞きながら、もしかしたら教職免状は、彼にとって格好の「逃げ」になっていたのではないかと思った。不安定な道に魅力を感じながらも迷う時、背中をポンと押されて「やめた方がいいよ」と言われると安堵《あんど》するのは万人の思いだろう。不安定な道に行かないことを、自分に納得させる「背中ポン」が、彼の場合は教職免状だったのではないか。免状がある以上、利用すべきだよと自分を納得させることができるのだ。

私自身もそうだったが、飛び出したいのに、飛び出せない人間というのは、必ず飛び出さない理由を探し、強引に正当化したがる。そうしないと、飛び出せない自分を支えきれないのだ。

智乃花は、そんな私の内心を見透かしていた。彼は私が驚くほどストレートに吐露《とろ》した。

「どうこう言っても、プロ力士になるのは不安だったんですよ。それだけです。不安に押しつぶされたような感じで、プロ入りをやめたんです。ね、一番無難というか、教師の道を行ければそれがベストだなと」

そして、こうも言った。

「冷静にというか、分析もしましたよね。相撲に関しては大学でやるだけのことをやったし、燃えつきたなと。プロに行くには自分は体も小さい。学生力士の成功者ばかりが表に出ますけど、失敗している人だって少なくはないんです」

不安定な道に行かない理由はそろった。さらに、相撲指導のできる教師を欲しがっている公立中学から引きがあった。山口県宇部市立厚南中学である。あの当時も今も、教師になるのは狭き門であり、教職免状を持っていても就職できないのが普通だ。そこに相撲指導まで望まれたとあっては、わざわざ不安定な道へ進む方がおかしい。

こうして一九八六年、成松伸哉は公立中学の保健体育教師として、社会人の第一歩を踏み出した。担任まで持ち、まさに本格的な熱血先生であった。

立浪部屋の大広間で、智乃花は裸の上半身の汗を拭いながら、その当時のことを振り返った。

「教師生活は忙しいし大変でした。でも、生徒は可愛かったし、やり甲斐のある仕事でした。それに、自分はもう『相撲は趣味』と割り切って、国体に出たり選抜選手権に出たりしてましたしね。相撲指導も面白かったですよ。自分は生徒たちに相撲を通じて人間形成や精神面の充実を学ばせたかったんです。教室の中で口先だけの教育は通用しないんじゃないかと、かねがね思っていましたから」

二年後、今度は山口県立大津高校に転任することになった。ところが、ここには相撲部がなかった。今、全国的に見ても、土俵のある中学や高校は稀有《けう》だし、何よりも生徒がマワシをつけたがらない。成松教師は柔道部の顧問にならざるを得なかった。

「自分は相撲を通じて教育したいのに、これでは自分の力が発揮できない。思い悩みましたよね……」

しかし、それもあったにせよ、実は教師生活の間ずっと、意識下に「半々」の気持が尾を引いていたのである。智乃花はハッキリと言った。

「やっぱり、プロの力士になりたいという気持を半分持ったまま、教師になったってことですよ」

おそらく、教師としての熱心な相撲指導も、国体や各種選手権出場も、相撲を断ち切れない人間の「燃焼願望」だったのではないか。

私は人間には二通りあると思っている。何かを断ち切る時、「スパッと切って、二度と近寄らない」タイプと、「趣味で楽しもうとする」タイプである。恋愛もそうだ。別れた相手と二度と会わないタイプと、よき友達でいようとするタイプがある。

成松教師は、表面上は「相撲を趣味」として割り切り、そんな形で相撲と関わることで、何とか自分をだましてきたのではなかったか。そこに起こったのが柔道部顧問の依頼であったが、追いうちをかけるような出来事が重なった。

日大相撲部で同時期を過ごした舞の海や大翔鳳、両国、久島海らがプロの大相撲界で華々しい活躍を見せ始めたのである。

「最初は自分も夢中で応援してたんですよ。だけどそのうちに、彼らと過ごした学生時代を思い出すんですよ。一緒に稽古してたんですから。色んなことを思い出して……ああ、彼らはプロに入って、本当に勇気があるなァって思うしかなかった。自分は入れなくて、一歩引いた人間ですから」

学生時代の仲間がスター力士として活躍する姿をテレビで見ながら、我に返ると自分だけが違う世界にいる。その焦燥感はいかばかりだったか。それも「半々」が尾を引いているだけに、なおのことである。

立浪部屋の窓の外ではまた霧雨が降り出していたが、智乃花は静かに語り続けた。

「彼らの姿をテレビで見ながら、だんだん居ても立ってもいられなくなりましてね。最初は彼らを応援していたのに、気がつくと『自分もあっちの世界に行きたいなァ』って。そうなってきた」

だが、「エイヤッ」とは行けなかった。アマチュア力士として、全日本選手権で優勝するほどの実力者の成松であっても、相撲におけるプロとアマの実力差は計り知れないものである。とてつもない差なのだ。それがわかっていればこそ、大学卒業時にプロを断念したのである。

「揺れてるあの頃は苦しかったですよ。行きたいな、行きたいなっていつも思いながら、口には出せません。年齢も年齢だし、体力も心配だし、女房子供もいる。生活がありますからね。公務員という安定した職場を捨てて、海のものとも山のものともつかない夢に賭けられませんよ」

夢を封じこめ、彼はその後も「趣味の相撲」でアマチュア大会に出たり、柔道部の顧問に打ちこんだり、むろん熱っぽい授業を続けたりした。だが、プロ力士への思いは日に日につのる。

「このままだと人生に悔いを残すと思いました。たとえ飛び出して失敗したとしても、やったという満足感は得られるんじゃないかと思いましてね。でもそう思う端から、飛び出すのはすごくバカなことではないかと、また思うわけですよ。揺れに揺れて、悩みに悩んで、とうとう切羽詰まった状態で女房に打ち明けました」

この時の妻・千秋の反応がすごい。夫はこれほど切羽詰まった思いで切り出したというのに、千秋は動じることなく質問したという。

「あなたがそうしたいんなら、私は構わないわよ。だけど体を戻せるの？」

学生時代からつきあっていた妻は、夫の絶頂期の体を見ていた。それが五年後の今、二十キロ以上も体重が減り、かなりたるんでいたのである。

「自分は女房に言いましたよ。三か月トレーニングしてみるって。それで戻らなかったら諦めるからって」

三か月後、体が戻る感触を得た成松は、ついに日大相撲部の田中監督を訪ね、心のうちをすべて話した。すでに二十八歳になる年が明けていた。「半々」の気持に決着をつけるのに、実に五年の歳月が流れていた。

これが後に小結まで快進撃をし、「中年の星」として国民的スターになった智乃花の、決断までのいきさつである。

さらに面白いことに、

「せっかくプロ入りを決心したのに、どの相撲部屋も取ってくれないって田中監督が頭をかかえましてね。そりゃ二十八歳を目前にして、妻子持ちの新弟子ですから、どこも引き受けたくないですよ」

と智乃花は大笑いした。しかし、名門中の名門である立浪部屋が手をさしのべ、小結まで昇ったのだから、人生というものはわからない。短絡的に「もうトシだから」と考えるのだけはやめた方がいいかもしれない。

智乃花は、私と話した直後の九月場所を限りに、引退を決めた。むろん、私と会った時点ではそんな気配はなかったが、十年間を燃えつき、三十七歳の堂々たる最後であった。

不確かな夢に向かって飛び出す時は「誰だって大揺れに揺れる」ということを、私自身もOL時代に知っていればずい分救われただろうと思う。あの頃はそんな情報はほとんどなかっただけに、私のように揺れて悩んでいるのはおかしいのかもしれないと恥じることがあった。会社のOLたちは誰しも同じ思いや悩みを抱えていたが、私の危機感は「まえがき」に記したように他の人より深く、比べて病的だと思うことさえあった。まして、夢を叶えた人々の談話は「エイヤッ」と決めてしまったというものが多かっただけに、私は深刻に生真面目に悩みすぎている自分が恥ずかしく、やがては家族にも同僚にも本音を話さなくなっていた。

しかし、これだけは本著で伝えておきたい。誰でも生真面目に思い悩むのである。思い悩んで思い悩んで結論を出すのだ。飛ぼうが飛ぶまいがである。

これから紹介する村上景峰は、一見したところ「思い悩む」タイプには絶対に見えない。何も考えずに「エイヤッ」だろうと誰でも思うタイプである。

しかし、彼でさえもそうではなかった。ただ、揺れ方や悩み方は千差万別で、私のように十年以上も鬱々《うつうつ》としたり、智乃花のように「半々」をだましだまし、五年間を過ごしてきたりという人間もいれば、村上のように突然やって来たチャンスにとまどいながらも、冷静な条件を自分に課して考える人間もいる。

一九五七年一月生まれの彼は、成城大学経済学部を卒業後、株式会社東亜国内航空に入社した。後に株式会社日本エアシステム（ＪＡＳ）と社名を変え、現在は日本航空株式会社と統合されている。

村上は二〇〇一年六月に、当時のＪＡＳを退職し、四十四歳にして自分の会社を起こした。社員は村上を含めて四人である。

実は私と村上の出会いは最近のことである。写真家の管洋志に紹介され、一九九九年の暮れに初めて出会った。これは仕事とはまったく関係なく、管が、

「面白い男がいるから、一度飲もうよ」

と言ってきたのだ。その席には村上の同僚の小林裕子もいた。小林は一九七〇年生まれで、お受験ママの憧れの的といえる私立桜蔭中学、高校を経て早稲田大学商学部を卒業。卒業と

同時にＪＡＳに入社し、広報室に所属していた。航空会社の広報というのは、花形のセクションである。

一九九九年暮れに私が会った時点では、二人とも夢に向かって飛ぶ気配さえなく、事実、村上は後に語っている。

「突然の嵐みたいなものだったんですよ。二〇〇〇年十月までは、退職も独立も考えもしなかった。そりゃ、サラリーマンとして色々悩むことはあったけど、だからって飛び出して人生を変えようなんてことまでは思ってませんよ」

それが一転したのは二〇〇〇年十月、後述するが小さなきっかけだった。しかし、村上はそのきっかけが捨て難く、半年間考え、悩んだ。それも座して悩むわけではなく、飛び出すための手を打ちながら悩んだというのがこの人らしい。

その結果、半年後の二〇〇一年三月に独立を決意。六月末日にＪＡＳを退社し、翌七月には『株式会社泰雅《たいが》』を設立した。

小林裕子は村上から遅れること二か月、二〇〇一年八月末日でＪＡＳを退職し、総勢四人のうちの唯一の女子社員として、『泰雅』設立に加わった。肩書きは、

「国際部長。もう笑っちゃうでしょ。四人しかいないのに」

である。もっとも私は以前に、

「村上さんがどんな肩書きでもいいって言ってたわよ。副社長にしちゃいなさいよ」と言ってあったのだが、さすがにためらったらしい。

独立起業など考えもしなかった村上が、なぜこうなったのか。

「いや、僕はもともとサラリーマンには向かないとは思ってたの。でも、ＪＡＳでは本当に色んな面白い仕事をさせてもらってたし、宣伝課長や新規事業開発課長として、会社のために夢中で働いた自信はあります」

だが、ＪＡＳという一流企業に入社した直後から思ったという。

「どこの会社でも、人間が人間を評価して、それで出世したり外れたりするでしょう。そこには好き嫌いだとか理不尽なことも作用する。そんなことで他人に人生を決めてほしくないと思いましたよね、入社直後から。そうじゃないと、会社の中で出世することが人のすべての価値になりかねない。そうすると、それから外れた時に『人生終わり』になるわけですから」

それは私も大企業の中でつぶさに見てきた。「どうしてこの人が？」と思うような人が、出世コースをかけ昇ったりする。昔のことだが、私は今でも納得できない人事がある。病気がちで入退院を繰り返していた人がどんどん昇りつめていき、休まずに働いていた同期たちはそのポストにつけなかった。また、超一流大学の超一流学部を卒業し、多くの人が有能だと認めて人望もあつかった人が、上のポストにつけなかった。すべてにおいてさほどでもない人がついている。後者の件について、男子社員の一人は苦々しく答えた。

「彼、できすぎて嫌われてるところがあったから。企業はチームワークだし」

むろん、理由はこればかりではあるまい。だが、確かに言えることは、本来は意味を持つ「できること」も「超一流大学の超一流学部卒」も、「チームワーク」という美名のもとに何の意味も持たなかったことだ。村上の言うように、「理不尽な評価で、他人に人生を決められる」という部分である。ただ、それがサラリーマンの「安定」と引きかえに付いてくるものであり、イヤなら「安定」を捨てるしかない。

村上は言う。

「僕は山一證券がつぶれた時に、スーッとさめていくものを感じました。社長が『社員は悪くないんです』って言って号泣したでしょう。あれを見た時、さめましたね。理不尽な人事から何からすべてをクリアして、自分を殺して社長に昇りつめたら、その大企業が倒産する時代になっている。一方の社員たちにしても、社長に『社員は悪くない』って泣かれてもねえ……」

村上は、山一社長の号泣は多くのサラリーマンにとって象徴的な転換期だったのではないかと言う。

「僕自身、企業って何なんだろうって思い始めましたよね。企業にいれば安心で安全でっていうのが違ってきているなと。逆に、どんな状況になっても自分でしっかりと立っていられるような、そういう自分を作ることの方が将来的にはずっと確実で安全な生き方だと思い始めましたよね」

同じことを、作家の村上龍が語っている（『週刊ポスト』二〇〇一年十月十二日号）。

最低限いえるのは、自分で考えて決断すれば、失敗しても後悔はしないということ。会社に骨を埋めるつもりで働いてきて「明日から来なくていいよ」といわれるよりはいいでしょう。それが自分を守るということだと思います。

しかし、村上景峰は一九九七年の山一倒産事件から二〇〇一年の独立退職までの四年間、サラリーマンの理不尽を知りつつ、

「俺、ホントによく働きましたよ。誰にも負けませんよ、働いたことに関しては」

と言う。その一方で焦っていた。

「大企業がバタバタとつぶれて、しっかりと立てる自分を作ることが一番安全だとわかっていても、年齢と共にファイティングポーズが取れなくなるんです」

村上は学生時代、少林寺拳法ではかなりのところまで行き、根っからの体育会系である。

「俺なんて学歴や頭脳じゃ、一流どこと勝負になんないですよ。だけど『理屈こいてないで殴ってこいよ、この野郎ッ』ってことならできる。だから、いつでも俺はチャレンジャーでありたかった。でも……」

村上は苦笑した。

「四十超えたくらいから、チャレンジャーじゃなくなるんですよ。四十を超えてチャレンジャーやってるの、大変なんです」

その中で、彼は「殴る場所」を見つけようとして、サラリーマンとしてはかなり果敢に働いたと言い切った。

「でもこうやって五年、十年過ごすのかなァと思いましたよね。不況の中で、殴るよりも調和を目指す風潮がますます強くなるんだろうなって。他人に人生決めてほしくないから、俺は出世なんかどうでもいいの。ただ、俺は闘犬みたいなものでね。闘いたい、殴る場が欲しい」

それが村上にとっては「生きている証《あかし》」だったのだ。確かにサラリーマンには向かないかもしれない。

「五年たったら、俺は五十近い。そうなればもう何をやれる年齢でもないし、戻れない。先が見えてしまうんだ、五年たったら。だけど、会社を辞めて何をやるというのか。何もない。でも、このままでは満たされない。そう思って悩みましたよね。だけど妻子もいるし、何かできる男っていうわけでもないし……」

ちょうどこの頃に、私は彼と初めて出会っているわけだ。そんな内心はまったくうかがい知れず、豪放磊落《ごうほうらいらく》なヤツという印象だった。彼は会うたびに、JAS が日本航空《JAL》や全日空《ANA》と互角に闘う体力をつけるためにはどうすべきかと、小さなサービスひとつについてまで私に感想を求めた。熱っぽすぎる村上に、冷静な小林裕子が絶妙のタイミングで水をかけていたのを、私も写真家の管もよく覚えている。

あの頃、彼はJALやANAを相手に、一人でも闘う場、殴る場を見つけたくて火の玉になっていたのではないか。これはあくまでも私の推測だが、こんな闘犬は大企業の中では相当浮いていただろうと思う。そしてきっと彼は淋しかったはずだと思う。

そんな時、村上は「エヌピーサン」という植物活性液・土壌改良剤を研究している人と出会う。これは砂漠化を止める可能性もあるという。村上はJASにおいて、ずっと中国路線に携《たずさ》わっており、中国人ビジネスマンに世間話のようにそれらの話をした。

するとと彼らはその試薬が欲しいと言い出した。村上は、

「ごく軽い気持で出張のついでに渡しました。それだけです」

と言ったが、それだけではすまなくなった。「エヌピーサン」を検査した中国の安徽省《あんきしょう》が、ぜひともこれを輸入したいと言ってきたのである。さらに、ずっとJASの看板の下で働いてきた村上であったのに、

「お国柄でしょうね。中国では社名より個人と仕事をするという意識なんですね。その結果、気がつくと、村上個人と中国人ビジネスマンのパイプができていたんです。それで、彼らに『この薬品でビジネスが成立するぞ』と言われ、やってみたい!! と思ってしまった」

のである。

これが前述した「きっかけ」である。二〇〇〇年の十月から暮れにかけてのことだ。

ただ、彼も「エイヤッ」とは飛べなかった。ひとつには、中国という国は何が起こるかわからず、ビジネスは非常に難しい。JASの仕事を通し、村上はそれを十分にわかっていた。

「中国を相手にした時、ここまでいけばもう大丈夫と思っていても、突然ドンデン返しがくる。ですから、中国ビジネスを事業の中心に置くのは相当な度胸がいると思いました。だけど……」

村上は智乃花と同じことを言った。

「やりたいな、やりたいなと思って、居ても立ってもいられなくなりました」

しかし、村上には中学三年生の長男を頭《かしら》に四人の子供がいた。一番下の次女はまだ五歳で

あり、妻の美奈子は子育てにかかりきりの専業主婦である。JASという一流企業を辞めることは、明日からの生活がおびやかされることだ。

「それでも飛ぶか？　って自問自答すると、ビビるんですよ。家庭がなかったら、すぐ飛んだでしょうね」

そう語る村上の顔から闘犬の匂いが消え、穏やかな父親の表情で言った。

「やっぱり、子供四人の人生をすごく豊満なものにしてやりたいという思いがありますから。もしも『外国で勉強したい』って言われれば、『よし、行って来い』と。『お父さん、犬を飼いたい』って言われれば、『よし、飼え』と。そういう時に、『ごめんな、お父さんお金ないんだよ』という生活は避けたいと思いましたよね。つまり、会社を辞められないんです」

ところが、意に反して夢はどんどんふくらむ。日本の農業をよりよい方向に改革していくために、中国側から刺激を与えることもできるのではないかとか、そのために自分も何か力を貸せるのではないかとか、遠大な夢が広がっていく。

「こんなにときめくことは、もう企業の中では忘れて久しかった。よし、退職するぞとハイテンションになって、そういう時には子供の寝顔を見ても揺れないんですよ。『お前らも自分で生きていけッ』みたいな」

村上は笑った。だが、すぐにまたビビる。その繰り返しの中で、彼は「退職・独立」に踏み切る上で、自分にひとつだけ条件を課した。この条件がクリアできた時は、神が与えたチャンスだと思って踏み切ろう。そう決めた。

「それは中国相手の仕事とは別に、国内で何かビジネスになる新機軸を見つけること。それによって生活できるくらいの、そういう何かが見つかったら踏み切る。それを条件にしました。中国に限らず外国を相手にする場合、自分がいくら努力しても頑張っても、文化の違いもあるし、どうにもならないことがある。ですから、国内で何か、自分の力で何とかできる確かなものが欲しかったんです」

村上の話を聞きながら、こういう条件を自分に課すのは智乃花と同じだと気づいた。彼も「体が戻ったら」という条件を自分に課している。これも一種の「背中ポン」である。とにかく新卒で夢に踏み出すよりも、社会人になってから踏み出す方がはるかに「背中ポン」を必要とする。

村上はしみじみと言う。

「俺、誰だって普通はやっぱり踏み出せないと思いますよ。夢を叶えたくて、人生を変えたくて、バンジージャンプのジャンプ台まで昇る人は多い。いくらでもいる。だけど、本当に踏み切るかっていったら、踏み切るヤツはあんまりいないと思いますね。俺もビビった。だから、『国内で確かな仕事を確保したら』という条件を課したんです」

本著では第二章で「運」についても触れるが、村上には運があった。それは某社のトップを訪ね、打合せをすませた時のことだ。むろん、村上はそのトップに揺れる胸のうちなど話したこともなく、また、そんな関係でもなかった。あくまでもＪＡＳの一社員と、取引き先のトップという関係にすぎない。

するとそのトップが、唐突に言った。

「村上さん、ＪＡＳ辞めてうちに来ない？」

彼がかねてから、村上の闘犬的仕事ぶりを好ましく見ていたことは想像に難《かた》くない。こう言われた時の驚きと喜びを、村上は率直にもらす。

「本当に嬉しかった。航空業界とは関係ない業種のトップが、俺を欲しいと言ってくれたことがどれほど自信になったかわかりません。特に揺れていた時でしたから、欲しいと言われて認められたことが本当に力になりましたね」

その時初めて、自分で会社を起こしたいことを打ち明け、ヘッドハンティングの申し出を断った。ところが、話は村上の思いもしない方向へ向かった。そのトップが、村上本来の中国ビジネスとは別に、自社の営業のアウトソーシングとして手伝ってくれないかと申し出たのである。

「そのトップは言ったんですよ。中国ビジネスを八割にして、二割をうちの営業に割《さ》けないかって。そのかわり、村上さんの中国ビジネスに関しても、うちで力になれることは協力を惜しまないよって。そう言ってくれた」

飛ぶための条件として自分に課した「国内での新機軸」は、こうして瞬時にして決まった。

「強運が作用した」と村上は言う。それから三か月後、彼は退職した。

「今は、その会社の信頼を勝ち取るだけの営業成果を出すと自分に誓っています。そして、その先にはきっと、その会社の力と俺のビジネスとが一体になって動く時が来ると思ってます」

村上は確かに運もあったが、会社設立資金は友人知人が助けてくれたり、彼の仕事に対する姿勢、誠実さがいかに周囲に好印象を与えていたかがわかる。夢に向かって飛ぶにせよ飛ばないにせよ、現在の仕事を懸命にやることは基本だと改めて思う。

そして二〇〇一年九月中旬、小林裕子から私の自宅にファックスが入った。小林がＪＡＳを退職して二週間がたった頃だ。

「やっと事務所に机やキャビネットが入りました。一度ぜひ遊びにいらして下さい」

私は彼女がＪＡＳを辞めるまでの思いも聞きたくて、本著の編集者・舘野晴彦と二人で新しい事務所を訪ねた。

事務所は渋谷の中心部ではあるが、静かなマンション街の一角だ。

ビルの六階にあるオフィスはトイレやキッチンも入れて十坪くらいだろうか。真新しい机が四つ、それにコピー機や冷蔵庫が置かれ、オフィスらしさはあるものの、まだ「稼動」という騒々しさはない。

小林は笑いながら言った。

「まだ全然忙しくないの。だから、ゆっくりしていって下さい」

私は率直に訊いてみた。名門桜蔭から早大、そしてＪＡＳというエリートコースを歩いてきた小林が、「まだ全然忙しくない、社員四人の会社」に踏み出すことに揺れはなかったのかと。

「揺れはなかったですね。タイミングだなと思いましたから」

何が「タイミング」だったのか。彼女は明確に並べあげた。

「広報という仕事が、私には向かないんじゃないかって、かなり前から感じていました。会社の悪いところは隠して、いいところだけをアピールするのが、広報の仕事でしょう。ずっとやっていると虚しくなってくる。もちろん、今後、別のセクションに移ることもあったでしょうし、結婚もするつもりですけど、仕事は続けたい。その時、こうやってただ会社勤めして一生を終えていいのか……と思ってましたよね。そして三十歳になったとたん、桜蔭時代の仲よし八人のうち四人が、続けて電撃的に結婚したんです。ああ、三十歳という区切りの時に、私も人生を変えたいとハッキリ思いました」

どう人生を変えるか、小林には具体策はなかった。ただ以前から夢はあった。

「私、昔から塾を開きたかったの。子供を集めて。それが普通の学習塾じゃないんです。笑われるほど大それた夢なんですけど、イタリアに『アグリツーリズモ』っていうシステムがあるの。それを取り入れた塾を日本で開きたくて」

「アグリツーリズモ」とは、日本語では「自然回帰」と訳されることが多い。都会からの旅行客が農家などに長期宿泊し、一緒に作物を育てたり、その作物で料理を作ったり、交流したりというシステムだ。日本では大分県の安心院《あじむ》町で、この「農泊」を盛んにやっている。「グリーンツーリズム」という名で、まさに小林が考えている形だ。ただ、それは「塾」というものではない。小林は「グリーンツーリズム型の塾」の開設を夢見ていた。

「日本の子供が休暇を利用して、外国の子供たちと一緒に生活したり、一緒に勉強したり。農作物を育てながら自然の中でね。いつか、日本でそんな塾を開きたいんだけど、夢のまた夢で口にしたことはなかったですよ」

小林は笑った。が、そんな時に、村上が農業関係のビジネスで独立する決心を固めたことを知る。小林も以前から彼の仕事ぶりに惚れこんでいた一人だった。そして気心も知れている。村上の仕事に加わることで、農業と近くなり、何かが学べるかもしれないと思った。それに何よりも、ゼロから立ち上げていくことにときめいた。

三十歳の区切り、人生を変えたい気持、夢への道筋、気心の知れた村上との共闘。小林にとって揺れる要素は何もなかった。すべてがベストのタイミングだった。

ただ、最大の難問は両親の説得である。小林は退職の決心をした時、私に打ち明けている。

「親をどう説得するか、それだけが頭痛いんですよ。ＪＡＳから社員四人の会社に移るなんて言ったら、どこの親だって……。それにうちの母は教育ママだから、どれほどショックを受けるか……」

それは当然だ。娘に王道を歩かせようとして教育ママに徹してきたのだから、そこを外れることはとてつもない衝撃だろう。そして、私は小林に言っている。

「それも砂漠化を止める薬品だのって、何だかワケわかんないもんねえ。第一、四人でどうやって砂漠化を止めるのよ。親が何て言うか……」

しかし、この難問は拍子抜けするほど簡単にカタがついた。母の美智は話を聞くや、スパッと言った。

「母親としては、娘には結婚もしてほしいけど、いい仕事もしてほしいわ。裕子が信頼している村上さんが独立して、そういう環境があるなら最高じゃないの。こんなご時世に独立なんてなかなかできないんだし、裕子が自分で決めたんならやってみたら？」

そして、美智から聞かされた父の孝征はたった一言、

「辞めるんだってな」

と言った後、身を乗り出した。

「で、そのエヌピーサンってのはどういうものなんだ？　土壌を変えるんだって？」

娘の決断より、その薬品の方に興味津々であったと、小林は笑う。孝征も会社経営者であり、この反応はいかにもそれらしい。

だが、ここで小林は思ってもみない感情にとらわれた。今までただの一度も揺れなかったのに、両親があっさり許したことで初めて揺れた。

「何ていうか、かえって怖くなったんですよ。本当に私のやろうとしてること、いいのかなァって。何かガクーンときましたね」

私はその揺れがよくわかる。かつて、私が三菱重工業を辞める際、小林と同じ気持になったのは辞表を受理された時である。上司から、

「七月末日付で退職ということで、正式に受理されたから」

と言われた時、突然怖くなった。それまでさんざん揺れて、十三年半たってやっと、無理な力を入れずとも出せた辞表だったのに、また揺れた。もう後戻りはできないのだと、妙に心が沈んだことを思い出す。

私は小林にもうひとつ訊いてみた。

「あなたの場合は比較的揺れずに飛び出したけど、周囲のＯＬたちは『会社辞めたい。でも辞められない』って言ってない？」

小林はうなずいた。

「そう言ってる人、いっぱいいます。辞める勇気がないって言うし、辞めても次がないって言うし。私のこと、いいわねって」

彼女たちのその言い分もよくわかるが、本当に辞める気があれば、村上と一緒にやってもいいはずだ。だが、実際に辞めたのは小林だけだった。小林は言葉を選び、口だけで「辞めたい」と言う人たちを傷つけぬ言い方をした。

「大きな企業にいれば安定してますから。いつ何が起こってもおかしくない時代とは言っても、やっぱり安定は安定ですから。何も冒険しなくても……という気持になりますよ」

この日、オフィスにいる村上も小林も、非常に生き生きしていた。私と編集者の舘野がいた四時間ほどの間、電話は二回しか鳴らなかったし、ファックスは一度も鳴らなかった。だが、小林は本当に頬を紅潮させて言ったのだ。

「今ね、まだヒマだから、毎日、会社で備品や文具のカタログ見てるんです。でも、それでも嬉しいの。自分の会社だとゴミ出しまで嬉しい。何時間オフィスにいてもあきないんですよ」

私はすかさず突っこんでみた。

「今、あなたがこの会社の広報をするとして、もしも会社に悪いことがあったらどうする？　オープンにすべきだと思う？　広報はいいことばかりを言うのはおかしいって、やっぱり思う？」

小林は明らかにハッとした。そして、困ったように答えた。

「私、『泰雅』の悪いことは言わないと思います。自分の会社だと思うから……。イヤァ、私、変わっちゃったなァ。気持のあり方がもう全然違うんですよ。四人しかいないから怖いんじゃなくて、四人しかいないから頑張らなきゃって」

そばから村上が大声で言った。

「自分の会社だと、たかだか机が入っただけで、ホント嬉しいんだよなァ。それまで床にレジャーシート敷いて、四人で花見みたいに座ってたもんなァ」

いつの日か株式会社泰雅が大きくなった時、四人で花見のように座った日々を、胸が締めつけられる思いでなつかしむだろう。私がそう思った時、編集者の舘野が突然言った。

「僕、このオフィスに入った瞬間、胸がギューッとなりましたよ。幻冬舎のスタートを思い出しました」

そうだった。今や社員五十人を抱え、年商八十億超、渋谷区に自社ビルを構え、ヒット作を連発している出版社『幻冬舎』も、一九九四年に社員六人でスタートしたのである。舘野は言った。

「スタートは四谷の雑居ビルの一室で、ここよりほんのわずか広いスペースに六人でした。机も冷蔵庫もピカピカで、仕事がないから同じようにカタログばっかり眺めてました」

その時、村上が真顔で言った。

「幻冬舎の社長、見城さんっていうんでしょう。俺、話聞きたいなァ。今や伝説になるほどの人だもん。聞きたいよな、話。伝わってくるだけで、ちゃんと読んだことないもん」

明らかに私の「灯台もと暗し」であった。角川書店という一流出版社を辞め、ゼロから『幻冬舎』を立ち上げた見城徹に話を聞くことを、村上に言われるまでまったく思いつかなかったのである。

見城徹は一九五〇年に生まれ、慶応義塾大学法学部を卒業後、角川書店に入社した。時の社長は、カリスマ角川春樹であった。

私が三菱重工業を辞め、テレビ現場の取材ライターとしてものを書いていた時も、見城徹の名は知れわたっていた。一介のフリーライターの私の耳にさえ、「角川に見城あり」という言葉で入ってきている。私はまったく面識がなかったが、それほどの名編集者であった。

私の突然の申し出にもかかわらず、見城はただちに西麻布のある店で、インタビューに応じてくれた。これまで独立に関するインタビューは、ことごとく断っていた見城に、まずは「夢に向かって飛ぶか否か、揺れた時の話から聞きたいのだ」と言った。すると彼は即答した。

「人間はみんな、死に向かって行進しているわけですよ。成功しようがしまいが、死ぬ間際に『いい人生だったな』って思って死ねるか死ねないか。それでしょう」

まさにそれこそが、私が本著を書こうとした原点である。人間が「夢の爆弾」を心に抱えつつ、しかし生きているうちに爆発させることなく、「夢の不発弾」として抱えたまま死んでいくとしたら、死ぬ間際に何を思うのか。本著の原点はそれなのだ。

私は常に「人生は短い」という意識が離れない。小林旭が歌う『腕に虹だけ』の作詞をした時も書いている。

「人生は夢の中の夕立ち」
「人生は夏の夜のうたた寝」
「人生は咲きながら散る桜」

だからこそ夢、つまり「腕に虹だけ抱いて」生きていこうという詞を書いた。

が、見城の「人間はみんな、死に向かって行進している」という言葉は鮮烈だった。人間という人間が隊伍を組み、死に向かって休みなく進む「ザッ、ザッ」という足音が聞こえた気がした。西麻布のほの暗い店で、それは恐ろしくも淋しいことだった。見城は言う。

「それはすごく淋しいことなわけで、それをごまかすために、仕事とか家族とか恋愛とか、色んなことをするんだと思うけど、その中で一番キーになるのは、仕事と恋愛だと思う。淋しさをまぎらわすキー」

そう言った後で、見城はおし黙った。私と舘野も黙った。やがて、見城が口を開いた。初めて聞く話だった。

「僕は角川書店に十七年いた間に、二回、『このままじゃ自分はダメになる』と思った。結局いつも、社長の角川春樹の顔色をうかがい、角川春樹に気をつかい、角川春樹に汲々《きゅうきゅう》としている自分がいて。だけど、これではいかに角川春樹に可愛がられていようと、自分自身の本当の人生は充実できないだろうと。このままでは自分がダメになる……と」

私は驚いていた。角川時代の見城とはほとんどつきあいのなかった私だが、この言葉は意外だった。「角川に見城あり」の噂と、角川社長に気をつかう姿が重ならなかったのだ。だが、見城はもっと具体的に言及した。

「顔色をうかがって、それで僕の人生は角川春樹に全部蹂躪《じゅうりん》されているという風に思いましたよ、正直言うと。どうしても、角川春樹の喜ぶ顔を見たいという風になっちゃうんですよ。結局、最初のモチベーションが『社長が喜ぶか喜ばないか』になっちゃうんですよ。悲しいなと思って。自分の人生はやっぱりないなと。来いって言われれば飛んで行かなきゃいけないし、夜も日曜日もお誘いがあるし。それが嬉しい自分もいるし。その中で二度、辞表を出しかけたんですけど、出せなかった。辞表を胸に社長室まで行くのに、勇気がなくて出せないんです」

一度目は『月刊カドカワ』の編集長になる直前、三十二歳の頃だ。二度目は取締役になる直前であり、四十歳の頃だった。

「退職の意志を見透かされたように編集長になるし、取締役になる。だから僕はたぶん、あの事件がなければ、あの事件で角川春樹が社長を辞めなければ、いまでも、角川書店にいたかもしれませんね」

「あの事件」とは、一九九三年に角川春樹がコカイン疑惑で逮捕され、社長の座を明け渡したことである。

見城が辞表を出せなかったのは、蹂躙されていると思いながらも、どこかで角川春樹を裏切れなかったということではないか。そこには愛憎表裏一体の心理を感じてならない。

「あの事件で社長は辞めたでしょう。だから僕も簡単に辞める結論が出せた。今まであれほど辞められなかったというのにね」

長い沈黙が、西麻布のバーに流れた。客は誰もおらず、私と舘野も黙ってウイスキーをなめていた。やがて、見城が少し笑って言った。

「結局、僕にとっては角川春樹がモチベーションだったんですね、今思えば」

こうして見城は一流出版社の取締役の地位を捨てた。当時、彼は独身であり、その気楽さを言う人はいるが、すでに四十二歳になっていた。見城個人としては、

「角川春樹がいない角川書店にいても、僕には意味がないと思った」

で済むが、当初、彼と行動を共にしたいという角川の社員が二十数人いたという。見城自身は多くの出版社から勧誘の話があったものの、これだけの人数を引き連れて他社へは行けない。結局、新しく出版社を起こそうということになる。

「僕は編集バカで、流通のことも何も知らずに決めてしまった。だけど、人間ドラマだなァと思ったのは、僕と行動を共にすると言った二十数人が、最後には五人になったことですよ。こっちが断った人もいたし、直前になってどんどん減っていった。子供が生まれるからとか、家のローンがまだまだ残っているとか」

それは当然の揺れであったろう。いくら見城が有能な編集者であっても、社長としてはまったく未知数である。新会社は海のものとも山のものともつかない。

「彼らの不安は当たり前です。だから僕も彼らに言いましたよ。『角川に残ることを選択しても、全然気にする必要はないよ。俺たちの友情は残るんだから』って。不思議なもので旗頭だったヤツらが突然やめたり、行く、行かないって五分おきに揺れるヤツがいたりね。でもいいんですよ、当然です。だけど、こいつだけは欲しいって思う人間が心変わりして、こいつはどうでもいいって思う人間の決心が固かったりするんだよなァ」

そう言って笑う見城に、横から舘野が言った。

「僕なんか、どうでもいい方の人間ですよ。それまでは雑誌ばかりで書籍のことは経験が少ないし、役に立てるわけがない。で、角川の廊下で見城をつかまえて言いました。『俺、鉄砲玉でいいから使って下さい。鉄砲玉になります』って」

見城はその時の廊下の風景と、舘野の顔をはっきりと覚えていると言った。

話を聞きながら、飛び出す時には誰しも異様なトランスにあるのだと思った。舘野は非常に頭脳明晰《めいせき》で、考え方に奥行きがある。そして、見城の一種独得なロマンチシズムは、舘野には希薄だ。彼は非常にシャープなリアリストである。その彼が「鉄砲玉」と言う。まさに異様なトランスだったのだと思う。

しかし、そういう状態でなければ、現状を捨て去るのは難しいということでもある。それは智乃花にも村上にも小林にも感じた。確かにバンジージャンプを踏み切ることは、そうでなければできないのかもしれない。

私自身のことを振り返っても、大企業を辞めて生きていく自信はなく、親に死なれでもしたら暮らせなかった。その時に大真面目に思った。

「暮らせなかったら野垂れ死ねばいいんだわ。道端で人間が死んでれば、国が焼いてくれるでしょうから」

こう思った時、気持がスッと楽になった。今考えると、これもまさに異様な考え方だが、私は間違いなくこの思いによって、ジャンプ台を踏み切った。

ところで、アンケート結果を見ながら気づいたのだが、若いうちから特殊な仕事を志した人たちは、あまり揺れない。

たとえば看護師、福祉関係の仕事、建築やグラフィックや各ジャンルのデザイナー、そして研究者、学者、こういった職種を早くから夢見て、現実にその仕事についている人たちはアンケートで見る限り、揺れが少ない。

夢と現実のギャップはあるにせよ、これは何と幸せなことだろう。揺れるのに消費するエネルギーを、現在と将来の自分のために使えるのだ。若い時から目的を持って、その道へ進むための勉強をしたり学校に行ったりすることの重要性を、改めて感じる。

私がつくづく、そういう人と自分との差を感じたのは、循環器内科が専門の女医・村上信子にインタビューした時だ。信子医師は一九四三年生まれで、一浪して弘前大学医学部に入学。現在は夫と共に青森市で「医療法人村上新町病院」を開き、その副院長を務《つと》めている。そしてその一方で、青森県アマチュアボクシング連盟の顧問ドクターとして、選手の健康管理と危機管理に心血を注いでいる。というよりは、選手を愛し抜いており、青森県の選手が出る試合は全国どこにでも追っかけている。

信子医師は、取材中の世間話として何気なく言った。

「私、女ってなんでみんなで連なってトイレに行ったり、ご飯食べに行くんだって思うの。一人で行きたきゃ行くし、そうでしょ」

これを聞いた時、私はつくづく自分との差を感じ、すぐに反論している。

「それは信子先生は一人でも自信があるからですよ。医師として力があって認められていて。トイレはともかくとして、連なるのは自信がないから不安なんです。みんなと一緒が安心で、みんなが不安だとわかると安心するの。私もそうだった」

むろん、それがすべての理由とは思わないまでも、「何となく生きてきて、何となく先行きに不安を感じているが、どうにかする自信のない女」は、そういう者同士で群れると心安らぐのだ。私はまさにそういう女の典型だったので、ひとつの象徴として、連なってトイレに行く気持は非常に理解できる。

案の定、信子医師は幼い頃から確固たる目的を持っている人だった。

「医者になると決めていました。父が医者だったせいもあるけど、私が三歳の時に亡くなっていますから、実際には父の影響というのではありませんよね。とにかく私、数学と物理が全然ダメなのに、医者という選択肢しかありませんでしたね」

プロボクシング界の名門、帝拳ジムの元WBC世界ジュニア・ウェルター級チャンピオンの浜田剛史もそうだ。幼い頃から「世界チャンピオンになる」と決めていた男である。

私が神楽坂の帝拳ジムに女性マネージャーの長野ハルを訪ねた日、浜田は世界戦を控えた西岡利晃のトレーニングに鋭い眼光を注いでいた。二〇〇一年八月十七日のことである。長野ハルはプロボクシング界では名うての女性マネージャーで、大場政夫を育て、浜田を育て、多くの世界チャンピオンを送り出した人である。彼女はリングサイドの浜田を見ながら、微笑した。

「あの子は全然揺れなかったの。小さい時から世界チャンピオンになるって決めて、ひたすらその道を走って来たから。なるって決めてなれるものでもないのにねえ」

その時、私は「なるって決めている若い人たち」に会ってみたいと思った。私自身は若い時期を何となく生きてきた人間だ。とりたてて目的も夢もなく、どうにかなるだろうと思って生きていた。その結果、何となくＯＬになって、揺れに揺れた。明確な目的を持ち、夢を抱き、人生設計を立てて生きる若い時代を私は経験していない。そういう若者は何を考え、どう生きているのだろうか。おそらく、揺れていないだろう。揺れない人の話を聞こうと思った。

早速、私は東京の板橋にある「資生堂美容技術専門学校」の永嶋久子校長に連絡を取り、できるだけタイプの異なる男女学生を各二人選んで会わせてほしいと頼んだ。旧知の永嶋は、ただちに手筈《てはず》を整えてくれた。

美容技術専門学校の校舎は、資生堂のシンボルの「椿」の木があふれ明るいキャンパスに、白く美しく連なっていた。永嶋が自ら席を外してくれた校長室で、私は四人の学生を前にした。彼らの明確な目的意識は想像以上で、これなら揺れようがあるまい。素直でストレートな言動には、早くも自信さえうかがえる。

佐藤光邦は一九八一年山形生まれで、工業高校の機械科を卒業した。父親は会社員である。

「僕は大学に行くことはこれっぽっちも考えなかった。就職してラインで働くことも嫌でした。上から指示されて一生過ごしたくない。自分の手で道を切り開く方が好きです。もともとファッションに興味がありましたから、東京に出ようと思ったんです。将来はフリーで独立して、海外をベースにしてコレクションの裏方をやりたい。接客が苦手なので、ここを卒業したらサロン（美容室）に就職して、接客も実践で勉強したいと思っています」

杉山容子は一九八二年静岡生まれである。普通高校を出たが、中学生の頃からメイクアップアーティストになると決めていた。会社員の父と専業主婦の母は「せめて短大に」と希望したが、彼女は自分の意志を貫き通した。

「両親を一生懸命に説得しました。とうとう美容学校の授業料を出すと言ってくれて、本当に感謝しました。嬉しかった。この学校に入ったのは、ヘアもできるようにしておくことで、将来的に仕事の幅が広がると思ったからです。短大に行って安定した就職をする生き方もあるけど、そっちの道を選んじゃったら自分の夢を諦めることになるじゃないですか。私はメイク事務所に入って、マスコミに取りあげられるような技術で生きていきたいんです」

望月裕介は一九八一年千葉生まれ。普通高校の二年生になってすぐに中退。その後、大検を取ったが大学は受けずに美容学校に入った。

「僕、高校時代に進学コースで、一応、勉強のできるクラスというか……。だから学校でも家でも四年制大学に行くものと思ってるわけ。だけど、僕はもうハッキリと美容学校に行くって決めてました。教師や親にしてみれば専門学校なんて論外ですよ。そういう時に学校でタバコが見つかっちゃって、これはちょうどいい機会だと思って、退学してしまいました。

親の手前、大検は取りましたけど、美容学校に行くからって説得した。僕は自分の名前で仕事がしたいんです。自分の店も出したいし、芸能人の専属アーティストにもなりたいし、ショーも自分で開きたい。自分の名前で仕事をして有名になりたい。知らない人たちから『あぁ、望月裕介ってすごいよね』とか言われるところを想像すると、もう涎《よだれ》が出てきちゃう」

そう言って彼は大笑いした。

川村慶子は一九八二年静岡生まれである。母は看護助手をやりながら、女手ひとつで三人の子供を育てた。慶子はまん中の長女で、商業高校卒業後、美容学校に入った。

「前から美容の道に進みたかったんですけど、うちは父親がいないし、就職するつもりでした。いくら夢を持ったって、美容学校はすごいお金がかかるし……。そしたら母が言ってくれたの。『お母さんは自分の好きなことができなかったから、慶子はちゃんと自分のやりたい生き方をしなさい』って、妹も私立の高校でお金がかかるのに、私の美容学校の月謝も出してくれるって言って……嬉しくて泣いちゃいました。私も自分の名前でやれる仕事がしたかったので、普通のOLとかにはなりたいとは思わなかった。今はとにかくちゃんと技術を身につけて有名サロンに就職したい。それで将来的には雑誌に私の名前が出て、母に『ほら、これだよ』って見せてあげたいんです。母のことを思うと、私、何でも頑張れるの」

四人の話を聞きながら、これが今時の若者かと信じられない気がした。日本も捨てたものじゃないと、本当に思った。明確な目的を持っている人間の何という強さ。何という一途さ。

彼らは志す道が決して平坦なものではないことも十分に承知していた。私が、

「うまくいかなかった時、大学に行っておけばよかったとか、安定した会社に勤めればよかったとか思うんじゃない？」

と言うと、四人は一笑に付した。異口同音に、

「思いません、絶対。万が一、思うように夢がつかめなくても、技術は身についてるんだから、生きていけます」

と、そう断言した。

そして、工業高校出身の佐藤が何気なく言った。

「就職した友達と会うと、あいつらがいつも言うのは『ああ、会社辞めようかな』ってこと。でも辞めないんですよね、なかなか」

私はいささか驚き、問い返した。

「二十歳かそこらで、もう揺れてるの？」

佐藤はうなずいた。

「はい。仕事に慣れれば揺れないんでしょうけど、入社して一、二年は揺れのピークなんじゃないかなァ」

私は内心、「いや、慣れればもっと揺れるのよ。慣れる前から揺れてるんじゃ大変だわ」と思ったが、黙っていた。その時、「母のことを思うと頑張れる」と言った川村慶子が、自分自身に語るように言った。

「私ら、技術を身につけるのが本当に大変で、やってもやってもできなくてどうしようって思って、放課後にまた練習したりとかいつもなんです。それでもできなくて、泣きながらまた練習してって……そうすると突然できる日がくるんです。ふいにパッとうまくなって。昨日できなかったのに、何で今日できるんだろうみたいな」

何と幸せなことだろうと思った。私のように目的もなく若い日を送り、さんざん揺れた結果、予想外の人生を送る面白さもあるが、それは後になって言えることだ。いわば回想だ。揺れる日々の地獄を知っている私からすれば、こんな確固たる目標を定めている息子や娘に育てたい。本気でそう思った。

彼らと会ってから約半年後の二〇〇二年三月、資生堂美容技術専門学校の卒業式があり、参列した私は胸がつまった。四人とも、もはや半年前の顔ではなかった。羽織袴姿の望月、佐藤、そして黒のスーツ姿の杉山は、望むサロンに就職を決め、何よりも目に力があった。「母を思うと何でも頑張れる」と言った川村は、クラス総代で卒業証書を受けた。私が、

「お母様、列席されてるの？」

と訊くと、彼女は突然、肩をふるわせて泣き、うなずいた。川村も四月から、望んだ店で夢に向かってスタートを切った。

プロボクシングの帝拳ジムの女性マネージャー長野ハルは、陽ざしの明るいジムの一角で言った。

「夢を叶えるって言うけど、『夢』という言葉は違うわね。揺れるにせよ、揺れないにせよ、『なりたい自分になる』というのはそんなに淡くて甘いものじゃない。『夢』という言葉は淡すぎます」

このセリフは痛烈だった。長野は二十代前半から五十三年間にわたり、プロボクサーと共に生きてきた。そんな長野であればこその重みがあった。この、「夢では淡すぎる」という言葉は、すべての職業に当てはまるのではないかと思った。「なりたい自分になる」ということすべてに、である。

本著のまえがきにも書いた通り、私はプロボクサーという仕事は世界で最も厳しく、かつ困難な仕事であると思っている。本著でプロボクシングにちなむ話が多く出てくるのは、あらゆる職業を夢見る者にとって、「夢という言葉では淡すぎる」という象徴としたかったためだ。プロボクシングを全然知らない読者でも、夢を叶えるということはここまで厳しいことなのだと、自分に重ねられると思ったのだ。

私がプロボクサー榎洋之と初めて会ったのは、一九九九年七月十六日、猛暑の夜だった。この夜、後楽園ホールでは第十三回「KSD杯」のトーナメント準々決勝が行われており、榎はフェザー級として出場することになっていた。

私はファイティング原田が現役の頃に中学生だったが、その頃からプロボクシングが好きだった。同時代の友達がプレスリーだ、ビートルズだと熱狂している時、私の心の中には力士とプロレスラーとプロボクサーしかいなかった。「変わってる」とさんざん言われたが、そう言われるのは嫌いだった。自分がどうしようもなく好きなものを汚されている気になったものだ。

力士とプロレスラーとプロボクサーを比べた時、力士が一番恵まれている。榎が所属する角海老宝石ジムの元トレーナー森英孝はこう断言した。

「僕に年頃の娘がいたとして、プロボクサーと結婚したいと言ったら猛反対する。お相撲さんなら許しますよ」

プロボクサーは畑山隆則や辰吉丈一郎のような大スターは別として、世界チャンピオンでもなかなか食べられない。日本チャンピオンの大半はアルバイトをしているし、「四回戦ボーイ」と呼ばれる、最も下のランクのボクサーのファイトマネーは一律六万円だ。そこから三割を所属ジムにマネジメント料として支払う。かつ、そのファイトマネーは一部のジムを除き、現金で支給されることは少ない。多くはチケットで支払われる。友人知人が定額で買ってくれればいいが、なかなかそうはいかない。結局、チケットはほとんど換金できない場合さえある。その上、試合は三か月に一度程度しか組まれない。ひとつ負ければ、試合はさらに遠のく。プロボクシングの場合、年間の試合数が決まっているのではなく、ひとつ勝ったら次の試合を考えてもらえるというものである。

　私が初めて榎に会った頃、彼は十九歳で、六回戦を戦うボクサーだった。「六回戦」とは六ラウンド（一ラウンドは三分間。それを六回）を戦う選手で、普通は「四回戦」からスタートする。しかし、秋田県の金足農高時代に国体バンタム級三位の実績を持つ彼は、四回戦を飛びこえて六回戦からのプロテストに合格している。そして、デビュー戦で四回戦を一度だけ戦い、二戦目から六回戦を戦っていた。一九九八年八月のプロデビュー以来、私が会った時点で十一か月目だったが、戦績は五戦五勝。五勝のうち四勝がノックアウト勝利で、その四ＫＯ《ノックアウト》ともすべて第一ラウンドで相手をマットに沈めている。恐るべきハードパンチャーとして、プロボクシング界のスーパールーキーであった。

　当時の彼はまばゆいばかりの金髪に染めあげ、大きなつややかな瞳と、雪国秋田の出身らしく色白の肢体を持つ美少年であった。私はその頃、まだ公にはしていなかったが、二〇〇〇年四月放送のＮＨＫ朝の連続テレビ小説『私の青空』でプロボクサーを描くことを決めていた。その取材などで角海老宝石ジムのスタッフやボクシング関係者と親しくなっていたのだが、紹介された榎は礼儀正しく挨拶した。

ところがこの美少年、ハードなのはパンチだけではなく、気性もかなりのものだったのだ。とてつもない武勇伝を引っさげてプロ入りしている。

それは一九九七年十月の、第五十二回大阪国体でのことである。十八歳で高校三年生の榎は秋田県代表として、少年バンタム級の準決勝に駒を進めていた。後に榎本人が私に語っている。

「その準決勝で勝ったと思ったんです、俺。だけど、相手の手が挙げられた……。俺、ウソだろって思って、体が震えました。こんな風に」

そう言って彼は、体を震わせて見せた。

その日、会場では皇族が観戦されており、すべての関係者にとっても晴れの日であった。敗れた榎は、そのリング上で第三位の賞状を授与されることになったのだが、

「俺、ホントは勝ってるのに三位の賞状なんかいらねえよと思ってコーナーでぐずってた。でもしょうがないから前に出て行ったんですけど、本心ではこんな賞状いらねえよと思ってるから……」

つい、片手で引っ叩くってしまった。その上、コーナーポストにヤケッパチのパンチを叩きこみ、荒々しくリング下に降りた。皇族の御前で大変なことをしてくれたと、大勢のスタッフが榎を取り囲んだ。が、彼はスタッフを蹴散らし、客席の椅子を蹴飛ばして退場して行った。

「もう大騒ぎになっちゃって。秋田に恥をかかせたって言われて、すぐ秋田に帰れって」

監督の桧森正人と二人、その日の夜行でただちに大阪から秋田に強制送還である。

「秋田に朝の五時頃着いたら、雨が降ってたんですよ。で、雨に濡れながら、俺、ホントに悔しくて、何だよ、国体で頑張ったのにこれかよって。普通だったら大歓声で迎えられるのにこの扱いかよって。雨の秋田歩いて、もう悔しくて」

結局、榎はアマチュア界を追放された。大学や自衛隊のスポーツ学校などから引きが多く来ていたが、もはやアマのリングには立てなくなってしまった。そして、プロ入りを決意した。

「もともとプロでやりたかったから、それが少し早くなっただけです。ただ、この悔しさは絶対忘れないと思ったし、負けを認めたらそこで終わりだと思った」

二〇〇二年十月現在、榎は破竹の十六戦十五勝一引き分けだが、彼は言い切った。

「あの時のことや、色んな悔しさが俺を強くしてくれたと思う」

私が初めて観た彼の試合、その一九九九年七月の「ＫＳＤ杯」準決勝でも松本陽一（白井・具志堅スポーツ）を判定で下し、八月三十日の決勝では永田書林（本多）を四ラウンド二分十五秒でテクニカルノックアウト。フェザー級優勝を果たしている。

その決勝の会場で、私は角海老宝石ジム会長の鈴木真吾に榎の両親を紹介された。あの激しい気性の息子とつながらないような、穏やかな紳士の父親・榎清と、上品な面ざしの母親・良子である。私は本著の構想がすでに心にあったせいもあり、「この両親はどういう思いで息子がプロボクサーになることを許したのか。リスキーな夢を叶えようとする息子を、どう見ているのか」と思った。私はまだ榎のことをほとんど知らなかったが、両親から察する限り、ハングリーな環境とは思えない。おそらく彼は大切に伸び伸びと育てられた息子であろう。もっと安定した楽な道があるはずなのに、なぜリスクを承知で、世界で最も過酷な夢に賭けるのか。私が三年にわたって、榎を追っかけたきっかけである。

今、改めて思うのだが、榎も美容学校の学生同様に、やはり「揺れない人」である。明確に「世界王座を狙う」という目的がある。だが、ある日、彼はこう言った。

「俺を応援してくれる会社社長が言ったんです。『僕は社長になるって決めて社長になった』って。まず『なる』って決めて、そのためにはどうすればいいかなんだって。俺は今、確かに勝ち続けてるけど、勝ち方に納得できない。だからまだ『世界チャンピオンになる』って決められないんですよ」

　私たちはそれから何時間もかけてゆっくりと食事をした。が、帰る頃になって榎はついポロッと本音をもらした。

「昨日の練習で、俺、『絶対世界チャンピオンになるぞ！』って叫びながらやってたもんなア」

　あきれた私が、

「ちょっと、言ってることが違うじゃない」

　と言うと、彼は大声で笑った。

　このように、若いうちから揺れない人たちもいるが、私たち一般人の揺れる側に話を戻そう。

　揺れる要素のひとつに、「このままではいけないし、人生を変えたい。でも、私は何がやりたいのかわからない。何が夢なのかわからない」というのがある。揺れない人から見たら「バカか？」と思うだろうが、そういうものなのだ。私もそうだった。「脚本家になろう」と思ったのは、二十八歳も終わろうとしている頃である。

　アンケートにも、そんな思いはよく出ていた。

〈今、心理学を学んでいる。でも、何がやりたいのか今、正直、わからない。／20歳／大学生／女／滋賀〉

〈大学を卒業して一年半はテレビCMの制作をしていました。しかし、火だるまのように働いても、自分のやりたいことではないという思いが離れず、辞めました。以降、自分のやりたいこととは？　と悩む日々です。／26歳／家電製品の販売員／女／広島〉

〈どんな職業につきたいか考えることもなく、学校の求人情報で手頃な会社に就職しました。22、23歳の頃、そろそろ結婚かという時になって、初めて自分の人生って一体何？　って気づいて、でも何もできなくて。子供の頃からとても狭い世界にいたような気がします。／37歳／主婦／女／宮城〉

〈全然夢がなかった。有名な会社に入れたらなあと漠然と思っただけ。実際は通っていた専門学校の系列会社に面接のみで就職した。／39歳／フリーター／女／北海道〉

〈具体的な夢はまったくといっていいほど持たなかった。今思えば幼く、そしてアホ。／44歳／会社経理／女／北海道〉

これらはアンケートコメントのほんの一部だが、夢を持つことなく、漠然と年齢を重ねた今、行間から彼女たちの情けない思いがかいま見える。これはかなりの確率で現実の一般人と重なるのではないだろうか。

現在は起業家になるための学校や講座もある時代だが、大手商社の日商岩井を三十五歳で退職して独立した安《あん》秀和は言う。

「独立志向の強い人たちは多くて、相談を受けることがあるんですけど、よく聞くと何をやりたいのかわからない。僕が『一体、何をやりたくて独立するんだ』と訊くと、『何をやっていいかわかりませんけど、自分はとにかく情熱だけは負けません。何をやったらいいんでしょうか』と言うんです」

「情熱だけは負けない」とは、いかにも言いそうだ。夢を叶え、人生を変えるためには「情熱」は不可欠だが、「情熱だけ」で渡れるほど世の中は甘くはあるまい。そして、自分が何をやりたいのか、夢は何なのかということは、自分自身で見つけるしかない。これればかりは他人に教われるものではないのだ。

だが、私はこの「情熱だけは負けない」という言葉が頭を離れなかった。具体的な夢を持っている人たちにしても、現状から飛び出そうか出すまいか揺れる際、「情熱と努力」でどこまで行けるものなのかを必ず考えるだろう。成功するには才能や運や勢いや、あらゆる要素が必要だと思うにせよ、運や勢いは自分ではどうにもできない。それはどこからかやってくるものだ。だが、「運は努力で引き寄せられる」ということも確かに聞く。自分は情熱なら負けないし、努力も自分でできることだから幾らでもする——となれば、情熱や努力で、足りない才能をカバーできるのだろうか。どの程度、カバーできるのだろうか。どの程度、運が引き寄せられるのだろうか。それがわかれば、現状から飛び出すか否かの判断がつく。揺れずにすむ。そう思っても不思議はない。

むろん、それは職種によっても違うだろう。努力よりも圧倒的な才能が必要な職業もあろうし、努力でかなりのところまで行ける職業もあろう。私は敢《あ》えて「天性の素質がモノを言う」と聞くボクシング界の人たちを中心に、この思いを質問してみた。

それは予想以上に厳しい答ばかりだった。

榎洋之が所属する角海老宝石ジムのチーフトレーナー田中栄民は断言した。

「やっぱり一流になる子って、何か違うんですよ。その分野の人間が見たら、パァーッと何か持ってるってわかるんですよ。我々はどの練習生をも一流にしたいんですけど、やっぱり

『この子はだいたいここまでだな』という、ある程度の線が僕の頭の中では引けてしまいますよね。そう、だいたい十日前後でわかります。一か月、二か月たつともう完璧にわかりますね」

さらに田中は「モノが違う」という言い方をした。

「一流になる子は、初めからモノが違うという気がしますね。その道のスターになる人間というのは、何かもう持っているんですね、最初から。ボクシングでいえば、最初から強いんですよね、ある面で。同じ体重で同じ筋肉を持っているんだけど、全然モノが違うよというケースが確かにあるんですよ」

同ジムの元トレーナー森英孝は、アマチュアボクサーとしてならし、その後はプロボクサーになったが、

「一生懸命やったし、努力したけど四回戦ボーイで終わった」

と言う。彼は世界的なトレーナーの故エディ・タウンゼントの甥でもある。そのエディに十三歳からボクシングを習ったが、結局、大成しなかった森は、

「どんな仕事だって、努力と情熱だけじゃどうにもならないよ。たとえば榎、あいつはすごい。僕は一目見た時、井岡と同じオーラを感じた」

と明言した。井岡とはエディの愛弟子で、世界チャンピオンとして二階級を制覇したスタ

ー、井岡弘樹のことである。森は言う。

「まだ高校卒業前の榎が、例の大阪国体事件の直後に、角海老宝石ジムに突然来たんです。入りたいって。俺が『会長が来るまで待ってろ』って言ったら、待ちくたびれてサンドバッグを叩き始めた。それを見た瞬間、『こいつ、行くところまで行くぞ』と思いました。昔、井岡の縄飛びを見た瞬間と同じものを感じた。これはもう、努力と情熱じゃカバーできないものなんです」

帝拳ジムの会長・本田明彦はさらにシビアだ。

「練習生が百人いるとして、『この子にはボクシングを続けてほしい』と思えるのは、パーセンテージで言えば非常に低いですよ。あとは『辞めます』と言われたら、『そう、他の世界で頑張れよ』って励ましますよ」

同ジムのマネージャー長野ハルも厳しい。

「素質があるのは本当にひとつまみです。それなのに我慢比べのように頑張るでしょう。こっちは見てわかっているからつらいですよね」

そして長野は目のさめるような一言を発した。

「何かをやる時、『悔いのない人生にしたいから』ってよく言うでしょう。悔いがなければそれでいいって言えるのかしらねえ……。何だかなァって思いますよ」

これは強烈なパンチだった。確かに「やらずに後悔するより、やって後悔する方がいい」というのは定番のセリフで、アチコチで聞く。だが、素質もないのに我慢比べのように努力して、何も形にせずに散る。この期間に心身が傷つくこともあろうし、別の道でうまくいく方法もありえたのに、「悔いがないからいい」と言い切れるのか。「やらずに後悔するより、やって後悔する方がいい」という常套句《じょうとうく》にはロマンと覚悟が漂うだけに、まっこうから否定しにくい。私自身、このセリフを否定した人と会ったのは、長野が初めてである。

長野の強烈、かつ愛情にあふれた一撃と比べると、前述した女性誌などに登場する有識者のアドバイスが、いかに浅薄で乱暴なものかが実感できると思う。

飛び出すか、飛び出さないか揺れた時、このロマンあふれる常套句に陶酔する前に、長野の一撃を反芻《はんすう》してみる必要があるかもしれない。「夢を叶えるため」ではあっても、まったく別の世界へ飛び出して行くことは、大前提として恐ろしいことなのだ。とにかく結果がまったく見えない。現状よりもはるかにひどい暮らしが待っている可能性を、つい忘れがちではないか。

長野がずっと見つめてきた世界チャンピオン、浜田剛史の生き方を描いた『挫折と栄光――ボクサー浜田剛史の生き方』（佐瀬稔、二見書房）の中には、次の文章がある。

どれほど誠実で、どれほどまともな努力をしたところで、それがかならず報いられるとはかぎらないのがボクシングの恐ろしいところだ。

その濃淡はあるにせよ、これもあらゆる職業に通じるものではなかろうか。

また、幻冬舎社長の見城徹も、思わぬ方向からズバッと言い切った。

「飛び出してうまくいった人と失敗した人を考えた時、失敗した人は世の中に出て来ない。成功した人だけが出て来る。だから、結局はみんなうまくいってると思われがちなんですよ」

思えば、智乃花も言っている。

「学生力士の成功者ばかりが表に出ますけど、失敗している人だって少なくはないんです」

二〇〇二年三月十五日付の朝日新聞「ひと」の欄には、ジャパンエナジーの女子バスケット部監督・内海知秀が紹介されている。女子バスケットでWリーグと全日本総合選手権の二冠を、就任一年目で達成した監督だ。札幌大学教員を辞めた彼は、同欄で語っている。

「大学教員は安定していましたが、挑戦したかった」

内海の清潔感にあふれた笑顔の写真と共に、人々はこの言葉に夢を見るだろう。だが、彼も成功者なのだ。

事実、本著でも「飛び出して失敗した人」と「飛び出さずに失敗した人」を探し出すのが何よりも大変だった。こればかりは私の友人知人に限らず、幻冬舎関係でも探してもらったのだが、登場してもらうことは難しかった。「匿名で」と申し込んでもことごとく断られた。確かに「失敗」を意識している人たちは、ある程度の年齢に達しているだけに、失敗の半生をむし返されるのはつらいことだろう。整理して話すだけでも大変な苦痛だと思う。彼らの話を掲載できないのはリポートとしては痛いが、私も編集の舘野も深追いはしなかった。それも現実としてわかってもらう方がいいと思ったのだ。ただ第五章に、「飛べばよかった」として、たった一名だけが匿名で出ている。彼女が唯一である。

私はそれを踏まえ、見城に質問した。

「たとえば小説家になりたい人がいて、血のにじむ努力をすればある程度のところまでいけますか」

見城は次のように答えている。

「いや、それはありえないでしょうね。だから、自分を知らないヤツはダメです。幻冬舎にもいっぱい来ますよ、持ち込み原稿。送られてくるのもいっぱいあります。で、自分はすごくいい小説を書いたつもりで連綿と訴えてくるわけですよ。自信があってどうのこうのって。でもたいていは単なる思いこみで、こんなもの誰が読むかっていうものばっかりなんですよ。結局は、ほとんどの人が自分の能力をわかってない。わかってなきゃダメですよね。自分をどれだけ客観的にわかっているかというのと、ナルシシズムとは何の関係もない」

そう言われると、長野の言葉がさらによくわかる。「やらずに後悔するより、やって後悔したい」という言葉にはナルシシズムが濃く匂う。

見城は続けた。

「でもね、努力しないで成功はないですよ。だけど努力したから成功するかって、それもないですよ。ベーシックな才能は絶対に必要。才能のないヤツがいくら努力してもダメです」

日商岩井を辞めて独立した安も言う。

「情熱と努力だけなんて、正直、甘い」

これらの言葉を聞くと、やっぱり努力と情熱だけでは飛び出せないと思うだろう。だが面白いことに、いや、さらに揺れが大きくなるであろうことに、同じ人たちがまったく違うコメントもしている。これはどちらが正しいということではなく、そういう事例をも多く見てきたということだと思う。

「スターになる子は最初からモノが違う」と言ったボクシングトレーナーの田中栄民は、こうも言っている。

「素質というものには『精神的素質』と『肉体的素質』があって、世界チャンピオンになる子には両方がある。だけど、片一方しかない子でも環境やトレーナーによって、多少オブラートで包める。肉体も鍛えられ、精神も鍛えられ、だいぶ強くなるものなんです」

　これに関しては、智乃花も同じことを言っている。

「成功するために大切なことは、やっぱり環境ですね。自分の努力は当然ですけど、環境と指導者が大切だと思いますよ。生ぬるい環境ではやっぱりダメですし」

　さらに元気が湧くことに、月刊『ワールドボクシング』の編集長の前田衷は言う。

「この選手は世界チャンピオンになるわけがないと思っても、なってしまうことがあるんですよ。だから絶対に『こいつはダメ』と断言もできない。やっているうちにチャンスが広がるということはあるんですね」

　前田のこの談話をまったく知らずに、三迫《みさこ》ボクシングジム会長の三迫仁志が、その具体例を語ったのには驚かされた。

　三迫ジムに、デビュー以来四連敗して一度も勝てないAという選手がいたという。もちろん「四回戦ボーイ」である。ボクシングでは最高ランクのボクサーが十二回のラウンドを戦う。その下が十回、その下に八回、六回と続き、前述したように四回戦は最も下のランクである。プロテストを受ける際、榎のようにアマチュアで実績のあるボクサーは、六回戦のB級テストを受ける場合もあるが、普通はこの四回戦ランクの「C級」を受ける。三迫ジムのA選手は、C級プロテストには合格したものの、四回戦を四度戦って四連敗であった。

三迫は回想した。

「もうやめた方がいいよって、彼に言いました。本人もそう思ったんでしょう。もうジムに来なくなりましたから。ところがそれからどのくらいたってからかなァ……突然、ジムに姿を現わしましてね。『一勝でいいから勝利を経験したい。もう一度やらせてくれ』って言うんです」

ジムに来なかった間、A選手はビデオを見たり、自主トレーニングをやったりしながら懸命に「一勝する研究と努力」を続けていたのである。三迫自身、彼には何の期待もしていないのだが、懸命な研究を続けた上で再スタートを望むだけに、一勝だけはさせてやりたいと思った。いわば親心である。

そこに、若い選手と対戦させる話がまとまった。その若い選手は自信満々で、A選手になぞ楽勝すると思いこんでいる。

「ところが、Aの完勝ですよ。努力と研究の成果がちゃんと出ていた。Aはすっかり自信をつけましてね、一勝どころかその後に何連勝かして、日本ランキングにも入りました。それでとうとう、日本チャンピオンを賭けて挑戦するところまで行ったんです」

日本チャンピオンにはなれなかったが、デビュー以来四連敗して、誰が見ても成功しないと思った男が、チャンスを広げ、ここまで昇ったのである。三迫は自信を持って言う。

「ですからやってみないとわからないというのは確かにあります。非常に用心深くて研究熱心なヤツが、最後は残りますよね」

帝拳ジム会長の本田明彦は、「多くの人には別の世界で頑張ってほしい」と言ったが、こうも語っている。

「ボクシングほど素質が必要なものはないんですが、頑張れば上に行けるというケースも中にはあるんですよ。たとえば畑山隆則なんかはハッキリ言ってそうですよ。彼の何がすぐれているか、価値があるか、それはハートですよ。技術とかそういうもののレベルから言ったら、一流ではないかもしれない。ただ気持はね、スーパーチャンピオンよりも上ですよ、畑山は。そこで補っているんです。だから人を感動させるし、人気があるんです」

私はそれを聞くや、本田に念を押した。

「気持で補えるということですね、ある程度は」

本田は即答した。

「いや、ある程度っていうか、すごく補えるんですよ、気持で。本来は気持では補えない技術というものがあり、それを見せるべきものなんですけどね。ただ、ボクシングというのはやっぱり殴り合いですから、気持で勝ったら上なんですよ」

本田はボクシングに限って言っているが、これもすべてに当てはまるかもしれない。新しい世界に飛び出して行く時、多かれ少なかれ、そこに「殴り込む」という意識は誰しも持つだろう。いかなる仕事でも、本来は技術や才能を見せるべきものではあるが、気持で勝ち、気持で補うということはありうるのだ。

さらに、原田政彦は興味深いことを指摘した。原田はかつて「ファイティング原田」として二階級を制覇した世界チャンピオンであり、日本最大のヒーローボクサーである。現在は「原田政彦」の本名で、日本プロボクシング協会の会長を務めている。その原田が言う。

「素質のある人っていうのは、努力をしないと思うね。努力しなくてもそこそこできるから」

そういう人は、結局そこそこのところで終わり、突出したスターにはなりにくいと原田は言う。原田自身、同時代の天才ボクサーの海老原博幸や青木勝利に比べ、自分は素質に恵まれていなかったと断言した。ファイティング原田が球界の長嶋茂雄と並ぶスーパースターになったのは、

「努力と負けん気です」

と言い切った。

そして、幻冬舎の見城は言う。

「成功するにはベーシックな素質と、運は大きい。ただ、運は必ず努力が引き寄せるものだと思う」

私はまた念を押した。

「努力すれば運は必ず来ると？」

見城は手で制し、答えた。

「いや、運はいつも目の前を通っているんです。努力していないと通り過ぎて行くけど、努力しているヤツは一個くらいは引っ張れるということ。運がいいヤツっていうのは、みんな努力してるんですよ。単なる運がいいヤツなんかいないですよ」

こうなるとますます揺れるが、いずれにしても「飛ぶ」か「飛ばない」か、二つにひとつを選択するしかない。

見城はこうも言う。

「死ぬ時に『いい人生だったな』と思えるか思えないかだと、僕は思っているんですよ。権力がある人にもない人にも、お金がある人にもない人にも、名声がある人にもない人にも、平等に来るのは死だけだと思ってるんで。そのために僕は、いい人生だったなと思って死ねるように生きてる」

これはまさしく、私が多くの取材を通じて感じていることであった。「夢を叶える」という、いかにも「生」そのものを取材しながら、私は誰の向こう側にも常に「死」を感じていた。多くの人々が「人生は短い」とか「いずれは死ぬんだから」と言う。それは後ろ向きという意味ではなく、だからこそ生きている間は精一杯やりたいという意味での「死」だ。今回ほど、「生を語ることは死を語ることだ」と思ったことはない。

この後の見城と私のやりとりを、録音テープのままに再現してみる。

見城「だから最終的に全部が平等なわけで。死が平等にするんですよ、すべてを。死っていうものが、すべての人を平等にするんですよ」

内館「そうね。死は本当に平等よね」

見城「死は誰にでも平等。その時に、オーバーに言えば、笑って死ねるかどうかっていう」

内館「でもそう考えると、多少の失敗なんてどうってことないじゃないってなっちゃうわね」

見城「どうでもいいよね、そうそう。だったら飛んだ方がいい」

そうであっても、飛ぶべきか飛ばざるべきかは簡単には決断できないであろう。

そこで第二章では「飛んだ人」を、第三章では「飛ばなかった人」を取りあげる。彼らはなぜそう決断したのか。その決定打や、そうするのに不可欠な要素——運や才能など——についてどう思うのか。そして家族や周囲の反応などを検証し、「飛んでよかった」という思いと、「飛ばなくてよかった」という思いをリポートする。

第二章　飛んだ人

その1　飛ばせた決定打

さんざん揺れた結果の選択とはいえ、「飛んだ人」はなぜ決心がついたのか。安定した生活や多くのものを捨ててまで、なぜ夢に向かって飛べたのか。何が決定打になったのか。決断を促《うなが》す「背中ポン」は、どんなことだったのだろう。

私の三菱重工業時代の同僚ＯＬは、父親の会社を継ぐ決心がつかず、私が退職した後もずっと同社に勤めていた。彼女はいつも、

「父の会社は小さいし、不況の中を経営していく能力なんて私にないもの」

と言い続け、三菱重工業勤務が二十年にもなっていた。ところが、ある朝早く私の自宅の電話が鳴った。電話の向こうで、彼女は退職を決心したと言った。それも今朝、たった今、決心したとかで、真っ先に私に伝えたのだという。なぜ突然……と驚く私に、彼女は声をつまらせた。

「たった今、タローが死んだの」

タローとは彼女の愛犬である。

愛犬の死が、二十年間も退職を逡巡していた彼女の決定打になった。理解できないと言う人もあろうが、家族同様の犬の死が、彼女の何かを一瞬にして変えたのだ。

このエピソードでもわかる通り、決定打というものは、そんなに遠大なものではないのではないか。天地がひっくり返るような何かに押されなければ飛べないと思うなら、たぶんそれは飛ぶべきではないのだ。端から見たら「そんな程度のこと」が、本人にとっては引き金になり、「飛ぶ」というケースが多いように思う。

私自身の場合、大企業を辞める決断はなかなかつかなかった。中途採用の試験を受けたりして脱出を幾度も試みたが、イザとなるとどうしても決断できなかった。採用通知が届くと、つい三菱重工業と比べてしまい、飛び出せなくなる。何の特技も取り柄もない私には、大樹に寄って生きることが一番安心であり、安全だったのである。あの時点では、飛ばないことが積極的な選択だったのだと、今にして思う。

だが、加齢と共に火のつくような焦りを覚え始めた。それは、先輩女子社員たちの姿が、自分自身の行く末と重なって見えたことである。

「私は三十五歳になればA子さんのようになって、四十五歳になればB子さんのようになって、五十歳になればC子さんのようになるのね。それで定年間近になればD子さんのようになるんだわ」

そう思った。彼女たちは生活を楽しみ、趣味も多く、恋の噂も聞いた。結婚している人も多かった。現実には、誰もが決してみじめな暮らしではなかった。だが、私には彼女たちの日々に希望も夢も見出せなかった。

それは「仕事」の中で自分を生かしていない不幸である。「仕事」というのは、会社で働くことだけを意味していない。妻や母としての「仕事」もそうだ。私は、会社からであれ家族からであれ、必要とされることが生きる意欲につながると思っている。お金を得ることだけではなく、必要とされる喜びがなければ、毎日八時間もの時間を会社でつぶすのはあまりにも虚しい。現実に、当時の三菱重工業では、入社間もない女子社員と定年間近の女子社員がほとんど同じ内容の仕事をしていた。私は自分の将来を先輩女子社員たちによって、くっきりと見せられた気になったのだ。

「生きる」ということは、思わぬ展開や予期せぬ出来事が起こるから面白い。ときめく。だが、今のOL生活を続ける限り、「安全」と「安定」と引きかえに、私にはそんなことは絶対に起こりえないとわかっていた。大きな仕事を任されることもなく、男たちと同様に登用されることもなく、入社時と同じ仕事を定年まで続けるのである。A子さんからD子さんまで、各年代の女たちがそれを証明していた。私にとって、それは自分の墓碑銘を知って生き続けるに等しい苦しさである。

『挫折と栄光――ボクサー浜田剛史の生き方』の中で、佐瀬稔は浜田について「おのれを完璧に表現したいという衝動が噴きあげていた」と書き、さらに次のように記している。

ときに居たたまれないほどの衝動が全身を突き動かす。生まれてきたからには、何かをしなければいけない。それも早いうちに。いつも風の中を走っていたい。生きていることを確かめたい。

これはボクサーになる前の浜田の心境だが、何とか人生を変えたいと願う人は、誰しもこうなのではないか。私もそうだった。しかし、やがて「私のように何もできない人間は、しょせん大樹から離れられないのよ。人生なんて変えられっこないの」という諦念《ていねん》に到達していった。

ところが、その諦念も長くは続かない。病的なほど深い危機感のせいか、本当に「ときに居たたまれないほどの衝動が全身を突き動かす」のである。このままでは死んでも死にきれない。本当にそう思った。

そんな日々を実に九年ほど過ごした頃、私は月刊誌『ドラマ』のシナリオコンクールで佳作をもらい、続けてテレビ朝日の連続テレビドラマ『特捜最前線』に原案が採用された。さらには佳作作品を読んだNHKの平原日出夫プロデューサーから声がかかり、OLのかたわらに短いラジオドラマを書く機会まで得た。何もかも信じられない出来事であった。放送界には何ひとつコネさえなかった私に、こんなことが起きるとは誰が考えただろう。まして、人生を変えたいと思う日々が九年も続いた後のことである。一口に九年というが、九年はとてつもない長さだ。生まれたばかりの乳児が小学校三年生になっている年月である。

ただ、ここで会社を辞めても脚本家として生活はできない。先の仕事などまったくないし、注文が来る気配さえない。できることならば、OLを続けながら脚本を書けないものかと、本気で思った。何も大きな作品を書かなくてもいい。もとより、そんな才能があるわけもない。会社勤めと二足わらじで、小さなラジオドラマとかテレビドラマの原案を書き、名前がクレジットされたらどんなに嬉しいだろう。そんな裏面があれば、表面のOL生活も絶対に虚しくはあるまい。

だが、そんなことはとても無理だと、ラジオドラマを一本書いてわかってもいた。脚本家という仕事は、OLをやりながらできるほど甘いものではない。

そう思う中で、私の気持はごく自然に退職へと傾いていった。しかし、どうしても決断というところまではいかない。ある日、私は先輩女子社員に言われた。私をいつも可愛がってくれる人だった。

「辞めるんなら今よ。早くしないと私みたいになっちゃうわよ」

彼女は私の母と同い年で、独身だった。当時、五十代半ばを過ぎており、定年が近くに迫っていた。旧制女学校を卒業後、四十年間の勤務の末に出た言葉が、

「私みたいになっちゃうわよ」

というのは哀切の極《きわ》みだった。彼女は、私がシナリオを書いていることは知っていたが、退職を考えていることは話していない。きっと何となく察していたのだと思う。

あれから二十年近くがたち、彼女はとうに亡くなったというのに、私は今でもあのシーンをくっきりと思い出せる。

会社の給湯室だった。彼女は茶碗を洗っており、私も隣りに立って同じことをしていた。その時に、私の顔を見ずにボソッと言ったのである。

「辞めるんなら今よ。早くしないと私みたいになっちゃうわよ」

哀しすぎる言葉の中に、私への強い愛情を感じた。この言葉が、私の背中を「飛べ」と押してくれたことは間違いない。そして、私は「野垂れ死ねば国が焼いてくれるでしょうから、よし、飛ぼう！」となった。

彼女の言葉が、私にとっては事実上の決定打である。鬼籍《きせき》に入った彼女を今でも思い出す。

それは必ず、会社の給湯室で茶碗を洗っていた、あの日の顔である。四十年一日の如く、雑用や洗い物をしながら、娘のような年齢の私にアドバイスした、あの日の顔である。

センチメンタルだが、私の書いたテレビドラマや本を、彼女は必ず天国で目にしていると、これだけは本当に思っている。

改めて気づいたのだが、「飛ぶ」という場合、多くは組織の「サラリーマン」から別の世界へ飛ぼうとする。たとえばその逆に、俳優やプロスポーツ選手や作家などが、組織の一員となるべく「飛ぶ」というのはあまり聞かない。むろん、その道に見切りをつけざるを得ず、サラリーマンになるケースは耳にする。なぜ組織の一員でいると飛びたくなるのか。安定と安全と安心を捨ててまで、危険な海に泳ぎ出そうとするのか。

私が「OL時代は、自分の墓碑銘を見ているようだったわ」と、幻冬舎社長の見城徹に言うと、彼は断言した。

「それに吐き気をもよおすか、もよおさないかですよ。そこまで多感かどうかってことですよ」

私の男友達は、今もサラリーマンを続けているが、名前を出さないことを条件に次のように言った。

「企業というものは、ものすごくうまくシステムができてるんだよ。吐き気をもよおさない程度にうまく飼いならすシステムがね」

彼は一流大企業にいる。給料は高くもないが、低くもないと言う。だが、

「僕自身も、周囲の男女社員も、本来ならばもっと稼げる才能があるよ」

と言い切った。

「うまくできてるシステムだと思うのは、絶対に食いっぱぐれのない給料をもらっているんだよね。だけど、いい思いができるほどの給料は絶対にもらえない。本当に優秀な人たちであっても、非常に適度なところで抑《おさ》えられている。つまり、おいしい物は食べられるし、不満というほどではないけど、特別な贅沢は決してできないわけだ。これはすばらしいシステムだよ。ミドルな生活を約束してくれて、それ以下にもそれ以上にもしないシステム。ここから飛び出すのはものすごい勇気がいるよ。飛び出す気持にうまくブレーキをかけるシステムになっているんだから」

なるほどと思う。このシステムに「吐き気をもよおす」か否かということも、決定打になるかもしれない。

ここに、一流大企業から「飛ぶ」ことをした三人の男がいる。彼らの場合、何が決断を促したのだろうか。

立花裕人。一九六一年生まれで、現在はフリーのキャスターとして、ラジオを中心に活躍している。私は彼がパーソナリティを務めるラジオ番組『モーニングフリーウエイ』（TOKYO FM）に出演した際、初めて出会った。一九九九年のことである。

初対面であったが、私たちは意気投合した。番組終了後に食事の約束などをし、その時、彼が大企業を辞めてキャスターになったと知った。私はすでに本著の準備を進めていただけに、何としてもゆっくり話を聞きたいとひそかに思っていた。

立花は難関の早大高等学院を経て早稲田大学法学部に進み、卒業と同時に某大手繊維メーカーに入社した。そこで織物の輸出業務に携わっていたが、二年で退職した。

「本当にいい会社だった。わずか二年の勤務ですけど、ものすごく多くのことを学びましたしね。だけど、どうしても『しゃべり』で生きたい。その思いが抑え切れないんですよ」

赤坂のホテルの中華レストランで、久々に会った立花の口調はいつものように優しく、明確だった。

彼は英語とスペイン語を流暢《りゅうちょう》に話す上、学生時代からテレビに出たり、司会やライブハウスのディスクジョッキーなどのアルバイトをやっていた。根っから、

「しゃべりでコミュニケーションを取ることが好きなんですよ。言葉が持つ重みとか、言葉が人の心をこんなにも動かすんだなということが子供の頃からしみついている」

のである。それは子供の頃に『劇団若草』に入り、新宿コマ劇場などの大舞台に立った経験も大きい。

「子役ながら、僕のセリフで客が笑ったり、すすり泣いたりするわけです。あの頃からですね、言葉というものが僕の中でとても大きくなっていったのは」

　こんな人が繊維の仕事につくのは、もともと無理があったともいえる。だが、

「海外を股にかけて仕事をしたいという思いがあって、商社やメーカーの方がいいんじゃないかと。つまり、自分の可能性を『しゃべり』に限定しない方がいいと思い、サラリーマンの道を選んだんです」

　ということなのだが、入社一年目にして早くも、

「これは違うかなと思い始めました。繊維のプロフェッショナルになる道は開かれていたんですけど、つまり、僕は『一生、繊維』ということになってしまう。それは自分の好きなことなんだろうか、自分のやりたいことなんだろうかって考えた時に、やっぱり違う」

　という結論に達した。

　立花に「飛ぶ」ということを促したのは、三つの言葉だった。

　ひとつは上司の言葉で、退職すべきか否かを相談した際、言われた。

「人生は一度きりだ。自分の好きなことをトコトンやってこその人生だろう」

もうひとつは同期入社の仲間の言葉だった。

「俺はサラリーマンを辞めても、やりたいものがない。でもお前にはある。それなら、やりたいことをやれよ」

これはよくわかる。燃えるようにやりたいことがあるというだけで、幸せなことなのだ。アテネ五輪を目指す競歩選手、板倉美紀は交通事故で生死の境をさまよった後、復活をとげた。彼女は次のように語っている（朝日新聞二〇〇〇年一月二十日付）。

「目指す夢がある限り、どんな困難も乗り越えられる」

目指す夢があるならば、それにフタをするのはもったいない。目指すものがない人はそう思うのだろう。

そして三つ目は、現在の妻で当時は恋人だった佳津子の言葉である。飛ぶべきか否か迷っている立花に言った。

「つきあっていても、そうやって暗くなって、マイナスの会話が増えてきて、何もいいことないわ。会社辞めなさいよ。この先どうなるかわからないけど、暗くなってるよりずっといいわ」

当時、わずか二十歳の佳津子がこう言った。これが事実上の決定打だった。

ボクシングの世界チャンピオンを大勢育てた名トレーナー、故エディ・タウンゼントは、

「ハッピーでないといけないよ。ハッピーだったらきっと勝てるよ」

と言っている（『遠いリング』後藤正治、講談社文庫）。

立花の恋人はカリスマトレーナーと同じことを言ったわけであり、いかに若くても、女はここぞという時に核心を突く。

「女は核心を突く」という意味では、週刊誌で非常に鋭い言葉を読んだ。

二〇〇一年十二月に、アメリカ最大手の証券会社『メリルリンチ』の日本法人『メリルリンチ日本証券』の社長に就任した小林いずみだ。彼女は当時四十二歳の若さであったが、「女性と仕事研究会」主催の講演で、次のように話している（『週刊現代』同年十二月二十九日号）。


「朝、出かける時に、これからの一日で一つでも楽しいことが考えられなかったら、その仕事は辞めた方がいい」

これもまさしく核心に切り込んでいる。逆に言えば、仕事において毎日ひとつでも楽しい

ことが考えられるなら、辞める必要もないということだ。私はつらいことや、追いつめられることも「楽しいこと」のひとつだと思っている。私がOL時代、何が虚しいかといって「仕事においてつらいことや追いつめられることとさえない日々」であった。来る日も来る日も、何らの責任もグレードアップもない雑用をこなす。上司は、

「雑用も立派な仕事だ。大きな意味があるんだよ」

と言い続けていたが、「一生涯雑用」という墓碑銘を知りつつ、そこに意味を見出すことは難しい。私は脚本家になってから、ドラマ『あしたがあるから』(一九九一年TBS系金曜ドラマ)の中で、OL役の登場人物に次のようなセリフを書いた。

「私ね、仕事で追いつめられて、胃がキリキリと痛んだり、断崖絶壁に立たされたり、そんな思いをしてみたい。それも幸せなことだと思うわ……」

このセリフは、つらいことや苦しいことさえ与えられない一般OLとしての、私自身の実体験から出たものであった。

立花は周囲から発せられた三つの言葉に励まされ、中でも恋人の一言が決定打となり、大手メーカーを辞めた。いずれは、

「久米宏を超えるキャスターに」

という夢を抱き、そして飛んだ。

「一年目は仕事なんてありません。収入もほとんどなかった。ですから、デパートでラッピングのアルバイトをやってました。お中元とかお歳暮の時って包装が忙しいでしょ。で、包み終わるとマイクでお客様を呼ぶんですよ。『五番の番号札のお客様』とかって。そうすると『あら、アンタ、いい声ね』なんて客のオバチャンに言われたりしてね」

立花はマイクさえあれば、元気でいられた。

「そう、ですからほめてくれたオバチャンには『僕、今は包装の仕事してますけど、本当にやりたいのは放送の仕事、いずれは報道のキャスターになりますから』なんてギャグをかましてました」

この明るさと積極性で、彼は果敢に攻めていく。かつて子役であったり、学生時代にテレビに出ていたことがあるからとはいえ、そんな実績はもはや通用しない。コネもない。彼はフリーアナウンサーの所属する事務所に履歴書とテープを送りつけた。

「向こうから返事が来る前に、『お宅にお世話になりますのでよろしく』と一方的に宣言して、強引に入れてもらいました」

その後、フジテレビのワイドショー『おはようナイスデイ』と『タイムスリー』のリポーターのオーディションを受け、合格。

「リポーターは三年半やりました。政治から芸能まで、本当に幅広く経験させてもらった。

ただ、自分のやりたい方向に絞るために、三年半で自分から区切りをつけました」

こうしてリポーターを自ら辞めた後、テレビ朝日のCNNニュースが経済デスクを募集していると知り、オーディションを受ける。少しずつ、自分のやりたい「報道」の方向へと攻めて行ったわけである。このオーディションに合格した半年後、二十九歳で大転機が訪れた。

「突然、CNNの番組キャスターをやらないかって。土曜日の朝枠をレギュラーで任されることになったんです。大抜擢《ばってき》だったと思います」

デパートでラッピングのアルバイトをしていた立花は、果敢に攻めることと、常にチャンスに備えて勉強しておくという姿勢で、とうとうここまで来た。転職してから五年が過ぎていた。

「会社を辞めた後、仕事が波に乗るまでは生活も大変でした。毎日、アルバイト雑誌とのにらめっこが続いたり、少しでも生活費を切りつめるのに苦労していました」

立花は中華レストランの片隅で、私の取材に答えながら当時を思い出したのだろう。ポツリと言った。

「僕、会社を辞めて、あの一番苦しかった時代が一番気持が前向きだったと思うな」

私が「つらいことや苦しいことさえ幸せ」という部分にピタリと重なる。

立花の場合もそうだが、組織の中では自分の行きたいセクションに行けなかったり、行けても期待外れだったりすることはままある。立花も「しゃべり」をメーカーの海外ネゴシエーターとして活用したいと思ったのが、そうはいかなかった。普通はそれをだましだまし、自分に納得させるものだが、わずか二年間で思い切れたのは、決定打が大きかったということだろう。

もう一人、大企業を辞めて独立した男は、第一章でも紹介した安秀和である。彼は、三十五歳で大手商社の日商岩井を辞め、花と園芸全般に関わる『アン・コーポレーション』を設立した。これは植物や資材をはじめ、農業や温室に関わるものなどすべての輸入販売会社である。

安は一九五九年に東京で生まれ、東京大学農学部を経て、一九八三年に日商岩井に入社した。幼い頃から「生き物」が好きで、「食料開発」をやりたいと思い、農学を学んで商社に入った。

彼は希望通りに「食料開発課」に配属され、その延長として植物に携わることになる。やがて、「園芸課」の設立に伴《ともな》い、植物の面白さに目覚めていった。

「会社は非常に好きでした。不満もなかったし、人材の宝庫で、本当にレベルの高い人たちがいました。それに、商社は多くのアイテムを扱ってますから、発想が非常に豊かになれる。僕は退職とか独立とか、考えてもいませんでした」

私が安と初めて出会ったのは、ちょうどそんな頃である。前述したTBS系金曜ドラマ『あしたがあるから』で、花ビジネスを起こそうとするヒロインを書くため、その専門家に取材協力を依頼する必要が出てきた。その時、TBS経由で紹介されたのが安である。彼はその頃、三十二歳になったかならぬかだったろう。

私とTBSのプロデューサー遠藤環は、安に何度も会って園芸や花ビジネスについて教わった。

ドラマの中で、ヒロインの今井美樹がクリスマス用の花として、「コットン」を輸入するのだが、これは安のアイデアである。黒っぽい綿《わた》の実がはじけて、中からフワフワの真っ白な綿花が顔を出すコットンは、当時、日本の花屋ではまず見かけなかった。安は、白い綿花をクリスマスの雪に重ね、ヒロインが大ヒット商品にするという設定はどうかと提案した。

私たちは飛びつき、安は日商岩井を通じて南米からコットンの花を輸入した。そのドラマがテレビで放映されるや、愛らしいコットンは若い女たちに一大ブームを巻き起こした。日本中の花屋にクリスマス用のコットンがあふれた。現在ではクリスマスの定番の花になっているコットンだが、それはドラマ『あしたがあるから』が火つけ役であり、その仕掛け人は安なのである。このドラマは高視聴率をマークした。

脚本家と取材協力者の関係は、ドラマの終了と同時にたいていは終わる。が、安と私の場合は完全には終わらなかった。

ドラマ終了後の一九九二年、彼は妻と一歳半の娘を伴い、オランダのロッテルダムに赴任した。日商岩井のオランダ駐在事務所に、新たに花ビジネスの拠点を築くためである。彼はオランダからよく絵はがきをくれ、私も日本の様子を書き送ったりしていた。

安のオランダ駐在は三年間にわたった。

「当初は五年間いる予定だったんです。ところがその頃、不況ということもありましたけど、日本の本社の園芸課がどんどん縮小されていきましてね。花というのは、食料や他の商品に比べたら、売上げは格段に小さいんです。小さな商品なんですよ。トータルなマーケットは決して小さくはないんですけどね」

日本での縮小に伴い、安の駐在期間は五年から三年になり、突然、電話で帰国命令が出された。

「日本でもっと別の仕事をやってほしいと言われ、期待されていることは感じました。ですから、それは有難いと思いましたし、別にイヤだとは思わなかった」

だが、何よりも衝撃を覚えたのは、花ビジネスの後任者をオランダに送る予定がないと知らされたことであった。三年間にわたって、基礎を作りあげてきたのに、後任者が来ないのでは今までの苦労が意味をなさなくなる。

「僕は後任が来るなら帰国すると言ったんですけど、結局ダメだった」

植物の専門家になっていた安にとって、これはつらいことだった。そして、一九九五年三月、彼は家族と共に日本に帰った。その頃の思いを、彼はこう言った。

「退職して、花や園芸ビジネスを起こす方が、自分の性に合っているかなと考え始めました。生き物が好きで、農学部で勉強したわけですし、商社でも新しいことを開発していくのが好きだった。だから、たとえ自分一人になっても原点に戻る方が、いい人生なんじゃないかと思ったりしたんですね」

そして、帰国からわずか五か月後の一九九五年八月に退職。十月にたった一人の『アン・コーポレーション』を立ち上げた。オフィスは自宅マンションの居間だった。

「でも、僕は八月いっぱいはしっかりと会社に奉公し、独立に関する準備は何もしなかった。それは今まで育ててくれた会社へのけじめと礼節だと思いましたから」

企業というところは、確かに与えてくれるものも多く、私自身も退職の際は安と同じ気持を抱いていた。よく年次休暇をすべて消化してから退職するという話を聞くし、それは当然の権利の履行である。だが、私も感謝の意があり、有給休暇を四十日近く切り捨てた。退職後にまったく収入のめどがない私にしてみれば、四十日間の休暇を消化して給料をもらい、その間に別のアルバイトでもして今後に備えた方がよかったのだが、そういう気にはなれなかった。

安は退職を決断したことについて、「流れ」という言葉を再三、口にした。

「生きていく上で、流れというものがあるでしょう。それに逆らったり、逆らわなかったり。退職は逆らうことなんですけど、逆に自分の気持には逆らっていなかった。僕は気持の流れに乗ろうと思いました」

おそらく、誰しも二本の流れを持っているのだと、安の言葉で気づいた。一本は「今、乗っている流れ」である。昨日、今日、明日と続く流れだ。そしてもう一本は、「自分の気持」という流れである。それは「今、乗っている流れ」と時に激突する。その時はどちらか一方に乗って生きなければならない。激突する二本の流れに同時には乗れないのだ。それが「飛ぶ」「飛ばない」という選択だろうと思う。

安は「自分の気持の流れ」に逆らわないことを決断した。これが決定打であり、三十五歳の夏だった。

実は私は、彼がこの決断をした直後に会っている。電話をもらい、赤坂のイタリアレストランで食事をした。その時、退職するつもりだと初めて聞かされたのだが、私の言葉を彼は今も覚えていると言って笑った。

「内館さん、僕に言いましたよ。『やりたいことがあるんなら辞めなさいよ。三十五歳って見切り時よ。やったもん勝ちよ。人生、一度なんだから』って」

あれから七年がたった今、確かにそう言ったことを思い出し、私も笑った。「人生、一度なんだから」という言葉は、立花が上司に言われたものと同じだった。

安は同年十二月に、吉祥寺に小さな事務所を借りた。それまでは自宅で少しずつ売り買いを始めていたが、事務所を借りる頃には、多少、モノが動き出していた。

「もちろん赤字ですよ。でも、何とか行ける可能性はあるかなと。手ごたえっていうのかな、それが少し感じられた。それで、アルバイトを一人雇って、僕が出張しても事務所が動いている状態までこぎつけたんです」

そのアルバイトへの給料も含め、「一応食えるかな」と思ったのは、退職してから九か月くらいではないかと言う。これはかなり早い。

「やはり大きな商社で、輸入のイロハから教わったおかげです。それに、この業界での人のつながりを作ってくれたのも会社です。おかげで世界中に友達がいるし、助けてくれる同期もいる。それは大きいですよね」

こういう言葉は、円満退職でない限り、出てこないだろう。第一章で紹介した村上景峰はJASを辞め、中国相手のビジネスを起こしたわけだが、これもJASで学び、積み重ねたノウハウが基本にある。私は二〇〇二年二月に、月刊誌『潮』の対談で、JASの代表取締役社長の船曳寛眞と会った。村上と小林裕子の近況を伝えると、船曳は心底嬉しそうな笑顔を見せた。

「そうですか、元気でやってますか。よかった。僕はね、いつの日か村上の会社と組んで中国の仕事をやりたいと願ってるんですよ。その日が来るようにと、本当に夢見てますよ。そうだ、内館さん、村上や小林と一緒に食事しましょうよ。伝えて頂けますか」

村上は不在であったが、私が小林に電話で伝えると、彼女は感極まったように言った。

「社長にそんなことおっしゃって頂いて……本当に有難いです。私たちの仕事は、まだ種を蒔《ま》いている状態ですけど、JASと組めるように本当に頑張ります」

サラリーマンから「飛ぶ」にしろ、「飛ばない」にしろ、在職中は手抜きをせずに懸命に働く必要を感じるのは、私だけではあるまい。村上や安から、改めてそれを感じる。

もう一人、大企業から「飛ぶ」ことをして、激動の人生を歩いてきた男がいる。私の三菱重工業時代の友人である。彼はエンジニアとして、安定した暮らしが続けられるはずであったのに、ブラジルレストラン『カフェ・ジーニョ』を横浜に開いた。

大﨑邦男。一九五一年生まれの彼は、富山大学工学部を卒業すると同時に、三菱重工業に入社した。初任地は私と同じ横浜造船所（現・横浜製作所）であった。

当時、彼は蒸気プラント部の製缶課というセクションでボイラーを造っており、私は勤労部で社内報の編集などをやっており、仕事上での接触はほとんどない。一九七〇年代半ばのあの頃、横浜造船所だけで七千人もの社員がおり、重工全体では十万人近くいたはずだ。むろん、丸の内本社にいる社長や役員とは会うこともない。そればかりか、同じ横浜造船所に勤めながらも、顔や名前を知っている社員の方が少ないほどだった。

そんな中で、私と大﨑は硬式テニス部で一緒だった。非常にサークル活動の盛んな会社であり、私はずっとヨット部にいたが、まだ余力があった。正直なところ、仕事が楽すぎて、さほどの頭も体も使わなくてすむ。その虚しさを埋めるために、私はサークル活動とお稽古ごとの鬼と化していた時期がある。ヨットに乗り、テニスをやり、コーラス部では第九やメサイアを歌い、腹の底から大声を出すことで鬱憤《うっぷん》を晴らしているところがあった。

大﨑は一九八三年から三か月半、ネゴシエーションのために中国で過ごし、一九八四年から四年間はブラジルの現地法人に出向していた。中国の時は私もまだ会社にいたが、ブラジルは私の退職後である。

二〇〇一年八月、私は横浜のメキシコ料理店で、彼と二十年ぶりに向かいあった。手紙やファックスのやり取りはずっと途絶えてなかったせいか、長い空白は感じられず、何よりも全然老けていない大﨑が不思議だった。

彼はなじみのその店で、慣れた風に料理をオーダーした後、唐突に切り出した。

「中国とブラジル、この両極端な国民を見て、共通するたくましさを感じて、そして痛烈に思わされました」

　何をか?

「自分の人生は自分で責任を取るしかないのだということを」

　大崎はまず中国で、強烈な影響を受けた。

「ものすごい中華思想ですよね。読んで字の如く、中国こそがすべての中心の華であり、他はその下なんですよ。その誇り、中国人としてのアイデンティティ、それはすごいものがある。そういう中国人と交渉する時、日本人としてのアイデンティティをきちんと持たないとわたり合えないんですよ。僕もそうでしたけど、日本人って自国への誇りや日本人としてのアイデンティティが希薄でしょう。だから、すぐに相手に同意する。それってバカにされるんですよ。中国人だけじゃなく、アメリカ人もヨーロッパの人たちも、自国への誇りとアイデンティティは強烈ですから」

　彼らが「Understand」と答えた時、それは「あなたの言い分は理解した。でも同意しない」ということであり、日本人の「Understand」は「わかった。同意する」なのだと大崎は言う。

「僕は中国にわずか三か月半いただけで、日本人は歴史観を持つことから始めないといけないと思いました。国を愛すること、そして日本人としての誇りを持たないと外国人と仕事はできません。それは短絡的な軍国主義とかイデオロギーの問題ではないんです。後にブラジルに赴任した際も、移住者やブラジル人からしょっちゅう質問された。なぜ日本人は国を愛せないのかと。国に対する帰属を、日本人はどういう形でやるんですかと」

日本人としての自分を根本から考え直していた頃、日本の上司から中国の大﨑に電話が入った。ブラジルに赴任することが決まったから、至急帰国せよという命令だった。むろん、中国での業務は途中である。安の場合もそうだが、企業の命令というのは本当に一方的で強引なものだ。大﨑は後任が送られてくるや引き継ぎを終え、日本に戻った。

そして、半年後、婚約者を残し、単身ブラジルに渡った。赴任地はサンパウロから三百五十キロほど内陸に入ったバルジニアという町である。

「すごい田舎です。まわりが全部コーヒー畑なんですが、リオ・デ・ジャネイロで暮らすよりよっぽどブラジル人の気持がわかり、よかったと思いますね」

大﨑は中国で影響を受けたことに加え、ブラジルで価値観が一変した。そのひとつはブラジル人の考え方である。

「もう徹底して自分の人生を楽しむんですよ。お金がなければないなりに、生きることを楽しむ。その時その時に、自分が最も大切だと思うことに身をゆだねるんですね」

中には家族との食事の方が、仕事より大切だと言い切るブラジル人社員もいた。彼らの中には、

「家族との食事をやめて残業をしなければならないなら、クビにしてくれていい。家族との食事の方が大切だから」

と言う人さえ珍しくなかった。当然ながら、サッカーのワールドカップでブラジルの試合がある日は国中の企業が休む。カーニバルの間もほぼ十日間、国の全機能がストップする。大崎は言う。

「そんな大事な日に、仕事なんて誰もやりません。そのくらい自分の国を愛しているんですが、それならもっと効率的な国にしようとか組織を変えようとか、そっちには行かない。国をあげて楽しみ、生きることを楽しむ。そっちに行くんですね。極端と言えば極端ですが、日本人は少し学んでもいいと思いました」

そして、もうひとつ大崎の価値観を土台から揺さぶったのが、ブラジルの日本人移住者たちの考え方である。大崎は彼らとも一緒に仕事をし、よく酒も飲んだ。彼らの多くは人生で失敗を重ねていた。無一文になって家族全員で夜逃げしたり、病気になっても治療費がなくて子供を死なせてしまったり、そんな悲惨な過去を抱えている人が少なくなかった。ところが、全員が全員、

と言う。大﨑は衝撃を受けた。そこには無理をしている気配もなければ、そう言わなければ自分を支えられないという気負いもなかった。これは大﨑にとって、決定打だった。

「僕がそんな彼らに何を見たかと言うと、自分の失敗を他人のせいにしない姿勢です。自分の人生は常に自分が決める。その結果、失敗したとしても、自分が決めたんだからこれでいいんだとする。失敗さえ肯定しています」

子供をみすみす死なせても、悔いがないと言い切る人たちは、大﨑に強烈なパンチを与えた。この人たちならば、たくましい精神の中国人を相手に仕事の交渉ができるだろうと思ったと、彼は述懐する。

こうして四年間のブラジル生活を終えた時、もはや、かつての大﨑ではなかった。

「退職するタイミングを考えていました。三菱重工は僕にたくさんの経験をさせてくれた上、視野を広げてくれた。本当に心から感謝しています」

だが、人生観が大きく変わってしまった彼にとって、帰国して従来の生活に戻ることは難しかった。

「中国とブラジルの経験によって、僕は自分が心底納得する生き方をしたいと思わされたんです。ブラジルの移住者たちが何十年も頑張って生きてきて、失敗を繰り返し、今も成功していないのに『俺は自分の人生に納得してるんだよ』と言うのを聞くと、僕はこのまま生きてたら負けちゃうなと思いました。負けない自分になりたいと、心底思った」

二十年ぶりに会った大﨑との話は尽きず、夜更けて客がいなくなった店内で、マスターがギターを弾き、メキシコの歌を歌っていた。同じラテンの血潮を耳にしながら、大﨑はブラジルを思ったのだろう。力をこめて、ここまで言い切った。

「僕も失敗したとしても、食べ物や飲み物さえない状態になったとしても、胸を張って『俺は納得してるんだよ』と、そういう風に言えるように生きたい。それこそが、納得できる死に方に通じると思っています」

目の前にいる彼は、かつて、私の知っていた大﨑ではなかった。昔の彼は呑気《のんき》で、照れ屋で、どことなく末っ子のようにわがままで、ヤンチャなところがあった。今、目の前で話す彼からは、そんな雰囲気はまったく感じられない。中国とブラジルでのカルチャーショックは、彼をこうも強く、真摯な人間に変えていた。

ブラジルからの帰国後、大﨑は三年間を三菱重工業で懸命に働き、一九九〇年十二月に退職した。帰国直後から「退職のタイミングを考えていた」と言いながら、三年間を要している。おそらくその三年間は、やはり恩返しの気持ではなかったか。変わってしまった彼ならありうることだった。

大崎の決断を促したものは、

「日本人としてのアイデンティティ」

「人生を徹底して楽しむ姿勢」

「自分の人生は自分で責任を取る覚悟」

であろうと思う。この三点を持つことにより、彼は解き放たれたのだ。

ブラジルにいる時に、いずれはブラジリアンバーベキューの店を開きたいと夢見ていた彼は、三菱重工業を退職後、すぐにドイツ系企業の『イナ・ジャパン』に営業マンとして入社した。ずっと大企業のエンジニアだっただけに、頭の下げ方もわからないことを危惧《きぐ》したからである。ブラジルレストランの開店は最大の夢であるだけに、入念な準備をしたかった。

彼はいとも簡単に、

「十年かけて準備しようと思いました」

と言う。そして、六年半もの長きにわたって『イナ・ジャパン』で営業マンとして勤め、その間もずっとドイツ人の同僚たちと、

「夢を持とうな。夢のない人生なんて死んでるのと同じだよ」

と話しては酒を飲んだ。話すたびに夢はゆっくりと醸造され、深くなっていった。

一九九八年、『イナ・ジャパン』を退職した大崎は、ついにレストラン『カフェ・ジーニ

ョ』を開店した。横浜の金沢に看板をあげた時、彼は四十七歳になっていた。『カフェ・ジーニョ』では信じられない安さに値段を抑え、赤身の柔らかい肉を百グラム四百円にセットした。コーヒーもブラジル豆しか使わず、すべて彼自身が深煎りに自家焙煎《じかばいせん》する。私は何度もコーヒー豆を送ってもらったが、それはそれはおいしい。大崎に教わった通りに、豆をそのまま酒のつまみにもした。我が家の来客はみんな喜び、こんなコーヒー豆は初めてだと驚くたびに、私は大崎の店をPRしたものである。

ところがそう言いながらも、当の私はまだ一度も『カフェ・ジーニョ』に行ったことがなかった。その頃、私は幾つも仕事を抱え、さらにNHK朝の連続テレビ小説『私の青空』の準備に追われることになった。地方取材に出ることが多く、東京にいる時は横浜の金沢まで行く気分的なゆとりがない。やっと行けると思って地図やらメニューまでファックスしてもらった矢先に、仕事のトラブルがあったりで、何度行けなくなったことか。開店して一年半ほどたった頃、またコーヒー豆が届き、大崎の手紙が添えられていた。

「低空飛行が続いていますが、ギリギリのところで持ちこたえています」

私はこの「低空飛行」という一語が妙に気になり、女友達に電話をかけた。

「大崎君の店、経営が苦しいのかしら」

彼女は三菱重工業の元同僚で、横浜の金沢に住んでいる。彼女の声はほんの少し湿っていた。

「おいしくて、すごく安いんだって。行った人はみんな喜んでるわよ。だけど、あれでやっていけるかって心配してる人も多いの。ちょっと場所が不便すぎるのよ。客がフラッと入って、リピーターになるっていう場所じゃないの」

場所のことはともかく、六年半も営業マンをやりながら、周囲が心配するほど良心的な姿勢を保っているとは、いかにも大﨑らしかった。私は彼女との電話を切るなり、『週刊ポスト』の編集部にダイヤルし、私の担当編集者の中島真知子に頼みこんだ。

「取材に行って、レストラン紹介のページに書いてもらえないかしら。味と値段は抜群なんだって。取材の時、私からの推せんだってことは彼に言わないでね」

編集者としての中島は、当然シビアである。

「わかった。とにかく、こっちの身分を明かさずに食べに行ってみるわ。で、本当に読者を裏切らない店なら書く」

ところが、出かけた中島は食べるなり、大﨑に身分を明かした。すばらしくおいしくて、信じられないほど安くて、客と話す彼があまりにもよかったからだと、彼女は私に報告してきた。よほど嬉しかったのか、彼女は私からの推せんだということも全部明かしていた。

こうして『週刊ポスト』に紹介記事も載り、大﨑からお礼の電話ももらったのだが、二〇

○○年九月に『カフェ・ジーニョ』はついに閉店した。
それから一年がたった今、大崎は夜更けのメキシコ料理店で、何ら肩に力を入れることもなく、私に言った。

「何の後悔もしていません。色んな人と出会えたし、またやろうと思ってますしね。閉店したのは、これ以上続けては家族が路頭に迷いますから、ここらが引き潮《どき》だなと」

今、大崎は、再び『イナ・ジャパン』に勤務している。一度は退職した会社である。しかし、ドイツ人社長は閉店の報を聞くなり、

「また、うちに来ないか」

と言ってくれた。そして、退職前より高い給料を提示した。

彼は再びサラリーマンに戻り、エンジニアの知識と営業マンの経験を生かし、堪能な語学力で世界をかけ回っている。店はなくなったが、『カフェ・ジーニョ』の名前は活躍している。横須賀を拠点にしているボサノバのヴォーカルグループが、『カフェ・ジーニョ』を名のることにしたのである。彼らも大崎の店を愛した人たちであった。

長い長い過去を語りながら、彼は笑って力強く言った。

「ここまでの人生、僕は納得してますよ」

こいつ、ブラジル人に近くなってきたと思い、私も笑った。

さてもう一人、女たちの多くが「わかるなァ、その気持」と言いそうな決定打により、飛んだ人がいる。

池亀千鶴。一九五七年生まれの彼女は、大妻女子短大の国文科を卒業後、ずっとOLを続けていた。何度も転職を繰り返したが、やり甲斐のある外資系メーカーに落ち着き、十三年がたっていた。ところが二〇〇二年七月下旬に、突然、私のところに一通の封書が届いた。

彼女からの文面を読んで仰天した。それは印刷された案内状で、次のように書いてあった。

「ご無沙汰しています。お元気でいらっしゃいますか。

突然ですが、私この度十三年近く勤めた会社をこの六月で退社致しまして、念願の洋服や雑貨を売る店を代々木上原に出すことになりました。勇気のいることでしたが、やらないで後悔したくないと思い、決断致しました。

今はお店のオープンに向けて準備に勤しんでおります。何事も初めての経験でわからないことばかりですが、ひとつひとつのプロセスを楽しんでこなしております。

お忙しいことと存じますが、お近くにお越しの際はぜひお立ち寄り下さい。

池亀千鶴」

そして、余白に彼女の肉筆の一文が添えられていた。

「マコちゃん、地図を入れておきましたから遊びに来て下さい!!」

実は千鶴は私の従妹《いとこ》である。彼女の母親が私の母の妹で、千鶴は幼い頃から私を「マコちゃん」と呼んではなついていた。

「あの千鶴が店を開いた」というニュースは、またたく間に親戚中をかけめぐった。誰がどう考えても、「あの千鶴」が快挙というか無謀というか、こんなことをするとは思えなかったのである。彼女は私の従妹たちの中でも特に控えめで、おとなしく、口数も少ない。親戚の者たちはみな、

「千鶴じゃなくて、田鶴の間違いじゃないの？」

と言った。田鶴は彼女の姉で、こちらは幼い頃から自分の意思を明確に言える子で、ものおじしないタイプだった。ところが、店を開いたのは間違いなく妹の方だったのである。

私は本著にピッタリの話だと思い、開店後二週間ほどたった夜、彼女の店に行ってみた。『リラ・フーセット』というその店は、代々木上原駅から徒歩一分もかからぬ場所で、商店街の入口近くにあった。

小さな店であるが、ピンク系のインテリアでまとめられ、服や帽子、バッグ、アクセサリーなどに加え、ガラス器やランプ、ティーカップ、キャンドルなどが愛らしくディスプレイされている。アンティークも色々とあり、千鶴は生き生きと接客していた。

その夜、食事をしながら、私はここに至るまでの話を訊いてみた。昔から服や雑貨が好き

なことは知っていたし、私は彼女の着ている服が好きでもらったりもしていたが、店を開くことが「念願」とは知らなかった。

「OLを二十年くらいやって、何度も転職したけど、最後の外資系はいい会社だったの。仕事のやり甲斐もあったし、人間関係もよかったし」

千鶴はそう言った後で、言葉をついだ。

「だけど、このままずっと定年までOLやるのかなァって、年齢と共に思い始めてきたのね。それでいいのかなァって。でも会社は辞められないよなァ、辞めても何もできないしって。でも、いいのかなァ、これでって……」

その繰り返しを、彼女はずっと何年も抱えていたと言った。これは私と同じであり、おそらく多くのOLたちが抱える「堂々巡り」だろう。

「洋服や雑貨の店を開きたいという夢は、二十代の頃からあったの。でもそれは単なる夢であって、子供が『大きくなったらスチュワーデスになりたい』っていうレベルよ」

そんな彼女に、後に転機となる出会いが訪れた。スウェーデンでアンティークの仕事をしている女性と知りあったのである。

「一九九四年か五年頃だと思う。彼女が日本でアンティークフェアをやる時は、土曜と日曜だけ手伝ったりしたの。それで色んなことを教えてもらってね。そのうちに、会社の夏休みには私もスウェーデンやイギリスに同行するようになったの。毎年行ったから、合計すると六回くらい行ったかな」

イギリスやスウェーデンでは、仕入れ先やオークションにも連れて行ってもらい、同時に彼女も少しずつ買うようになった。

「アンティークといっても、私が買えるのはジャンクっぽい物なんだけどね。あと、アンティークばかりじゃなくて、可愛い小物とか雑貨も本当にいっぱい買ったの。最初は自分のために買っていたんだけど、やっぱりどんどん『念願』が頭をもたげてくるわけ。とうとう、『よし、いつか店を開いて売るための物を仕入れよう』ってなった。それが二、三年続いたのかな」

そして、一九九九年の春、千鶴は店を開くことを本格的に決心した。

「一九九九年の春だってこと、よく覚えてるわ。だって知りあいが店を開いていて、家賃を聞いたら安いのよ。何だ、その程度の家賃ならOLやりながらなら出せるわって思ったから」

私は驚いて訊き返した。

「OLをやりながら？　あなた、OLをやりながら店を開こうと思ったの？」

千鶴は苦笑してうなずいた。

「だって、会社を辞めるのは怖いもの」

「そりゃそうだけど、そんなことできっこないじゃない」

「そうなのよね。だけど、この私が安定したOLの座を捨てて、一人でリスクを負って店なんか開けると思う？」

「思わない」

つい二人で笑ったのだが、「OLをやりながら飛ぶ」というのは、多くの女たちの本音ではあるまいか。現に私も「OLをやりながら脚本家になりたい」と思っていたのだ。千鶴も独身だが、特に独身の女にとって「不確実な夢に向かって飛ぶ」ということは、それくらい怖いものである。何とかOLとして定収入をキープしながら、夢を叶えられないものかと思うのは、図々しいが本音だ。

そんな千鶴が「退職して店を開く」と決心した決定打は、女友達の一言だった。

「彼女、『私も一緒にやる。会社辞めて二人でやろうよ』って言ってくれたの」

私が冒頭で書いたように、「女たちの多くが『わかるなァ、その気持』と言いそうな決定打」というのはこのことである。不確かな未知の世界に飛ぶ時、二人なら怖さが半分になる。

「そうなの。出資者は私一人なんだけど、彼女が一緒にやってくれるなら退職して賭けようと思えた。やっぱり、一人でやるのは怖くて、一人じゃできないってわかってたから」

女友達の一言で、千鶴は飛んだ。会社を辞め、夢に賭けた。

しかし、現実にはその女友達は一緒にやっていない。

「よく考えてみたら、私、彼女にきちんと給料を払う自信がなかったのよ。彼女の生活基盤を支えるだけの売上げが出るかどうか、やってみなければわからないでしょう」

それはそうだが、そんなことは最初からわかっていることだろう。私がそう言うと、千鶴は大声で笑った。

「ホント、そうよねえ。で、彼女には店が軌道に乗るまでは定収入のある仕事をして待っててほしいって言ったの。でも、『一緒にやろうよ』っていう、あの一言がなければ、私は絶対に飛べなかったな」

こうして、千鶴は一人で店を始めることになったが、姉の田鶴が手伝っている。田鶴は結婚しており、子供も手を離れ、妹と一緒にパリを中心に買い付けにも同行する。むろん、店にも出ている。

「姉がいてくれてすごく助かってる。でもね、イザこうして一人でやってみると、人間って案外できるもんだなと思う。火事場のバカ力じゃないけど、案ずるより産むが易《やす》しって、そう思ったりもするの」

海外での買い付けはできても、日本ではどうやって仕入れるのかさえ知らず、同業者に、

「初めてお電話致しますが、あのォ、どうやって仕入れるんでしょうか」

と質問したと言うのだから、聞いているこちらの方が冷汗が出る。

「でも親切な人が多くて、紹介してくれたりね。有難かった」

やはり、案ずるより産むが易し……か。およそ「無謀」とは縁のなさそうな従妹が、これほど無謀なことをやって楽しげに笑っている。それを見ると、女友達の一言は「一人では何もできないし、怖い」というタイプの千鶴を根こそぎ変えてしまった決定打だったと思う。

「もうひとつ、決定打みたいな言葉があるんだけどね」

千鶴はそう言い、私を見て意味ありげに笑った。

「マコちゃんが昔、私に言ったのよ。『千鶴、他人の言うことを何でもハイハイって聞いてりゃいいってものじゃないのよ。自分の意志を持たないと、後で後悔するわよ』って。覚えてない？」

覚えているわけがない。ただ、親戚の集まりがあってもいつも千鶴は後ろの方で静かに微笑んでいる。そんな彼女に短気な私が苛立って言った言葉だろうと察しはつく。

「たとえばお客様が生活の中で何かイヤなことがあって、でも『リラ・フーセット』に寄ったらスッとしたわっていうような店にしたいのよ」

あんなにしゃべらず、おとなしかった彼女がこんなことを言うとは、夢だった仕事は性格まで変えてしまうとつくづく思った。

『リラ・フーセット』という店名は、スウェーデン語で「小さな家」の意味である。この小さな家が、二十年のＯＬ生活の中で居場所を求め続けた彼女の、大きな夢の棲《す》み家になった。

その2　飛んでよかった

どんな生き方をしても、そこには必ずメリットとデメリットがある。少しでもデメリットをつぶす算段をしたり、「こっちを手にした以上、あっちは失ってもしょうがない」と腹をくくったりして生きていくしかない。

安定した場所を飛び出し、夢を叶えるために未知の世界に挑戦するということは、ロマンには違いないがデメリットが大きい。特にスタート直後はそうだ。

そうであっても、やっぱり、

「飛んでよかった」

という人たちの思いを聞いた。

一般的に、サラリーマンから飛ぶケースが多いということは、サラリーマンではどうしても満たされない何かがあるからだろう。それは「金銭」ではあるまい。

金銭というものはすぐに得られるものではないことを、たいていはわかっている。少なくとも「飛ぶ」という時点では、金銭目的は色濃くはないだろう。金銭は「成功すれば」という条件で手にするものである。いずれはそこに行きついてみせるという目的はあるにせよだ。成功しなければ、飛ぶ前より悲惨な状況になる可能性を承知で飛ぶ。

最初から金銭やステイタスが得られると約束されているなら、誰も揺れない。それを「夢」とは言わない。デメリットにつぶされたり、そこから再び、自分の力で乗り越えたりしていくプロセスも、「夢」の一要素なのだ。できあがったものを与えられることは、「夢を叶える」のとは根本的に違う。となれば、そういうプロセスを含めて、人生における「達成感」や「満足感」をまず得たいというのが、飛ぶ時の思いではないか。少なくともスタート時点では、金銭的報酬より精神的報酬に飢《かつ》えているのだと思う。

組織の中にあっても、達成感や満足感はある。だがその場合の多くは、集団の力として見られる。実際には個人の力が大きかったとしても、それを表に出すと集団秩序を乱すことになり、組織の一員として排除の方向に行かされる場合もある。「目立ちすぎ」とか「自分本位」などの言葉でひとくくりにされる場合はよくある。

そんなサラリーマン生活の中で、精神的報酬に飢えることは当然多いだろう。

行動心理学者のアブラハム・マズローは、「欲求発達段階説」を説いている。人間が自己実現に至るまでの欲求を、その年齢や成長によって六段階に分け、ひとつの段階が満たされると、次の段階へ次の段階へと進むものだと説く。

第一段階と第二段階は「基本的欲求」として、次の①②である。

①生理的欲求

空気、水、食物、庇護、睡眠、性

②安全と安定の欲求

①は人間が生きていく上で不可欠の欲求であり、逆に言えば最低限の欲求である。それが満たされると、②を欲求する。しかし、ここまでは「欠乏欲求」として本能に近いものである。

この①と②が満たされると、人間は次のステージを欲求する。それが、

③愛・集団所属の欲求

である。つまり、一人ではいたくない欲求といえる。学校、会社、夫婦、家族などの、集団に所属していたい欲求だ。

マズロー説によれば、「集団所属の欲求」はごく当然のことであり、所属しきれない状態は人間にとってつらいということになる。ところが、所属してしまうと、いつまでも感激してはいないのが人間である。あんなに嬉しかった結婚も就職も、それだけでは色あせてくる。

そして、次のステージを欲求することになる。それが、

④自尊心・他者による尊敬の欲求
　である。

　私は「飛ぶ」という欲求は、この④の実現ではないかと考えている。精神的報酬は、たとえそれが失敗によるものであっても生きる喜びを与え、自尊心を満たす。大﨑が言うように、ブラジルの移民たちが「自分の人生を納得している」と言うのは、決して負け惜しみではないのだ。大﨑自身、店を閉じても、「何の後悔もない」と笑顔でいることもそうである。彼らは精神的欲求を満たされたのだ。

　まして、自分の力で成功させ、夢を手にした場合は、「他者による尊敬」も加わる。それも集団ではなく、個人に寄せられる。その欲求の満たされ方は、サラリーマン生活の中では得にくいものではないか。

　この④が満たされると、「自己実現のための段階的欲求」として、「楽しみ」「完全」「個性」などの多項目を経て、「真」「善」「美」に至るのが⑤のステージである。そして⑥の「自己実現」へと昇りつめていく。

「飛んでよかった」という人たちの答は、どれもどこかで④の「自尊心・他者による尊敬」を満たしていた。

　智乃花は、取材時点では引退は見えていなかったが、すでに体力が落ちていることを本人

は十分に承知しており、

「自分は小結までの世界しか知らないんで、やっぱり、大相撲に入った以上は横綱の世界を知りたかったですよ」

と、「完全成功」ではないという悔いを見せた。だが、それでも飛んでよかったと言う。

「十両にあがった時の嬉しさ、これほど嬉しいことはなかったですね。初めて大銀杏《おおいちょう》を結った日なんか、ずっと鏡を見てました。こうやって、『オー』とか声あげて」

智乃花は手鏡を持つゼスチュアをして、笑った。「大銀杏」とは力士の髷の形を言い、この形は十両以上の関取にしか許されない。化粧廻しをつけることも、土俵入りも、塩をまくことも、すべて十両以上しか許されず、十両になって初めて、プロの力士になったという実感がわく。

「大銀杏を結って土俵入りやるなんて、もう何とも言えないです。国技館で自分の名前と出身地がアナウンスされて、ワーッと拍手もらって」

そう言った後で、智乃花は冗談めかしてつけ加えた。

「酔っちゃいますよ、自分に」

さらに言った。

「チャレンジ、チャレンジで、憧れの人と対戦できて、それで勝つんですからそりゃ酔いますよ。そして技能賞を二回もらって、最高ですよ、人生で」

あのまま高校教師を続けていれば、公務員として老後は安心だった。今、引退した智乃花は「準年寄」として、二年間は相撲協会に残る。だが、それ以後はどうなるか、めどは立っていない。しかし、人間の限られた一生の中で、

「酔っちゃいますよ、自分に」

「最高ですよ、人生で」

と言える経験をした。あのままずっと恩給に至る道を歩いたなら、ここまで言い切れる経験はできなかっただろう。だが、その激しく燃えた人生を選んだ代償として、今、先行きは見えない。ただ、マズローの「欲求発達段階説」の④、つまり「自尊心・他者による尊敬」の欲求は、飛んだことによって満たされたと考えていい。大銀杏も拍手も技能賞も、集団に与えられたものではなく、智乃花伸哉個人に与えられ、個人が勝ち取った栄誉だからである。

『拳雄《ファイター》たちの戦場』（田中誠一、グリーンアロー出版社）の中には、プロボクサーのジャッカル丸山について、次のように書かれている。

　だれからも相手にされなかったジャッカルが、その時、間違いなく、「オレはここにいる」と存在を確認できた瞬間である。

人から拍手を受けるということは、自分が認められているということである。そのことが「生きている」という、最高の喜びを感じることのできる「場所」を感じた瞬間だった。

ジャッカル丸山は、一九五三年に青森で生まれ、日本J・バンタム級王者まで昇ったボクサーである。私は中学生の頃からプロボクシングが好きだったが、私が知っている限りのボクサーの中で、最も魅力的な一人だった。私の愛するボクサーの五本の指に入る。彼は常に劣勢から鮮やかに逆転勝利をおさめた。しかし、彼も「生きているという喜び」と「拍手」を得たものの、現在の消息はわからない。雑誌『Ｎｕｍｂｅｒ』(文藝春秋)の一九八五年五月二十日号と一九八七年五月五日号にはジャッカルの記事があり、また一九八五年十月六日にはＮＨＫ『東北アワー730』で、彼のドキュメンタリー番組が放送されている。だが、それ以後の消息がわからない。私は本著を書くにあたり、かなり調べたし、ボクシングジム関係者はもとより日本ボクシングコミッションにも問い合わせたが、誰もわからなかった。唯一人だけが、

「ジムを開いて失敗して、その後、トラックの運転手やってるって聞いたけど、それもずいぶん昔の話で。今、どうしてるか……」

と首を振った。

夢に賭けるということは、それくらいの危険と隣り合わせなのだ。ジャッカル丸山のようなスターボクサーで、マスコミに取りあげられるような人でさえ、である。しかし、それでも人間はマズローの言う③（愛・集団所属の欲求）から飛び出す。それは④（自尊心・他者による尊敬の欲求）を満たすための、人間の本能に近いかもしれない。

むろん、前述したように、まず起爆剤になるのは精神的報酬への飢えである。プロボクサーの川島光夫の言葉も、それを裏づけている。川島は大阪のプレス工場で働きながら、リングに立っていた（『遠いリング』）。

「やっぱり、ボクシングだったら自分が出せるというか、そんなところがあるんです。だって、みんなが見ている前でやるわけでしょ。それ以外に僕なんか晴れがましい舞台なんかないわけです。別に目立ちたいというわけじゃないけど、やっぱり誰だって、プレス機の前だけで一生送るなんていうのはいやじゃないですか」

また、プロボクサー野崎万弘の言葉もストレートである（同書）。

「朝から晩までレストランで働いて、人より多少多めの給料を取ってみたところで、別に充実感なんてないですから。何というんですか、やっぱり燃え上がるようなものというんですか、一生懸命やって、やり切るようなものというんですか、そんなもの、ほしかったです」

これらはみな精神的報酬の希求である。金銭や地位も欲しいが、その前に、組織の一員では味わい難い満足感、達成感を渇望している。

JASを辞めて、小林裕子らと四人で会社を立ち上げた村上の言葉も、④の「自尊心・他者による尊敬の欲求」を裏づけている。彼は次のように言い切った。

「飛んでみて、生きてる実感がわく。噛みつく対象、ぶつかる対象がいるんだもの。それで自分がワクワクして、感動する。これはもう麻薬的に感動するよね。その達成感に自分が感動して、それで周囲が『すごいね。うまくいったね』、『やったね』って言ってくれた時って、あれは鳥肌が立つね。生きててよかったなって思う」

組織の中でも満足感、達成感は得られる。ひとつずつポストがあがったり、社長表彰を受けたりということは、「自尊心・他者による尊敬の欲求」を満たすものだ。

だが、第一章で村上が言ったように、

「どこの会社でも、人間が人間を評価して、それで出世したり外れたりするでしょう。そこには好き嫌いだとか理不尽なことも作用する。そんなことで他人に人生を決めてほしくないと思いましたよね」

と感じるタイプは、組織内での達成感は得にくいだろう。たとえ人生における一瞬であっても、輝ける時を目指して「飛んでよかった」となるのは道理だ。

プロボクサーの榎洋之は一九九八年八月のデビュー以来、負け知らずで勝ち進んで来たが、二〇〇一年六月に、一度郷里の秋田に帰った。結果的には一泊で東京に戻ったのだが、実はボクシングに行きづまっていた。帰郷は『第二六〇回ダイナミックグローブ』で、草間智之（三迫）に判定勝利をおさめた直後のことである。

私はその試合をリングサイドで観ていたが、序盤から壮絶な打ち合いで、両者血みどろの死闘になった。飛んでくる血で、私の服が点々と赤く染まった。判定は榎が三―〇の完全勝利であった。しかし、この試合で十三連勝をマークした榎に、客席からは怒号とヤジが飛んだ。

「榎、お前はＫＯしなきゃ負けと同じなんだよッ。バカヤロー」

「榎、つまんねえ試合するな。ＫＯしろよ、ＫＯ」

榎は「ノックアウトメーカー」と呼ばれており、いつも鮮やかなKOを見せていたが、上位と当たるにつれ、KOは減っていた。そのせいばかりではないにせよ、後に榎は私にこう言った。

「俺、ボクシングをやる意味がわかんなくなっちゃったんです。ものすごく悩んで悩んで、とにかく秋田に帰って、これからのことを考えようと思った」

そして秋田で、高校時代のボクシング部の仲間たちと飲んだ。彼らはみな、秋田でサラリーマンをやっている。榎は悩みを話した。すると、彼らがつぶやいた。

「幸せな悩みだな、お前」

瞬間、わけがわからなかった榎に、彼らは自嘲《じちょう》気味に重ねた。

「俺なんか才能ないと思ったからボクシングやめて、普通に就職した。でも、やっぱりちょっと後悔してるよ」

東京の青山にあるイタリア料理店で、榎は私と向かいあってトマトの冷たいパスタを頬張りながら、ケロッと言った。

「俺、それ聞いて目がさめたっていうか」

私は噴き出した。

「それで一泊で戻って来たんだ。深い悩みはどこ行ったのよ」

「なァ」

「なァじゃないわよ、まったく。会社員の友達は、毎日、電卓叩いて『これでいいのかなァ、俺の人生』って思い悩むのよ。『榎みたいに飛べばよかったかなァ』って」

「うん。俺はよかったと思ってます」

この時だけは、榎はフォークを持つ手を止めてハッキリと言い切った。私はＯＬ時代の自分が甦《よみがえ》り、たぶん自分自身に語っていた。

「私は会社員だったからわかるの。会社員って、すごく嬉しいとかすごく苦しいとかってないのよ。いつも『普通』なのよ。そりゃ、電卓叩いてる分にはケガもしないし、血も出ないし、安全よ。だけど、電卓にすごい苦しみもすごい喜びもないじゃない」

榎は小さく笑い、うなずいた。

「うん。それってすごくつまんないことらしいっすね」

そう、今日と同じ明日が、明日と同じあさってが来る。そして、それは極論すれば墓碑銘に続く。世界チャンピオンの夢に賭けて、若くして飛んだ榎に、これは実感できまい。だが、商社マンから独立した安は実感しており、次のように言っている。

「毎日違う明日が来るという面白さは、独立して初めてわかりましたね。リスクを背負ったから、違う明日が来るようになったんですけど、飛び出すと可能性は広がる。刺激があるしね」

イタリア料理店でパスタを前にしばらくおし黙っていた榎が、大きな力強い目を私に向けた。

「俺、昔の仲間と話して、自分が贅沢だってわかっただけでも、もっと強くなれると思います」

三年前までは見知らぬ彼が、私に腹を割って話してくれることに、不思議な快感を覚える夜だった。

精神的報酬ということについて、原田政彦（元ファイティング原田）は別の見地から語っている。

「強くなればなるほど、それだけの人と会えるんですね。僕、十九歳で世界チャンピオンになって、普通なら会えない人とたくさん会えましたよ。最初はうまく話せなかったけど、たとえ十九歳でもそういう場の中で磨かれていくんです。僕はずっと米穀店で働いていたんですが、僕があのままだったら、こういう幸せは経験できなかった」

「飛んでよかった」と言う理由は、こういうプラスの精神的報酬の他に、もうひとつある。取材していて気づいたのだが、一種マイナスの精神的報酬である。

つまり、先が見えない不安、刺激、スリル、サスペンスの類だ。元ボクシングトレーナーの森英孝は、

「もう生きてるだけでいいというところですよ。ギリギリのところです。綱渡りですよ、それもピアノ線の上を歩いてるみたいな」

と言い、幻冬舎の見城徹は、

「エッジ（刃）にいる」

という言い方をしたが、「飛んでよかった」と言う人たちは、そんな日々を誰もが面白がっている。これは性格や年齢にもよるだろうが、逆に言えば、そんなマゾヒスティックな喜びをケロリと受け入れられないと、飛ぶのは難しいということにもなる。

四人でスタートした村上景峰の『株式会社泰雅』は、二〇〇二年十月現在、国内企業のアウトソーシングとしての仕事は動いている。だが、背骨たる中国ビジネスの方はスタート直後から色々と難問が待っていた。村上はそれをも楽しんでいる。

「そんなことは予測できたことですし、最初からうまく進むなんて思ってませんよ。だけど俺、ホントに生き生きしちゃってるの。やっぱり動ける時に動いて、本当に働くことの楽しさ、仕事することの楽しさをね、その年齢の時に味わっておこうと思ってる。スリルとサスペンスも含めてね」

そう言って笑う村上の隣りで、小林が大真面目につぶやいた一言がおかしかった。

「私、すごい賭博師になってきたの」

彼女はどこまでも大真面目に言う。

「今、中国ビジネスはエヌピーサンという薬品を中心にやってるわけですけど、もしも、それがうまくいかなくても、何かそこから派生するものが考えられるはずだとかね。何かひとつダメでも、次の何かに賭けよう、別の何かに賭けようとかって。めげるんじゃなくて、それを面白がるというか、賭けるっていう方向に行くの。もっともっと張ってやるって。それって賭博師ですよね」

大企業ではなぜ、こんな賭博師意識を持って働けなかったのか。私がそう問うと、小林は、

「ね。社員四人だと何もかも直接、ドーンと自分に降りかかる。明日がわからなくて怖いけど、それは生きてる実感だし、面白いんですよ」

と、ますます大真面目に答えた。

「明日がわからない怖さ」と「立ち向かう真剣さ」については、ほとんどの人が言及している。その二点が「夢へのプロセス」として、一種マイナスの精神的報酬として、「飛んでよかった」という気持になっている。それは彼らの表情からも十二分に読みとれた。

大﨑はブラジルレストランを懸命に支えていた頃を、こう振り返る。

「そりゃ、苦しかったですよ。結果から言えば食っていけなかったんですから。でもね、今を一生懸命にやっていれば、必ず客は来るという期待がいつもあった。その期待が毎日あった。よし、明日も頑張ろうって、その期待に対してやる気が出るんです」

「期待に対してやる気が出る」という言葉に、私はうなった。その時期、おそらく大﨑はどん底だったたと思う。しかし、「期待に対してやる気が出る」という境地まで行った経験は、人生において絶対にプラスだろう。

「僕はハッキリとそう思ってます。どんな状況にあっても、サラリーマン時代とは突っこみ方が違いましたし、そうすると苦しいことも楽しくなってきちゃうんですよ」

角海老宝石ジムのチーフトレーナー田中栄民は、興味深いことを打ち明けている。

「ボクシングって、殴られるわけですからそりゃ体に毒ですよね。でも、そういう強いパンチを紙一重で避けたり、そういうのも快感なんですよ。快感になってきます。そういう打ち合いの中に自分がいて、スリルを感じている時というのは、何て言うか、ちょっと面白味を感じますよね。もちろん怖さは感じてるんですけど、それはパンチに対する恐怖というのとはまた違うんです。怖さを楽しむ怖さ……というのかなァ」

田中のこの言葉は、サラリーマンを辞めて独立した人の多くに当てはまるのではないか。

「パンチの飛びかう中にいる自分」は、いつ倒されるかわからない。だが面白味を感じている。それこそが「一種マイナスの精神的報酬」ではないだろうか。

そして、これを一度感じると、信じられないほど自分が解放される。これは私自身の実感であり、「飛んでよかった」と思う理由のひとつだ。

私自身、脚本や文章を書く仕事についたことで、OL時代には想像もつかないほどの達成感や満足感を得ている。だが、明日はわからない。それもたった一人でやっている仕事だ。ボクサーと同じで、自分が倒れたらオシマイである。また、すべてを記名で書いている以上、失敗すれば叩かれるし、意見が違えば反論の嵐の中に立たざるを得ないこともある。それに伴って、事実とは違うことを言われたり、書かれたりという場合もある。

それらは「明日がわからないこと」も含めて、私にとってはマイナス要素であり、パンチである。だが、私はスリルやパンチを経験することによって自分が解放された。楽になった。

OL時代の私は、まっとうな人と結婚することしか考えていなかった時期がある。「まっとうな人」というのは、結局は「いい大学」を出て、「大きな会社」に勤めていることに尽きた。私にとって、これは「安泰な生活」を約束してくれる両輪だった。

今でも思い出すことが二つある。ひとつはその両輪にかなう人と我慢してつきあっていた時の、私自身の暗さだ。彼は「超」が二つくらいつくほどのエリートだったが、私はまったく彼に魅力を感じなかった。それでも、相手は私との結婚を考えており、私としても彼の両輪だけは魅力だった。

が、デートの前日から暗くなる。あの面白くない男とどうやって時間をやり過ごそうかと考えるだけで奈落に落とされる。そして、とうとうある日、私は雑踏の中で彼を撒《ま》いて逃げ帰ってきた。むろん、それをきっかけに私は振られた。しかし、いざ振られると、もったいなくて長いこと後悔した。

もうひとつは、その後につきあった人である。彼もエリートで、かつ面白かった。長身で容姿もよく、私にしてみれば完璧だった。ところが、「女は自己主張せず、バカが可愛い」という思想の持ち主だった。私の赤いマニキュアを嫌い、相撲やプロレスやボクシングを好むことを嫌い、小田実や高橋和巳を読むことを嫌う。私は彼に合わせてマニキュアの赤をやめ、ブリッ子して童話を読み、「趣味はお料理」を示すために料理学校に通った。相撲とプロレスとボクシングは彼に隠れて観ていたが、いつバレるかとヒヤヒヤしていた。

しかし、結局は彼とも別れた。自分を殺して合わせることに「やってらンない」となったのである。

経験や歳月によって、ＯＬ時代の私は少しずつ変化してはいたが、人間として決定的に解放されたのは、退職して「明日のわからぬ仕事」についてからである。満足感や達成感もさることながら、パンチの嵐の中にいると、ほとんどのことがどうでもよくなる。投げやりになるという意味ではない。生きていく上で、何よりも大切なものは「人間の情《じょう》」であって、他はいちいち問題にすることじゃないなと思ってしまったのである。

これは私にとっては画期的なことで、生きることが非常に楽になった。「飛んでよかった」と思う大きな大きな理由のひとつだ。学歴だの会社名だの、どうでもいいことによくもこだわっていたものだと笑えるほどである。元ボクシングトレーナーの森が言うところの、「ピアノ線の上を歩いている日々」を経験すると、世俗的な価値観から解放される。最後に残るのは「人間の情」だと、これは私の実感であるが、見城も言っている。

「僕は角川書店にいた頃、鼻もちならない野郎でね。『角川は俺でもってる』ぐらいのね。それが独立して、小さな雑居ビルでスタートした時、人の温《あたた》かさに触れて、『俺は他人《ひと》様のおかげでやれているんだな』と思いましたよね」

『幻冬舎』という社名は五木寛之が自らつけてくれたものである。そしてその幻冬舎を構えて二週間後のこと、雑居ビルの狭い事務所に突然、石原慎太郎が訪ねてきた。見城とは旧知の仲とはいえ、石原は五人の社員に頭を下げた。

「みなさん、見城をよろしくお願いします」

そして、見城に言った。

「俺がまだ、お前の役に立つんだったら何でもするぞ」

その言葉に、見城はすぐに返した。

「弟さんのことを、裕次郎さんのことを小説に書いて下さいませんか」

百万部のベストセラーになった『弟』は、これが始まりだった。今や自社ビルを持つ見城は、あの小さな一室を思い、一語一語ゆっくりと言った。

「石原さんや五木さんだけじゃなくて、たくさんの作家に、そして印刷会社や広告代理店や、あらゆる人たちに本当に温かく接してもらった。足を引っぱる人も大勢いた中で、それと同じくらいに人の情に触れましたね。角川という大きなブランドじゃないところで、初めて『人間』というものがわかったというか。会社を作ってよかったと思った点ですね」

元ボクシングトレーナーの森は、世界屈指の名トレーナーの故エディ・タウンゼントにボクサーとして鍛えられたわけだが、

「僕はボクサーとして大成しなかったけど、やっぱり一番教えられたのは『愛』ですよ。自分一人じゃ何もできないという、そこから始まる愛。人に感謝したり、人を許したり、そういった人間のハートの部分というのは、ボクサーになって初めて、最も大事なことなんだってわかりましたよね」

と述懐する。

ブラジルレストランを閉じた後、一度は退職したドイツ系の会社に再就職した大崎も言う。

「人間関係って、いいなァとわかりましたよね。ドイツ人社長はまた私の面倒を見てくれたんですから。それと、店はなくなりましたけど、かつてのお客さんとはずっとコミュニケーションが続いていて、つくづく幸せだったと思います」

彼らの口コミで、大﨑は今も注文に応じてブラジリアンバーベキューを出前する。週末と休日に限るが、三十人くらいのイベントに出張料理する。

「肉だけで三万円でやっちゃう。儲けはいらない。最後は人間と人間のつながりで生きていくんだから」

そう言って、大﨑は笑顔を見せた。

「飛んでよかった」という理由として、もうひとつ目立つのは、「自分が精神的に変わった」という答である。私自身の、世俗的な価値観から解放されたという点は、これに当てはまるだろう。

ＪＡＳを辞めて『株式会社泰雅』を立ち上げた村上も解放された。

「あの時に辞めなかったら、そのことをずっとどこかで引きずって生きていくと思うんですよ。僕は相当あつかましい人間ですけど、ＪＡＳを辞めるには精神的プレッシャーがありました。いい会社でしたし、みんなから可愛がってもらったし。それでも辞めたのは、引きずって生きたくなかった。ですから、今は気持がものすごく解放されてますよね」

その泰雅の事務所で、小林裕子は窓を開けながら言った。

「内館さん、ベランダに出てみて下さい。すごくいい景色なの」

私が出てみると、言ってはナンだが別に何ということもない景色だった。近くのビルがひしめきあって立っており、その向こうに初秋の空が見えた。ごくありふれた、ビルの六階から見える景色だった。羽田のＪＡＳビルから望む景色とは比較にもならない。

しかし、小林は私と並んで立ちながら、

「気持がいいでしょう」

と空に向かって目を細めた。私はそんな小林の方が気持がよかった。「自分の会社」という意識は、何の変哲もない風景までを輝かせてくれる。小林は気持よさそうに空を見ながら言った。

「やっぱり、精神的に変わりましたよね。具体的にどう変わったって説明しにくいんですけど……何か、どこかで飲んでいても、ちょっと会社に寄って帰ろうとかって。それでホントに寄っちゃったりするんですよ。何だろう、これ。不思議な感覚ですよね」

これと同じことを、洋服と雑貨の店を開いた池亀千鶴も言う。

「悲惨な売上げしかない日も、お客さんが一人も来ない時も、店にいるだけで幸せなの、私。

あの中にいるだけで幸せなのね。不思議よね」

彼女たちの、そんな満ち足りた横顔を見ているだけで、たとえ明日はわからなくても心のありようがまったく変わっていることは十分にわかった。

村上も「不思議な感覚」を言う。

「上司がいるわけじゃなし、働かなくたっていいわけですよ。でも、ものすごく働くのね、自分から。昨日もみんなで食事しながら打合せして、終電で帰って、自宅で中国にメール送ったりね。契約の見直しをチェックしたりして、寝たのは四時半ですよ。だけど苦じゃない。疲れないんだよね。不思議だよね」

独立して園芸ビジネスを始めた安も、精神的変化を言う。

「今は独立してよかったと思いますけど、精神的には変わりましたよね。僕はサラリーマン時代も、誰にも負けないくらいに仕事したという自負はありますが、甘かったですね。独立してみて、俺は甘かったと初めて思いました。何といっても、明日がわからないんですから、精神的に強くならざるを得ない」

今や誰もが知っている出版社になった幻冬舎の見城でさえそうだ。

「会社がつぶれるっていうことは、今もそれは毎日思いますよ。僕は毎朝、営業に売上げのデータを聞くんですけど、グーンと落ちていたり、色々あります。そしたらもうそれだけで、来期はつぶれるだろうと思う。こういう手を打とうとか、あの手を打とうとか、朝から社員に電話をかけまくってますよ。他人事《ひとごと》じゃないんです。全部、自分の人生に関わっちゃってますから、そりゃ精神的には全然違いますよ」

そして、見城は言い切った。

「自分の人生イコール仕事なんですよ。自分の人生イコール会社の運命なんですよ」

しかし、「仕事」を人生の中心に置くと、短絡的に「淋しい人間」と言われることが多い。

アメリカのジャーナリストで、ピュリッツァー賞を受賞したアナ・クレイドンは、

「死の床でもっと仕事をすればよかったと言った人はいない」


と断言している（『いきいき』二〇〇一年六月号／相原真理子へのインタビューより）。

それもひとつの考え方である。しかし、その対極にスペインの建築家アントニオ・ガウディの生き方もある。

ガウディは七十三歳で死ぬまで独身で、建築という仕事に生涯を捧げた。バルセロナのサグラダ・ファミリア聖堂の工事現場にベッドを持ちこみ、そこで寝た。そして、教会に礼拝に行く途中で、路面電車に轢《ひ》かれ、病院に運ばれて死んだ。死の床で、ガウディが何を思っ

たか定かではないが、

「もっと仕事をすればよかったと言った人はいない」

と断言するのはいささか僭越《せんえつ》である。工事現場で寝起きする七十三歳の幸せも、確かにあるのだ。それを理解しないのは貧しいことである。「まえがき」で触れた作家の島田雅彦も、『私がいる時間』のインタビューで真っ先に答えている。

仕事をしているときをおいて「私がいる時間」はありませんね。

「まえがき」の島田の言葉をもう一度読み直すと、「本職」という仕事こそが「自分自身そのもの」という思いがよくわかる。

今回の取材でも、多くの人たちが「仕事が自分の肩にかかる喜び」を語っている。もちろん、それだけで幸せになれるわけはない。ただ、その喜びが精神的な支えとなり、生きる力になっていることも、また間違いはない。

とはいえ、ピアノ線やエッジの上に立ち、明日のわからぬ夢に賭ける日々である。叩かれ鍛えられ、精神的に変化していくのは当然だろう。

プロボクシング元の世界J・ウェルター級チャンピオン、浜田剛史の象徴的な言葉がある

（『拳雄《ファイター》たちの戦場』）。

浜田剛史が、「スポーツとは身体を鍛えるものだが、プロボクシングは鍛えた身体を壊すもの。リングで死を間近に感じる真剣勝負です」と言っていたが、まさにその言葉どおり、ボクシングはリングに少しでも気を抜けば、それが死につながる闘いである。

――――

浜田が育った帝拳ジム会長の本田は言う。

「うまくすれば、ボクシングは肉体から精神から全部鍛えてくれますよ。ただ、ある程度を越えると、ほとんど自分の身体を傷《いた》めながら闘わなきゃならない時期も出てくる。ですからもう、顔つきから精神から全部変わってきますよ」

ボクシングと違い、たとえば会社を起こす夢も女優や詩人になる夢も、肉体的な死を間近に感じるものではない。だが、不確かな夢に向かって飛ぶことは、「少しでも気を抜けば死につながる闘い」には違いないし、「ほとんど自分の身体を傷めながら闘わなきゃならない時期も出てくる」ことも同じだ。

三迫ジム会長の三迫仁志は言及する。

「どんな仕事でも、どんな人生でもボクシングに通じるところはありますよね。チャンスばかりでもないし、ピンチばかりでもないんです。僕はよく言うんです。ピンチの時はじっと我慢しろって。打たれて打たれて、楽になろうと思ったらすべて終わるんです。相手だって、三分間のラウンドをずっと打ちっぱなしなんてできないんだから、とにかく耐えろと」

三迫はピンチを「自然の法則」と言った。春夏秋冬、季節は必ずめぐる。ピンチは「冬」であり、必ず次には「春」が来る。

「冬をひたすら耐えていると、ふっと相手が一息入れるものなんです。その時、一気に攻めろと。ボクシングはね、チャンスには徹底して攻めるんです」

三迫は「攻守ところを変える」という言い方をした。いかなるピンチでも、必ずチャンスの芽がある。

「その芽を見たら、一気に攻めろということです。たとえ小さなチャンスでも徹底して攻めろと言ってます。攻守ところを変えてお前の方が春になるんだよと教えてますね。ボクサーはそうやって鍛えられていくんです」

帝拳ジムの女性マネージャー長野ハルは、ごく当然のようにサラリと言った。

「私、選手が負けた時、慰めたことなんて一度もないんですよ。だって、慰められて嬉しいほど女々しくないと思うの。みんな、強く生きてるから。みんな自分で生きる道を求めて、自分の意志の通り生きてるもの。強いですよ、あの子たち」

ここまで強くなっていく中で、ボクサーたちは人に優しくなってもいく。むろん、社会的に問題を起こすボクサーもいるが、それはどの世界にもいるものだ。

長野の言葉が印象に残る。

「私ね、ずっと以前にテレビである有名な映画監督が『ボクサー崩れみたいな』って、おっしゃったのを聞いて、あの人が嫌いになったの。『ボクサー崩れみたいな』って失礼です。以来、あの人の映画も絶対観ないの」

ボクシングに限らず、エッジの上で痛いめに遭《あ》えば遭うほど、他人の痛みもわかってくるし、親や周囲への思いも変わってくる。これも大きな精神的変化だ。長野は、ある若いボクサーについて触れた。

「ある時、彼が『尊敬するのは親父です』って言ったの。私、それを聞いて、彼の父親ってそんなに偉い人だったっけ？　って、一瞬思ったの。そんなことを一瞬でも思った自分が恥ずかしかったですね。彼にとって、将来の保証もないのに親は自分に好きなボクシングをやらせてくれているという感謝の念だったんでしょうね。それが『尊敬』という形までいったのね。私、自分が恥ずかしかったですね」

榎洋之も、これと同じことを言った。大阪国体での「武勇伝」をはじめ、両親にさんざん手を焼かせた彼が、

「今では、誰よりも親父を尊敬してます」

と言った。

それは私が秋田の榎の実家を訪ね、帰郷して十日ほどたった夕方のことである。二〇〇一年八月の終わりの東京は、秋を告げる細い雨が降りしきっていた。

その日、私は榎と食事に行くために、並んでタクシーのシートに座っていた。雨で渋滞する道すがら、私は冷やかすように言った。

「榎君って、結構お坊ちゃんなのね。あんなに大きな、きれいな家でびっくりしたわ。門から玄関まで花が咲き乱れてるし」

榎は照れたように遮《さえぎ》った。

「全然違いますよ。親父はサラリーマンだし」

父の清は旧電電公社（現・ＮＴＴ）に勤めるサラリーマンだが、榎は三人兄弟の末っ子として育った。ハングリーとは無縁に育った。大きな吹き抜けのある洒落た二階建ての家は、母の良子が丹精した花々に囲まれている。良子は、

「洋之の試合が近くなると、怪我しないかと心配で心配で、花でも育ててないと気がおかしくなりそうだから」

と微笑した。

私がタクシーの中で、隣りに座っている榎にそう伝えると、彼は黙って傘の柄をいじっていた。表情に変化があったのはその後だ。私が父親の言葉を伝えた時である。

父の清は秋田の自宅で、私に言ったのだ。

「息子のことは心配ですけど、あの子は好きなように自分の道を行けばいいと思っています。私は平々凡々なサラリーマンとして生きてきて、これまで何のチャレンジもしてませんしね。冒険もしたことないし、ただ会社に勤めたというだけで、それだけで何も残りません」

開け放した大きな窓から、涼やかな風が座敷に入ってくる。東北の八月中旬は、もう秋の風だった。清は続けた。

「大きな夢もなければ、逆に悪いこともしたことがない。ですから、私は一行だって新聞に載《の》ったことありませんしね。洋之は親の経験できなかったことをやってるんです」

そう言って黙り、やがて思いついたように言った。

「親が子供に夢をもらってるんですね」

私がタクシーの中でその話をすると、榎の表情が変わった。何かを怒っているような顔で傘の柄を見つめ、突然言った。

「今では、誰よりも親父を尊敬してます」

これは、明日のわからないボクシングという世界に飛び出して、精神面での変化が言わせた言葉だったと思う。

榎は大阪国体後、アマチュア界にいられなくなり、プロ入りを決心したわけだが、反対する父に鋭い言葉を投げつけた。

「俺は親父みたいに平凡には生きないからな。親父みたいな普通の人間には絶対にならない。俺は『普通』なんて絶対イヤだから」

それでも反対する父に、さらに言い放った。

「俺は親父と違って、平凡な人間じゃないんだよッ」

その日からすでに三年以上が過ぎ、ただの一度も負けていないプロボクサーでありながら、榎は苦しみを味わい、精神面は一変した。

「俺、親に感謝してます。いつも試合のたびに来てくれることも、小さい頃から伸び伸びと育ててもらったことも、こういう性格とこういう身体《からだ》に生んでもらったことも、全部有難いと思ってます」

私でさえ信じられなかったが、榎は素直にそう言った。秋田の金足農業高校時代、学校に行かずに母を悩ませた榎が、である。あの頃、母は学校からの命令で、毎朝、彼をマイカーに押しこみ、強引に学校に連れて行った。ところが、本人は校門をくぐるやボクシング部の部室に直行。教室には行かず、毎日、部室で昼寝していた。卒業できるか否か、両親は生き

たここちがせず、母は私に、

「もう憎かった……」

　とまで言った。

　それほど手を焼かせた少年が、二〇〇〇年十月二十日に後楽園ホールで行われた第十四回「KSD杯」のA級で優勝し、MVPにも選ばれた。その賞金総額百万円を、故郷の両親に贈った。

　今、榎は両親ばかりかトレーナーの木内勲にも感謝の意をもらす。このコンビは練習中、壮絶なバトルを展開する。その口撃も含めた激しさは、角海老宝石ジム会長の鈴木真吾をして、

「何というか。もう、ののしりあい、つかみあいです。榎は激しいヤツですから」

　とあきれさせるほどだ。しかし、榎は言う。

「結局、俺が悪かったって後から反省して、謝って、また元に戻る。感謝してますよ、木内さんには。頭にくることも多いけど」

　一言つけ加えることも忘れなかった。

　榎と話すたびに感じるのだが、彼はプロボクサーの頂点に立ちたいという夢に向かって「飛ぶ」ことをしたからこそ、精神的に大きく変わった。他の仕事と違い、プロボクサーは

人生のほんの一時しかできない。引退後の人生の方がずっと長いのだ。そして、まえがきでも触れた通り、仕事としてのボクシングの厳しさを考えると、たいていのことは楽に思える。

トレーナーの木内は言う。

「プロボクサーは一回負けただけで、人生変わっちゃう。野球にしても相撲にしても、一回負けても次があるでしょう。プロ野球は年間に約百四十試合あるし、相撲は年六場所ある。挽回《ばんかい》のチャンスは多いですよね。でも、ボクサーは一回負けたら、次にいつ試合が組まれるかわかりません。特にタイトル戦なんか、一回負けたら一年も二年も遠のいて、場合によってはもうオシマイってこともあるわけです」

榎も、他のすべてのボクサーもそれを十二分に知っている。木内は明かしている。

「俺は今まで、何十人、何百人という選手を見てきましたけど、榎みたいな子はいないです。とにかく、負けることへの恐怖心が並大抵じゃない。そのストレスで死んじゃうんじゃないかって思うくらいですよ。我が強くて言うことは聞かないし、やらないって言ったら、いくら俺が言ったって頑としてやらない。そうやって自分を追いこんでいるところもあるんです」

負けることへの恐怖心について、木内は言う。

「プライドなんです。タイトル戦が遠のくとかいう以前に、絶対に負けたくないんですよ。

負ける自分が許せないんだね」

元トレーナーの森も同意する。

「榎の追いこみ方は異常だよ。『ああ、今度は負ける。俺はもう絶対倒される』って言って、自分を追いこむの。毎回ですよ。そうやってずっと勝ち続けてるんだけど、毎回、『こんなんじゃダメだ。俺、必ず負ける』って追いこむ」

勝ち続ければ勝ち続けるほど、そのプレッシャーは強くなる。木内は、

「見てて、俺、可哀想になるんですよ。こいつ、胃かいようにならないかと心配ですよ、いやホントに」

榎のストレスがピークになると、木内は練習後、さり気なく一緒に帰る。そして、途中で銭湯に寄り、二人で風呂につかる。まるで漫画『あしたのジョー』のような人間関係が、まだボクシング界にはある。

これほどの思いを続けていても、榎は、

「安定した道じゃなくて、プロボクサーになってよかったです」

と言う。

本著に登場する他の人たちと同じように、マイナス面をもすべて精神的報酬として生きていけるタイプなのだと思う。

次の引用もプロボクサーの言葉だが、まさしく、「飛んでよかった」という人たちの心を代弁しているのではないだろうか（『遠いリング』）。

先頃引退した伊良皆尚幸に、寂しい？　と聞いたとき、彼はこう答えたものである。

「ええ、やっぱり、もういくら酒飲んでもいいんだといわれると、逆にあんまりうまくないですわ(笑)。……あの緊張感がないでしょ、試合前の。あの緊張感が懐かしいです。あのときは生きてたなぁって、いま思います。スリルというか、麻薬みたいなもんなんですかね。もう一度味わってみたいです。現役のときはいやでいやで仕方なかったのに」

こうして、スリルさえ楽しむという人たちに、次項では「飛ぶために不可欠な条件」を訊いた。才能なのか、運なのか、いっそ度胸なのか……。何があれば飛べるのか……。

その3　飛ぶために不可欠なもの

本章の「その1」で触れたように、誰にもジャンプ台を踏み切る「決定打」がある。だが、それは最終的な「背中ポン」であり、そこに至るまでには多くの観点から思い悩むのが普通だ。

「飛ぶ」ということは、その時点では「成功」とイコールではない。成功するか失敗するかわからないが、「飛ぶ」のである。自分には成功の目があるのか？　飛んでバカを見たという結果にならないか？　思い悩むのは当然だ。

そこで、実際に飛び、「飛んでよかった」と言う人たちに、

「飛ぶ上で、不可欠なものは何か」

を訊いた。

その結果、次のように大別された。

1. 才能
2. 性格
3. 運
4. 家族、周囲の賛成

インターネットで取ったアンケート（次頁）でも、学生時代に夢見た職業につかなかった理由の第一位は「才能がなかった」である。

このグラフは年代別ではなく、全体の数字であるが、第一章で紹介したように「夢に見切りをつける」という時期が、「学校を卒業して社会人になる時」であるとすると、かなり早い時期に自分の才能を見限っていることになる。コメントにも「才能不足」について触れたものは多かった。

この項目に限らず、他の項目に寄せられたコメントでもそうなのだが、私が非常に気になったことがある。コメントに自分で（笑）とつけ加えているのが多いのだ。特に二十代は男も女も多い。幾つかあげてみる。

〈いろいろな創作活動を楽しみたい、企業などで自分の視野を縮めたくない、そう思

〈学生時代に夢見た職業につかなかった理由は何ですか？〉

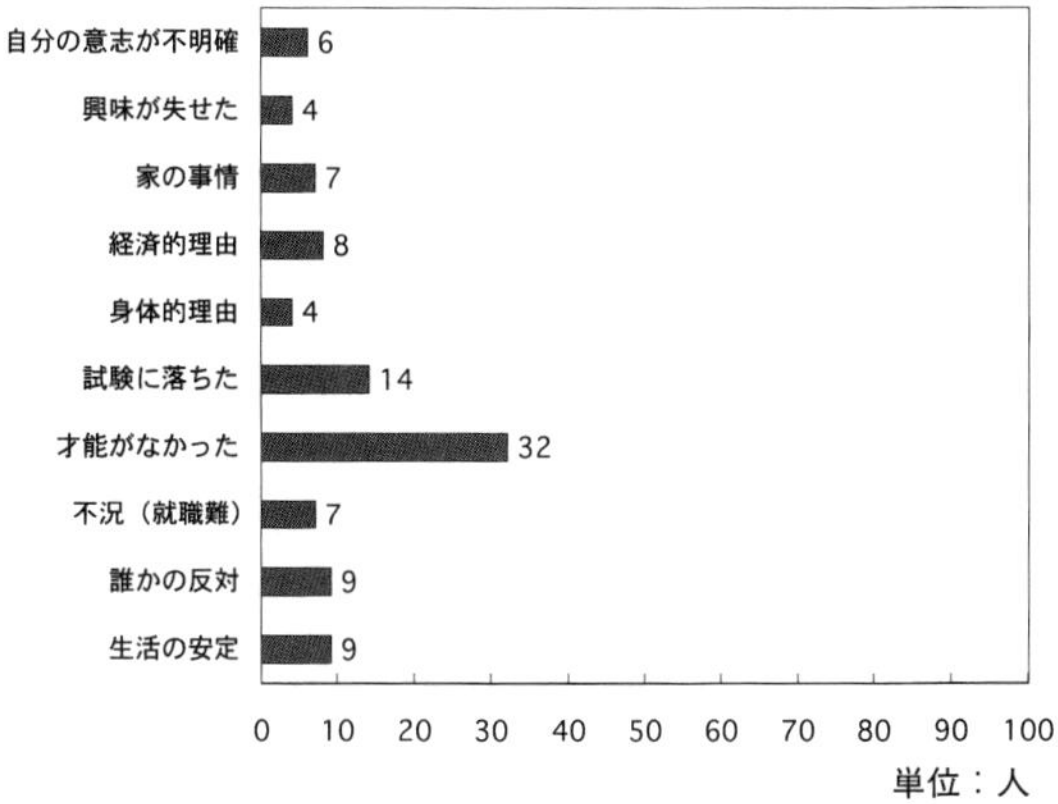

っていた。大きく出た時は役者や歌手になりたかった（笑）。……中略……私は、就職氷河期なんて関係ないと思いながら、その波に自ら飛び込もうとは（笑）。／24歳／現在はＴＶ制作会社勤務／夢は歌手・詩人／女／神奈川〉

〈僕の夢は裁判所事務官という仕事です。……中略……そんで法律に囲まれた仕事をしながら、ゆくゆくは裁判官か弁護士になると考えていましたね。いや、今でも考えてますけどね（笑）。／21歳／現在は大学四回生／夢は裁判官・弁護士／男／高知〉

他にも（泣）とか（怒）とか記入されたものが目立ったが、中でもこの（笑）が最も多かった。これは今、手紙や文章を書く時に、若い人のみならず中高年もよく使うが、本来は座談会や対談などで笑いがあがった時に、書き加えられるものである。

ところが、今、彼らが（笑）と自分でつけ加える個所は、決まって「断定するのが恥ずかしい」という部分である。（笑）と自分でつけ加えることにより、「これは半分冗談です」と暗黙のうちにアピールする。しかし、読めば冗談ばかりではないということがすぐにわかる。それでも冗談めかさないとカッコ悪いと思うのだろう。

昨今では、著名人のエッセイなどにさえよく出てくる。たとえば、

「悪徳政治家は全員辞任させろ（怒）」

「その件に関し、私は今でもかなり恨んでいる（笑）」

「この悲劇は、企業のトップの責任だ（泣）」

という具合の文章である。彼らは断定することによる責任を少しでも和《やわ》らげ、「半分は冗談ですよ」とアピールしている。（笑）も（怒）も（泣）も、その潔くない人間性を示している。私はいつもそう思って読んできた。

今回のアンケートコメントの、前出二例を見ても、「役者や歌手になりたい」、「裁判官か弁護士になりたい」と言い切る自信もなく、恥ずかしく、（笑）で逃げている。茶化して、クッションを与えている。

「それはユーモアです。内館さんはそんなこともわからないのですか」

と言う人がいたなら、それは違う。こんなものはユーモアではない。

私は断定してしまうが、無記名のアンケートコメントにまで（笑）を使うようでは、飛んでもうまくいかない。夢に向かって「飛ぶ」ということは、あらゆる雨嵐を自分で引き受けることであり、周囲との軋轢《あつれき》も増える。（笑）などを多用する人間は、そういう環境で生きたり切り開くことには向かない。

さて、四つに大別された「飛ぶのに不可欠なもの」について、細かく紹介する。

1．才能について

多くの人たちが、「才能が大切」と言うが、才能というものは、そう簡単にはわからないものではないだろうか。

それを自分で「才能がない」と見限ってしまっていいのか。それもかなり若いうちに、そう決めつけるのは危険なことではないのか。

フジ子・ヘミングというピアニストがいる。彼女は幸せと不幸が交互に訪れるような、数奇な人生を送り、すでに七十代である。日本ではまったく無名であったが、一九九九年にNHKの番組『ETV特集　フジ子〜あるピアニストの軌跡〜』が放送されたことにより、突然爆発的な支持を得た。今ではコンサートのチケットは入手困難であり、デビューCD『奇蹟のカンパネラ』は売上げ七十万枚を超えた。

そのフジ子・ヘミングが次のように語っている（『婦人画報』二〇〇二年五月号）。

「一流だか二流だか三流だか四流だか
全然自分でわかんなかったのよ。
三十歳だかそこらじゃ

わかるわけないのよね。
だんだん、いろんな世界で
いろんな時間を過ごして
ようやくわかったの。
なんだ、私って
けっこうすごいじゃないの、って。
でも、そのときはもういい歳で。
勝手にしやがれ、と思ってたら
勝手にこうなっちゃった。
だから、人生って不思議」

三迫ボクシングジム会長の三迫仁志は、練習生のジムワークを見ながら言った。
「今の時代、選択肢がいっぱいあるからね。結局、自分で決めちゃうんですよ。たとえば、三戦三勝で勝ち続けている子が、一回負けるでしょう。そうすると、『僕はボクサーとして素質がないからやめます』って、こういう感じなんですね。私は必ず壁にぶつかることを話し、それを乗り越えればもっと強くなることも言いますよ。素質のある子には『お前は素質がある』とも言って説得します。だけど、『いや、僕は素質なんかありません。やめます』となりますね」

フジ子・ヘミングも言うように、才能とはそう簡単にわかるものではないはずだが、それでも「飛ぶか飛ばないか」、「続けるかやめるか」の決断を迫られた時には、自分の才能について考える。一回や二回負けたり、壁を乗り越えられなかった時に、「才能がない」と自分で決めるのは確かに早いが、「才能とは何なのか」が見えにくいから、決断が早くなることはある。「才能とは何なのか」がもう少し具体的にわかれば、適切な決断を下すよりどころになるはずだ。

そんな中で、ボクシングトレーナーの田中栄民は言い切った。

「才能とは、教えることが不可能な領域を、教えなくてもできる能力です。これは天から授《さず》かって生まれてきたとしか考えようがない」

目のさめるような一言だった。おそらく、あらゆる仕事に当てはまることだ。

たとえば、私が脚本家養成学校などで講義をすると、やはり教えることが不可能な領域がある。シーンやト書きの書き方、それに構成などはいくらでも教えることができるし、基本的なノウハウもある。しかし、セリフは教えることが不可能だ。また、テーマの切り口も教えられない。その都度、アドバイスはできても、毎回アドバイスがないと書けないとなれば、プロでは続けていけない。それらはノウハウに沿って覚えるものではなく、その人の持っているセンスが決め手だと思う。受講生の書いたものを読むと、シーンもト書きも構成もメチャクチャなのに、つくづくセリフのうまい人がいる。また、ありきたりな話を面白い切り口で書く人がいるものである。こういう人には、やはり才能の一端を感じる。

むろん、努力によってある程度はカバーできるのだが、田中は、

「努力で日本チャンピオンになることはありうるでしょうが、それ以上に昇るのは才能がないと無理です。才能がないのに世界チャンピオンになることは絶対に無理」

と言う。幻冬舎の見城徹は、

「作家に関して言えば、何かのきっかけでブレイクする人はいます。だけど、安定した実力をずっと発揮し続けるとなると、これは才能を持ってないとありえませんよ」

と言った。また、ＯＬから店を開いた池亀千鶴は、

「店を開くことは、本当にやる気になれば誰でもできうる。でも、続けるとなるとやっぱり才能というか、センスというか、持って生まれた何かが必要だろうなと、店を開いてみてわかりましたよね。私は開店したばかりだけど、この先うまくいかなかったら、やっぱりそれが欠けてるということじゃないかなァ」

と言う。

彼らの言葉を考えると、まぐれで世界チャンピオンの座が転がりこんだとしても、それを維持して成功をおさめるのは才能の有無に関わるということだ。

世間では、よく「好き」ということも才能のひとつだと言う。私自身、そう思っている。ただ、「仕事」に関しては、「好き」というのは「最低限の才能」と言わざるを得ない。

それに改めて気づかされたのは、横川千はるの壮絶な人生である。

彼女は一九七三年生まれで、十六歳の時にモデルにスカウトされた。それをきっかけに、本格的に女優を目指した。

「好きだったんです。女優という仕事が。でも、好きだけではどうにもなりませんね」

千はるはそう言った。女優になるために、彼女はあらゆる努力をしたが、芽は出なかった。

「ヌードだって覚悟したたし、演技などのレッスン代を稼ぐために水商売で働くこともしました。お酒で体をこわしても、頑張った。高層ビルの窓拭きだってやりました。全部、レッスン代のため、女優になるためです」

千はるは短大卒業後の一九九三年に芸能事務所に所属し、そんなアルバイトを続けながらエキストラなどをこなし、夢を追ってきた。しかし、五年後の一九九八年に夢を断ち切った。

「私には女優の才能がないと思いましたから」

そして、翌年には銀座のホステスになった。約三年間、ホステスを続けた後、二〇〇一年にはそれをもやめた。現在は向島の芸者としてお座敷に出ている。

横川千はるは、かつて私と同じマンションに母親と二人で住んでいた。その関係で知りあったのだが、当時はお嬢様の女子高に通う少女だった。愛らしい顔だちで、人なつっこい笑顔が印象的で、いかにも小学校から私立の伝統校に通っている感じの子だった。

女子高生時代の彼女が女優を夢見ていることを、すでにその頃、私は本人から聞いていた。しかしその後、私は転居し、彼女と会うこともなかった。ところがある時、偶然にスーパーマーケットで会い、銀座を経て向島に出ていることを知らされた。

スーパーマーケットで野菜などの入ったカゴを持ち、千はるは笑顔で言った。

「向島の芸者はすごくやり甲斐があります。みんな、きちんと芸で生きていて、自信もあって、だから他人にとても優しいの」

私は単刀直入に訊いた。

「千はるちゃん、女優の夢はいつ見切ったの？　もしよかったら、その話をいつかゆっくり聞かせてほしいんだけど」

私は本著の準備をしていることを話し、千はるは快諾してくれた。本名が出ても構わないと言う彼女に、私はこれまでの激しい人生に対する自信と実りを感じさせられていた。

　それから半年後の二〇〇一年九月、紀尾井町のホテルのラウンジで、私は千はると会った。彼女はむしろ懐しむように言った。

「エキストラとして現場で何時間も待たされたり、CMの通行人とかもずい分やりました。これもいつか役に立つと思いながら、やっぱり、気持が荒《すさ》んでくるんです。そういうことばかりだと」

　当然だろう。場合によっては自分よりも年下の、自分よりも何がすぐれているのかわからない女優のために、エキストラとしてみじめな思いをさせられるのだ。「いつか必ず女優になる」という強烈な思いが持てる間は耐えられたが、やがて千はるは気づく。

「天性のものがないと、やっぱりダメなんですよね。つまり才能、素質です。私は努力して努力して、本当に努力しました。でも、女優としての天性のものは自分には備わってないなって、すごく感じた……」

　それでも、足を洗えなかった。好きな道であり、自分の最も望む道であり、夢を捨てる決心がつかない。

「ええ、どうしてもやめられないんです。媚薬のような、麻薬のようなものです。好きな道でしたから」

　話していてわかったのだが、彼女は非常に冷静で、頭のいい人である。何を質問しても、

たちどころに明快に答え、話がアチコチに飛ぶことも一切ない。同席していた編集者の舘野が、後に私に、

「本当に賢《かしこ》い人ですね」

と感嘆したほどだ。だが、これほど賢い彼女であっても、いかがわしいプロデューサーに接近されたり、セクハラめいた事件があったり、お金に汚い人たちにだまされたりもした。どんなに賢くても、「夢を叶える」という局面に立つと、正常に頭が働かなくなるのだと、私たちは思わされていた。

その後も、彼女は水商売の店でショーなどもやった。

「抵抗はありましたけど、女優になった時に役立つかもしれないと思って、アダルトビデオを見て研究しました。きちんと努力しておけば、たとえばストリップ嬢の役だって何だってできますから」

千はるの目はきれいで、真剣だった。私はその目を見ながら、彼女は夢を叶えるために全人格を賭《と》して戦ったのだと思った。千はるはその中で天性の才能がないことに悩み、それでも走り続け、努力し、そして力尽きた。

「もう本音を出せなくなっている自分に気づいて、ショックを覚えたんです。私はドロドロした駆け引きの多い世界の、その底辺で生きてきたわけですから、常に本音を抑えて生きて

いる。そうすると、本当に楽しいことがあっても笑えなくなるんです。悲しい時に涙が出なくなるんです。嫌なことでも嫌って言えなくなるの。ああ、もう私は限界だって思いました」

四歳で父を亡くした千はるは、何もかも母親には話していた。母親は裕福で厳格な家庭に生まれ育ち、かつ、千はるにも何の不自由もさせずに小学校から私立の一貫教育を受けさせていた。そうであるだけに、娘の数々の出来事は衝撃だったろう。しかし、母親は何を聞かされても動じなかった。

「母は、笑えるようになってから泣く人なんです」

そう言って、千はるはこの時だけ長いまつ毛を伏せた。

彼女の話を聞きながら、改めて「才能」というものの理不尽さを思った。どんなに情熱を持とうが、努力をしようが、どうにもならない才能を、天は与える人と与えない人に分けている。残酷で理不尽なことだが、これは「飛ぶ」時に考えておく必要があるだろう。それに、あるジャンルでは才能がなくても、別のジャンルの才能を与えられているということはある。「なりたい自分」と「なれる自分」は違う場合があるのだ。むろん、努力でカバーできる場合が多いのは、第一章で触れた。しかし、「才能」はやはりあなどれない。

私は、読売巨人軍が、一九九四年にプロ野球のリーグ優勝を果たした直後、長嶋茂雄監督と対談したことがある。今は休刊になった『THIS IS 読売』という月刊誌だった。その中で、長嶋は「感性」という言葉を使い、私と次のように話している。

内館「誰でもこつこつ努力していけばいい、というものではありませんか？」

長嶋「メジャーにならないです。そういうのは並の話ですからね。我々はみんな、人より優れた、何倍も優れた人たちの集団でしょう。プロというのはそういう特殊な集団ですから」

内館「並の話はしていられませんね」

長嶋「そうなんです。その中でまたその頂点を極めていくんですから、最終的には感性だと、僕は思いますすね」

ここで言う「感性」は、おそらく「才能」や「センス」や「天性」や、天から与えられた素質と重なる。

こと「仕事」においては、「好き」は最低限の資質で、そう強力な武器にはなりえない。改めて、「教えることが不可能な領域を、教えなくてもできる能力」という言葉は重い。

2. 性格について

「飛び出すためには何が不可欠か」という質問に対し、「才能」という答は予測がついたが、「その人の性格」という答が多いことに、私は意表をつかれた。

確かに、石橋を叩きすぎて壊してしまう性格では飛べない。本章の「その2」で触れたように、マイナス面をも面白がることも「性格」には違いない。しかし、ここまで「性格」を不可欠なものとして挙げる人が多いとは、まったく考えなかった。

そして、その性格を分類すると、大きく次の四つになることがわかった。

①深く考えない性格
②見切れる性格
③自分に自信を持てる性格
④好戦的な性格

この他にも「聞く耳を持つ」とか「真面目さ」とか「賢さ」「努力家」「ハングリー精神」という性格も挙がったが、それは飛んだ後に重要な資質だろう。飛ぶか否かの決断に際しての性格としては、圧倒的に①〜④が多かった。

①深く考えない性格

なるほどなァと思う。深く考えすぎては決断できない。それは確かだ。

帝拳ジムの女性マネージャー長野ハルは苦笑した。

「深く考えすぎる子はできないでしょうね。たとえばボクシングの場合、選手生命は短いわけです。ですから、その後の人生をどうするかとか考えるのが普通だと思うでしょ。でも、やめた後をどうするかなんて考えてる子、一人もいませんよ」

これは、ジャンプ台の上で今後のことなど色々考えては、飛べないということだ。他人のちょっとした言葉や愛犬の死などが「決定打」になるのも、深く考えない性格だからかもしれない。

原田政彦（元ファイティング原田）も同じことを言う。

「色んなことを考えて、保険をかけておくような人は飛ぶのが難しいだろうな。現役のボクサーがサイドビジネスをやったりするけど、それをやっちゃ結局はボクサー生命を縮めます。カネのことは自分で計算しない。自分で計算するような性格だと飛べませんね」

洋服と雑貨の店を開いた池亀千鶴も言う。

「仕入れの方法さえわからないで、女友達とも一緒にできないとなったのに、それでも飛んじゃったのはやっぱり深く考えない性格だったからだと思う」

これをさらに具体的に言ったのが、元ボクシングトレーナーの森英孝である。彼はある時、榎のトレーナーの木内と、

「俺たち、どうしてボクサーとして大成しなかったんだろうな」

と話したという。その時、二人で一致した。

「つまりね、俺たちは何も考えずに夢に向かうという性格じゃなかったの。つい生活を考えたり、車のローンを考えたり」

そう言って、森は榎について触れた。

「ヤツを見てるとわかるでしょ。あいつ、ひたすら、目の前の敵を倒すことしか考えてないもん。そういう性格じゃないと、やっぱり飛べないし、大成しないよ」

トレーナーの田中も同じ意見である。

「ものを考えない脳でないとダメですね。頭が悪いという意味じゃないですよ、性格という意味で。女房子供がいるからとか、怪我したらまずいなとか、そういうことを考える人はやっぱり飛べませんよ。リスクのある方向には」

さらに、青森県アマチュアボクシング連盟の顧問ドクター村上信子も言う。

「賢すぎる人は飛べませんね、あれこれ考えすぎる人は。あんまり考えないで、気持だけで行く。頭のよしあしではなく、性格ですよ。いよいよという時、考えるのは後でいいから、

とにかく行こうって思えるかどうかでしょう」

幻冬舎の見城は、

「僕の場合、『見る前に飛べ』しかなかった。今になって考えると、五メートル先の、真っ暗闇の中にある針の穴に、スッと糸を通す。それほどのことだったし、もう一回やれと言われたらできない芸当ですよ。だけど、あの時は本当に『見る前に飛べ』でしたね」

と、やはり同じことを言う。

さらに具体的なのは、キャスターを夢見て飛んだ立花裕人である。

「飛ぼうと考えるなら、まず、会社を辞めてしまうことです。あれこれ考えて辞められないという人は、結局、飛べない性格なんです。後々のめどが立ってなくても、見切り発車して退職することです。そのリスクを背負うことによって、次の展開を目指すことになりますから」

乱暴と言えば乱暴だが、「深く考えない性格」の一端を示している。

本著の取材は、いつでも一人一人に個別に会い、誰がどんな話をしているかなどはまったく知らされていない。他の誰に会っているかも伝えていない。そうでありながら、ここまで重なる意見というのは非常に興味深い。むろん、彼らは「何も考えずにエイヤッと飛べ」と言っているのではない。さんざん揺れて悩んだ後、最終的に踏み切るか否かの時点における

「性格」について言っている。

そんな中で、ブラジルレストランを開いた大﨑邦男だけが、やや違っていた。

「僕は、飛ぶ人は夢に対する意志が非常に強い人だと思いますね。それ以外はないですよ。意志が強ければ強いほど、用意周到に準備するものです。この手を打って、ダメならこの手、そしてこの手とさんざん考えて、失敗した時の引っこみ方まで考えて、それで思い切って飛び出すものだと思います」

私自身の場合はどうだったかというと、正直なところ、やはり深く考えない性格だった。ジャンプ台に昇るまではさんざん揺れ、悩み、考え抜いたのだが、踏み切った時にはほとんど何も考えていなかった。

ただひとつだけ、もしも預金通帳の残高が二十万円を切ったら、その時は夢を見切って何か仕事を探そう。それだけを思っていた。なぜ二十万円なのかは、まったく根拠がない。深く考えてはいなかったのである。

②見切れる性格

「深く考えない性格」というのは、「見切れる性格」にも重なるところがある。つまり、「見切り発車」ができるタイプかどうかということだ。深く考えていたのでは、とても見切り発車はできない。

あの手、この手を打って用意周到に準備すると言った大﨑でさえ、

「レストランの立地条件から採算から、細かいことを気にしていたら何もできませんよ。そんなことをいちいちやって、条件が整うまで待っていたら、何十年もかかるし、結局は何もできません。どこかで見切って、思い切らないと」

と言っているのが面白い。

幻冬舎の見城徹は、郷ひろみの『ダディ』を初版五十万部刷り、出版界のド胆《ぎも》を抜いた。人気作家は別として、普通、エッセイの初版は数千から二万部だ。郷ひろみが単行本で離婚を発表するというセンセーショナルな状態を考えても、五十万部の初版はありえない。それはスタートしたばかりの幻冬舎にとって、会社が飛躍するか倒産するかの賭けだった。見城は、

「見切ることです。見切り発車する。見切るしかないですよ。だって『ダディ』を初版五十万部刷るっていうのは、三十万返品されたら倒産なんですよ。だから、いくら売れる仕掛けをしたとしても、初版十万で手堅くいけばいいことなんです。でも、五十万から始めたから百万部売れた。十万から始めたら四十万で終わってましたよ」

と言って、ぬるくなったお茶を飲んだ。彼は体を壊して以来、酒は一滴も飲まない。お茶

を干すと、西麻布の薄暗いバーの片隅でもう一度「見切る」という言葉を口にした。

「見切ることです。僕はいつもそうですね。ここまでやったんだから、もう失敗してもしょうがないっていう風に見切ること。だから『見る前に飛べ』なんだけど、最大限の努力をして、決断は大きく決断する。その決断ができないヤツはダメですよ。そういう人は大きな会社を辞めない方がいい。いつまでも理由をつけて、結局、現状維持を選んで、あの時ああしていればよかったと思って終わる人生なんて僕は嫌だから」

この「見切る」ということは、夢に向かって飛ぶ時と、夢を捨てる時と、その両方に必要であると思う。

女優を目指して、精神的に限界まで頑張り、そして見切った横川千はるは言う。

「見切るまでに五年間もの時間が必要で、本当にズタボロになるまで見切れなかった。私は演技の勉強やダンスのレッスン代などがものすごくかかったんです。それを少しでも取り戻したいという思いもあって、見切れなかった部分がありますね」

私は脚本家を目指している人たちに質問されると、答える。

「二年間、必死に頑張ってみて、それで芽が出なかったら別の仕事を考えたらどうかしら。『今にきっと、今にきっと』って思い続けて年齢を重ねると、もうやり直しがきかなくなることがあるでしょう。時間を二年間に区切って、それでダメならスパッと見切ることも大切だと思うわ」

　この「二年間」というのも、「二十万円」と同じで確固とした根拠はないのだが、死にものぐるいで二年間やってみれば、何となく見当がつくように思うのだ。もちろん、五年や十年たってから大化けする場合もあるので、私も強くは言えない。だが、大化けというのはそうそうはない。その前に、千はるが言ったように、

「気持が荒んでくるんです」

となろう。この方が長い人生においては問題だ。そこまでしても、出るか出ないかわからない芽に賭けることは、私には得策とは思えないのである。

　帝拳ジムの会長・本田明彦が、まさにそれと同じことを明確な言葉で言い切っている。

「二年勝負です。長くて三年。それでわかります。だから、僕は選手に言いますよ。二年間、ジムとしてもいい環境の中で全力でお前の面倒見るから、お前も全力でやれと。それでダメなら気分よくやめて、別の仕事を頑張れって」

　本田はさらに強烈なことを言い添えた。

「ただ、これは本当に素質のある選手の話ですよ。ないのは別です」

　つまり、素質があると思われる人でも、二年間で「わかる」と言っているのだ。残酷な話ではあるが、これはまさしく現実だと思う。

「才能を早く見切るな」と言い、その一方で「二年で見切れ」と言い、「努力よりも才能」と言い、「才能は努力でカバーできる」と言う。どうしろと言うのだと思うだろうが、どれも本音だと思う。リスクのある夢に飛び出すということは、それくらい先が見えない。私はこれらの矛盾する言葉を非常に納得できる。

「飛ぶ」という時、見切り発車できる性格と、ある時点からは深追いせずに夢を見切る性格と、その二つが必要ではなかろうか。

③自分に自信を持てる性格
これも多くの人たちが、飛ぶ上で必要不可欠なものとしている。

日商岩井を辞めて独立した安秀和は、

「自信がなければ、会社を辞める勇気が出ないでしょう」

と言い、ボクシングトレーナーの田中栄民も同じことを言った。

「自信がなかったら飛べません。『俺は無敵だ』と心底思うような、ある意味でのナルシストじゃないと負けます」

そういえば先日、角海老宝石ジムの「四人のヒロユキ」が、Tシャツにサインをして私にプレゼントしてくれた。一人は畑山隆則と世界王座を戦った坂本博之、そしてスーパーバンタム級の前日本王者の前田宏行、ミニマム級日本王者の阿部弘幸、そして榎洋之であり、四人のサインが並んでいた。ふと見ると日本フェザー級三位の榎は堂々と「俺が一番！」と書き添えていた。彼だけが王者経験がないのに、である。

一方、三迫ジムの三迫仁志は世界チャンピオンの輪島功一を例に出した。輪島は、三迫が育てたスターチャンピオンである。

「過信と言っていいほど、自信を持っている男でした。とにかく、絶対に勝てるという自信にあふれていましてね。そういう選手はいつまでも自分の衰えを感じないんですよ。衰えがわからないんですね」

これも非常に印象的な言葉であった。輪島功一は二十五歳という遅いデビューでありながら、十三回も世界戦を戦い、その個性的な戦い方が人気だった。そして、実に六回も連続防衛している。年齢的にも肉体的にも苦しかったはずだが、自信は悪条件を超越するという証拠である。

また、一九九二年、私がフジテレビで『千代の富士物語』を書いた際、横綱千代の富士に取材したことがある。その時、横綱は言っている。

「絶対に勝てるという自信が、勝たせるんです。土俵下で控えている時に、ふと『大丈夫かな……』と思ったら、これはもう絶対に負けます」

見城徹はゼロから幻冬舎を立ち上げた時、「見る前に飛んだ」わけだが、

「不思議な自信がありました」

と言った。

「僕はすごく臆病な人間で、石橋を叩いても本当は渡らない人間です。ただ、会社がうまく運ぶということよりも、人を育てるということには自信があった。だから、有能な編集者集団、最強軍団を作れるっていう自信はありました。本当のところ、百人のうち百人に『会社は失敗する』って言われましたよ。でも、僕は火事場の馬鹿力みたいな努力ができる男だという自負はあったし、きっとうまくいくという不思議な自信がありました。何か僕は自分が信じられたんだよな、うまくいくって。根拠もなく、非常に雑駁《ざっぱく》な自信ですけど、それはまぎれもなくありましたよね」

彼らと話しながら、私は自分のことを思い起こしていた。何の取り柄もアテもない私が、十三年余にわたる大企業勤めを辞める時、脚本家として生きていける自信はあったのだろうか。

今、どんなに思い起こしても、自分に自信はなかった。ただ、「今の世の中、失敗したって、どうにか生きていけるわよ」という自信はあった。その自信が唯一のよりどころではなかったか。そしてさらには、「野垂れ死ねば、国が焼いてくれるでしょうし」という乱暴な

思いにつながっていくのだが、「失敗したって生きていける」という自信がなければ、飛べなかったと思う。

「自信」ということについて、キャスターの立花が自信に満ちた持論を展開している。

「飛ぶために、そして成功するために不可欠なものは、自分のやりたいことへの『情熱の量』と『自信の量』だと思います。自信は過剰でいい」

立花は、「夢を叶えた自分」のリアルな映像を常に持つべきだと言い、自分にはこの道しかないと思いこむことが大切だと語る。

立花には「椅子増加論」がある。

つまり、仕事というのは椅子取りゲームであるという論だ。どんな仕事であっても、それに携わることのできる人数には限りがある。その上、椅子はすべて埋まっていることが普通で、あいている椅子はほとんどないのが現状だ。特に人気の仕事はそうである。

が、立花は言い切る。

「大丈夫、椅子って増えるんです。情熱と自信を持って臨めば、必ず自分のための椅子が増やされるものです」

日本人は二十一世紀の現代にあっても、国民性として、

「自信があります」

と公言することに抵抗を覚えがちだ。そう言い切って失敗するとみっともないし、陰で「あのレベルで、何の自信だよ」と噂されそうで恥ずかしい。それよりは「結果は水ものですから自信はともかく、精一杯頑張ります」と言っておいて、みごとに成功する方がいい。そう考えるのだろう。

事実、オリンピックをはじめ、大きなスポーツ大会などに出る一流のアスリートたちは、みなハンでおしたように言う。

「楽しんできます」

私は個人的にはこのコメントは大っ嫌いである。先にあげた（笑）に通じる情けなさを感じる。メダルや入賞を過剰に期待されては困るという牽制《けんせい》であることはわかるし、「自信がある」と公言して惨敗したらバッシングされるし、つらいところだ。「楽しむ」と言うことで、自身の肩の力が抜ける効果もあろう。しかし、「楽しむ」などというのは個人的なことであり、公の場で口にすべきではない。本来は周囲から、

「楽しんできて下さい」

と言われて初めて、

「ありがとうございます、そうします。勝負は水ものですから、どうなるかわかりませんが、自信を持って全力を尽くしてきます」

と答えるものだろう。それを自分自身の口から、マニュアルのように「楽しんできます」と言う野暮に、そろそろ気づいてもいい。

ともあれ、「自信」をオープンにしたがらない国民性であるだけに、私たちはつい額面通りに受け取りがちだが、「飛ぶ」ことをした彼らの口からは、正直に「自信」が語られた。

逆に考えれば、それが雑駁なものであろうと、根拠のないものであろうと、自分に自信を持てる性格であることが、「飛ぶ」ための重大要素ということだろう。

④好戦的な性格

今の世の中、「好戦的」と聞くだけで忌《い》み嫌う人は多いと思う。だが、ここで言うそれは戦争肯定や暴力肯定ではない。そこは誤解されたくない。

それは「すべて自分で責任を取って、立ち向かう姿勢」である。

実はつい先頃、非常に象徴的な出来事があった。

私が三菱重工業の横浜造船所で社内報を作っていたことは前述したが、その社内報の六百号記念として、私にインタビュー依頼があった。私は今でも三菱重工を愛しているし、社内報の役に立てるなら嬉しい。そう思って即座に引き受けた。

インタビューの内容は「社内報編集者時代の思い出」とか「これからやってみたいこと」

など四項目であったが、その中に、

「新しくなった社内報へのご意見を存分にどうぞ」

というのがあった。社内報は私が作っていた頃とは体裁も名称もすっかり変わっている。私が退職して二十年近くたつのだから、それは当然である。

それを当然とした上で、私は新しい社内報に「熱気」と「生気」が感じられなかった。コンピューターで非常に美しく作ってあるのだが、どうも面白くない。なぜだろうと考えた時、あまりにもデジタル化した情報誌になりすぎているのだと気づいた。

「モノ作り」というのは、どこかにアナログな部分を残しておく必要がある。たとえば脚本を書く際の「取材」もそうだ。今はインターネットで幾らでも情報を得ることができるため、何も汗水たらして歩き回る必要もない。だが、これぱかりは絶対に自分の足で歩き、人と会い、何かを感じ、無駄な時間と労力を費やさないとダメなのである。このアナログな部分は愛情となり熱気となり、そして豊かさや生気となって必ず脚本ににじみ出る。脚本ににじみ出れば、現場の士気があがる。視聴者は画面から、そこを非常に敏感にシビアにとらえるものだ。

そう考えた時、単に情報を並べただけの社内報を面白がって読む社員は少ないだろう。編集者たちが抜本的に意識改革をする必要があり、現在の社内報はどう見ても面白くない。そう思った。

私は「存分にどうぞ」という質問に、そのように忌憚《きたん》のない意見を言った。きつい意見であったとはいえ、愛情に裏打ちされていることは読者は必ずわかると思った。他の質問に関した答とあわせて読めば、さらに私の愛情がわかるだろう。

そして、しばらくたったある日、校正刷りが送られてきた。私は「新しくなった社内報へのご意見を存分にどうぞ」という項目の、私自身の答を読み絶句した。私が答えたこととはニュアンスがまるで、まるで違っていたのである。忌憚のない部分はカットされ、毒にも薬にもならない一般論としての意見が書かれていた。

私は絶句した後、激怒した。これでは捏造《ねつぞう》に近い。それほどまでにあいまいな、まったくニュアンスの異なる答になっていたのである。私はすぐに課長宛にファックスを入れ、

「こんな気の抜けた、間抜けな答はしていない。どうしてもこのまま載せるというのであれば、この質問と答の部分だけは掲載を了解できないので削除してほしい」

と書いた。するとほどなく、課長から返信が届いた。インタビューのお礼などが丁重に書かれており、その最後に次の一文があった。

なお、ご指示ありました部分は削除させて頂きました。

「全然面白くない…」という表現は、私どものインセンティブに係る問題であり、また、先生に対する社員の誤解を招きかねない内容でありましたので、削除は致し方ないと考えたものです。

但、「企画記事へ熱意を持って取り組み、アナログな精神をしっかり持って…」といった大切な部分はしっかり頂戴したいと思います。敬具

私はこのきれいごとを読んだ時、ある感慨を覚えた。私は今でも「組織にいる人間」の気持や姿勢をかなり理解できる方だと思っていたが、それは実に独りよがりの自惚《うぬぼ》れだったと、心底気づかされた。このきれいごとは、私がいつの間にかすっかり忘れていたことを、強烈に示していた。それは組織の正しいあり方でもある。そうでないと、組織は生き残れないのだ。


まずひとつは、「全然面白くない」と外部の人間が言った事実を、社員に伝える必要はないとする考え方だ。これはＪＡＳの広報部員だった小林裕子が、

「広報っていいことばかりを伝えるでしょう。そこが自分に合わなかった」

という部分に重なる。

だが、これは小林や私の方が実は間違っているのだと改めて気づかされた。心をひとつに

して組織を動かしていこうとする以上、そこを大きく担うセクションとしては、あるべき姿というものがある。私は社内報の担当課長の姿勢は、そのあるべき姿だと思う。私はいつの間にか「組織の人間」の気持を忘れ、思った通りに答えて、それがそのまま掲載されると考えていたのだから、よほど間抜けである。

そして、担当課長の手紙でもうひとつ興味深いのは「私どものインセンティブに係る問題であり」という部分だ。組織から飛んだ人間は、すべての結果を個人でかぶる。私の書いたテレビドラマがつまらなければ、私個人の名前が新聞や雑誌に出て、「内館の脚本はひどい」、「脚本のつまらなさがすべての敗因」の類を書かれて、容赦なく叩かれる。さらには「脚本が悪いために、出演者が光らない。こんな脚本では演出の工夫にも限度があろう」などと俳優やスタッフにインプットしてほしくないことも、全国に発信されてしまう。逆に「脚本も演出もいいのに、主演女優の××はあまりにも下手だ」と書かれる場合もあり、女優も誰も彼もエッジで生きている。その結果、つぶれた人間は数限りないだろう。だが、つぶれた人はそこまでの人間だったと解釈されるだけの世界だ。脚本でも演技でも、それは誰しものインセンティブに係る問題」なのだが、組織から外れた人間は、そのインセンティブをえぐられる場に常に立たされている。私はいつの間にか、それも当たり前のことと考えていたのである。だが、組織は社員の士気を高揚させる必要がある。インセンティブに関わる反論は士気を低下させる。手紙に「大切な部分はしっかり頂戴したいと思います」とあった通り、反論はオープンにせず、あくまでも関係者の密室の反省材料とするのである。これも考えてみれば、組織の戦略としては当然だろう。

さらに、私の言葉に対して「社員の誤解を招きかねない内容でありましたので」という文章こそが、何よりも「フリーランスの私」と「組織の課長」の立場の相違を表わしていた。

私は婉曲《えんきょく》にあいまいに改ざんされた言葉を、私の言葉として発信される方がずっと苦痛だ。改ざんされた言葉によって、社員に、

「内館さんって何を言ってるのかよくわからんな。物腰がやわらかくていい人らしいってわかるけどね。優しい人で好きだな」

と思われることこそ、私にとって誤解であり、自分の知らない自分には対処のしようがない。が、もしも私の言葉のままに発信され、それに対して社員が、

「内館さんってキツイ女だ。イヤな女だ。ここまで言うか？　俺は大っ嫌いだな、こういうヤツは。優しさのカケラもないよな」

と思ったとしても、それは私の言葉から感じたことであり、誤解とは言えまい。たとえ過剰な反応をされたとしても、私自身で発した言葉や姿勢である以上、対処もできる。組織サイドの人間の都合を守るために、「誤解を招きかねない」として、うまく私を守るかのよう

にすりかえ、安全な方向を他者に決められるのは、私にとっては大きなお世話である。

だが、これは私が個人で仕事をしているところから出た感覚だと改めて気づかされた。組織では、一人でも誤解されるような人間が出ると、全社的に評判が落ちる。売上げに影響する。一人で責任を取れるレベルの問題ではない。それらを考えた時、今回の社内報に関する課長の姿勢、手紙の内容は、組織の人間としてはまっとうであり、私が同じ立場にあれば同じことをしただろう。

一方、この出来事は、組織から「飛ぶ人間」が「好戦的」な必要があることを浮き彫りにしたと思う。つまりはすべて自分で責任を取り、守ってくれる組織や仲間がいなくとも戦う。それをよしと思えなければ、そして自滅を覚悟できないならば、飛ばない方がいい。そう思う。

この章では「飛ぶために不可欠な性格」というものが四つ挙げられているが、四つすべてを持っている必要はないだろう。しかし、どうもこの「好戦的」だけは、絶対に欠くことのできない気質ではないだろうか。今回取材したすべての人が、この気質を持っていたと思う。

私が（笑）や（泣）などという手口で逃げることを嫌い、「楽しんできます」を嫌うのは、それがあまりにも姑息で小心だからである。たかが（笑）や（泣）を使用しただけではあるが、夢を叶えようとする人間であるならば、そんな軟弱な根性でどうする。そう思うのだ。

本章の「その1」で、飛ぶ人の多くはなぜサラリーマンなのか、なぜ人は安定した組織から飛び出そうとするのかということについて触れた。改めて思うのだが、「安定」と「好戦的」は両立しにくい。好戦的な気質の人間は、安定と平穏の中では息がつまる。自分が生きているのか死んでいるのかわからなくなってくる。

ＪＡＳを退職し、社員四人で会社を立ち上げた村上景峰は、

「安全な生き方は悪くないんですけど、企業の中では『殴り合う場所』がなくなる。俺は闘犬みたいな人間ですから、本当につらい。俺は何をやるために生まれて、何をやるために生きてるんだろうって、ずっと考えてましたよね」

と言っている。さらに、

「仕事以外の場所でメチャクチャやって燃える手もあるけど、俺、そんなのつまんないから。仕事ってのはルールがあるわけですよ。ルールの中で殴り合って勝つ方が、ストリートファイトより燃えるでしょ。それと同じですよ」

と、まさに好戦的な気質をストレートに語っている。

「好戦的」というのは、ただやみくもに攻めることではない。そこには緻密な計算も必要だし、度胸も、見切りも、決断も必要だ。失敗を恐れず、戦う自分を面白がるということでもある。

幻冬舎社長の見城徹は、前述したように『ダディ』を初版五十万部刷り、出版界のド胆を抜いたが、これも好戦的な部分を持っていなければできなかっただろう。

見城はさらに、もうひとつ大きな戦いに出ている。幻冬舎を設立してわずか三年後のことである。そのわずか三年の歴史しかない幻冬舎が、「幻冬舎文庫」を創設したのである。

「文庫本」とは多くの場合、その出版社から出した単行本を、二、三年後に文庫化したものだ。文庫用に新たに書きおろしたり、他社から出した単行本を文庫化する場合もあるが、自社の単行本ストックが多くなければ、とても文庫部門など創設できるものではない。というのも、文庫というのは毎月新刊を出さねばならず、わずか三年の歴史と三年分のストックしかない幻冬舎が、文庫ビジネスに参入するのは無謀以外の何ものでもなかった。小学館があの歴史とあのストックを持ちながら、「小学館文庫」を出したのは幻冬舎とほぼ同時期である。

私はこの時、編集者の舘野に依頼され、幻冬舎文庫に書きおろしているが、見城の好戦的な行動にはさすがにあきれた。何しろ、わずか三年の歴史の幻冬舎が、文庫を十二億円の規模で立ち上げ、創刊に六十二冊を出すというのである。これはもう、倒産確実の暴挙だった。

ひとつの例として、幻冬舎文庫からさかのぼること十五年前に、光文社が六億円の規模で三十一冊の「光文社文庫」を創刊している。見城が、歴史もストックもある光文社の「倍」

を意識していることは明らかだった。十五年という歳月は金銭価値や社会を変えてはいるにせよ、「見城のやろうとすることは無謀だ」と、私は他社の多くの編集者から聞いた。

ところがさらにあきれたことに、創刊当日の朝刊各紙に「幻冬舎文庫」の一面広告が載った。見城が自分で作ったコピーが、大きな文字で躍《おど》っていた。

「新しく出て行く者が無謀をやらなくて、いったい何が変わるだろうか」

私は自宅でそれを見ながら、見城徹はつくづく好戦的な男だと思った。

その時のことを振り返り、西麻布のバーで見城は言った。

「失敗したら、倒産でした。まぎれもなく賭けだったんですが、僕はいつでも『八割の努力、二割のリスク』ならば、やる。つまり努力して努力して何とか八割は埋められそうだと思えば、やる。リスクがないものは得るものも小さいんで、二割のリスクは残します」

さらに面白いことに、

「リスクは二割なんですけど、リスクがもっと大きく見えるような演出をするのが、僕のやり方なんです」

と、そう言って笑った。いつでも自分を「気が小さくて臆病者。だからそう見せないようにしているだけ」と言う見城だが、やり方は緻密で好戦的である。

どこかにこういう気質を持っていないと、安定した場所から「飛ぶ」という行動は起こしにくいのではないだろうか。「飛ぶ」ということは勝負なのだ。戦いの開始なのだ。

文字通り、勝負の世界に身を置くボクシング関係者も実に好戦的であった。

帝拳ジムの会長・本田明彦は言う。

「僕は負けず嫌いなんですよ、本当に。負けるのだけは嫌いなんでね。本当に嫌いなんですよ、負けるの」

十七歳の高校生の時に、名門帝拳ジムを継いだ本田にプロボクサーの経験はない。だが、この負けん気が、長野ハルと二人三脚で「世界の帝拳」を作ったことは想像に難くない。

その本田が「あれほど気の強い選手はいない」と断言したのが、元WBAフライ級の世界チャンピオン大場政夫である。世界王座についたまま、一回も負けることなく自動車事故で散った彼と、本田は兄弟のように育った。

「大場は頭のてっぺんから爪先まで、体に鋼《はがね》が通っているくらい、精神的に強かった。あんなヤツはもういませんよ。誰に対しても絶対に弱気を見せなかった。気が強いということは、精神的に克服してるってことなんです。恐怖感、不安、何もかも乗り越えてるってことなんですよ」

「気が強い」ということは「精神的に克服している」ということ。なるほどと思う。あまりにもリスキーな世界で生きるボクシング関係者の言葉は、いつも私の中にしみいる。特に生き方に迷ったり揺れたりしている時は、衿《えり》を正させられる。

二〇〇二年三月九日、WBA世界スーパーフライ級王者のセレス小林が、同級一位のアレクサンデル・ムニョスにTKOで負けた。

ダウンを五度も喫しながら、最後まで攻め続けた小林に対し、翌日の『日刊スポーツ』の見出しはよかった。

「勝ちたかったから！　立ち上がって　立ち上がって　立ち上がって　立ち上がった」

この試合における小林は「安定とはほど遠い世界で生きる人間」の壮絶さ、責任の取り方を見せつけたと思う。

その小林が、試合前に日本テレビのインタビューに答えている。

「自分のボクシングをしないでビビって負けるのも、自分のボクシングをしようとして前に出てカウンターもらって倒れるのも同じだから」

つまり、逃げて負けるのも、強烈なカウンターパンチを浴びて倒れるのも、「負け」という意味では同じなのだから、それなら前に出て思い切り戦うという姿勢である。これと同じことを、三迫ジム会長の三迫仁志が私に語っている。

「運動神経のいいヤツほど、パンチを食らわないんです。サッと逃げるから。パンチを避けるんじゃなくて、逃げるんです。逃げるということは、自分のパンチも相手に届かないわけでね。で、どうなるか。ひとつも打たれていないけど、勝てない」

こういう言葉を聞くと、つくづくボクシングの深さを感じる。「ひとつも打たれていないけど、勝てない」という人間は、どこの世界にもいる。それもひとつの生き方ではあるが、「好戦的」とは対極にある。

また、WBA世界ジュニア・ウェルター級王者の平仲明信を描いた『ボクサー回流』の中には、次の一文がある。

「がちゃがちゃの殴り合い」という闘いこそ、ボクシングの本質である。どれだけ攻防の技術を磨いたところで、この白兵戦に挑む度胸のない者は、王者になれない。世界を狙う選手は、攻防一体の技プラスこの殴り合いに応じる勇気を持っている。

原田政彦（元ファイティング原田）は、戦うために不可欠な性格として、私に一言だけ言った。

「勝ちたい、勝ちたい、勝ちたい」

現状から飛ぶためには、人生を変えるためには、夢を叶えるためには、ここまで勝利への情熱を持ち、敢然と前に攻めていく気質が必要だということだ。

好戦的な気質が必要不可欠と思う所以《ゆえん》である。

3. 運について

「飛ぶ」ために、「才能」の次に必要不可欠なものとして「性格」と同列であげられたものが「運」である。

「運」は否定できないし、私自身、脚本家になることができたのは「運」が大きい。特にスタート直後に、まるで芋づるのように好運がつながった。「運も実力のうち」と言われるが、それは違うと私は思っている。運は運であり、実力とは無縁のものだ。運は突然、勝手にやってくる。実力は努力で身につけることもできるが、運は人間の力ではどうにもならない。

第一章で見城が語っているように、「努力によって運を引き寄せる」ということはあろうし、そうなるとそれは「実力のうち」とも言える。だが、努力をするより先に運が来たり、実力がないうちに運が来たりということは確かにある。私の場合は、恥ずかしいほどそうだった。

私が会社を辞めて六年後の一九八九年のことである。突然、ＴＢＳのドラマプロデューサー遠藤環から電話があった。もちろん、まったく面識はない。その頃、私はフリーライターとして、日本放送出版協会の雑誌にインタビュー記事を書く仕事が中心であり、脚本は日本テレビで単発を二本書いたものの、その後は鳴かず飛ばずだった。

ＴＢＳのティールームで、遠藤は切り出した。

「今野勉さんとの共同脚本で、夜の連続ドラマを書く女性脚本家を探しているところなので、一応お目にかかっておきたかったんです。内館さん以外にも名前が挙がっていますが」

私が日本テレビで書いた二本の脚本のうちの一本を、偶然に見た今野から私の名前が挙がったと言う。むろん、今野とも面識はない。

私は初対面の遠藤と話しながら、これは一種の「面接」だなと思っていた。そして話すにつれ、「面接に落ちたな」と確信していた。私はすでに四十一歳になっていたし、脚本家としてのキャリアはない。いくら共同脚本でも、歳のいった無名の新人にゴールデンタイムの連続ドラマを任せることは危険だ。何しろ「トレンディ・ドラマ」であり、四十一歳の出番ではないと考えるだろう。そして何よりも、遠藤が私に魅力を感じているようには思えなかった。それは会話のトーンでわかるものである。

ごく短い面接の後、遠藤は腰を浮かせ、

「今日はこれで。また何かありましたら後でご連絡します」

とお茶の伝票を手にした。私は「後でご連絡」はありえないことを十分に察知しており、別れの挨拶程度に何気なく訊いた。

「ヒロインはどなたがなさるんですか」

この一言が、私に奇蹟的な好運を運んできたのである。私の脚本家人生は、すべてこの一言から始まった。遠藤は伝票を手に立ち上がり、

「新人女優ですから、名前を言ってもわからないでしょう」

と答えた。そこで終われば運はなかったのだが、遠藤はほんのついでという感じで言った。

「松下由樹って子なんですがね」

その名を聞くなり、私は叫んでいた。

「えーッ！　由樹ちゃんが主役をやるんですか。私、彼女のことはよく知ってます」

私はフリーライターとして、当時の松下が所属していた芸能事務所の仕事も受けており、彼女とは食事をしたりコンサートに出かけたりしていたのである。それを聞いた遠藤は、座り直し、その場で断を下した。

「あなたに書いて頂きます。無名のヒロインをよく知っているというのは強い」

遠藤は私のこの一点に賭け、危険な起用を即断した。これが『オイシーのが好き！』というドラマである。

ところが、これをきっかけに遠藤とのコンビが始まり、『想い出にかわるまで』『クリスマス・イヴ』『あしたがあるから』と続けざまにTBSのゴールデンタイムを書くことになった。その後、本当に嵐のように民放各局の単発や連続ドラマのオファーを受け、四十二歳の後半には、NHK朝の連続テレビ小説の打診が来ていた。それが『ひらり』である。

これらは、どう考えても「運」としか思えない。私はこれらの仕事を得るために努力をしたわけでもなく、「運も実力のうち」と言える実力もなかった。脚本家としてはほとんどゼロの時代なのである。それに加えて「時代」が私に味方してくれたのも運だった。というのは、トレンディ・ドラマが少しずつ衰退の兆しを見せる時代の中で、視聴者は「普通の女」のドラマを求め始めていたのだ。私は堅い企業で十三年以上もOLを経験し、普通の女の喜怒哀楽は骨身にしみている。それは四十代でありながらも、私に考えられないほどの仕事の場をもたらすことになった。これはそういう時代に巡りあわせた運である。

さらに、『ひらり』では大相撲フリークのヒロインにしたのだが、放送に合わせたかのように、若貴兄弟による空前の大相撲ブームが到来した。私にはプロレス、プロボクシング、そして大相撲観戦以外の趣味は何ひとつない。その中でも大相撲は、四歳からの筋金入りのオタクである。「脚本家殺し」と言われる朝の連続テレビ小説の過酷さも、相撲がからめば何の苦もない。その上、ブームに乗って視聴率はコンスタントに四十パーセントを超えた。

これらはいかに考えても「運」であり、私の努力だの実力だのとは全然別のところで何か力が働いていたと言わざるを得ない。

事実、本著を書くに当たり、誰に聞いても全員が、

「運は不可欠」

と言った。その中で、帝拳ジムのマネージャー長野ハルが、

「それは一番酷なことよね。確かに運不運はあるけれど、運で解決をつけるのは自分の人生にとっても酷でしょう」

とつぶやいた言葉が、すべてを物語っていると思う。「運」はいわば異界から働く磁気のようなもので、どうにもならない。これは酷なことだ。であればこそ、そんな酷な現象に自分のたった一回の人生を委《ゆだ》ねて解決させてしまうのは、最も酷なことだ。

となれば、誰もが確固として「運を強引にでもつかみとって、自分に引き寄せる」と語りたがるのは理解できる。運を「引き寄せられるもの」としてとらえるか、「どうにもならないもの」として達観するか、二つにひとつしかない。だが、今回取材した人たちは、圧倒的に「引き寄せられる」と考えていた。

日本ボクシングコミッションの安原昭雄は、先代の局長によく聞かされた。

「世界チャンピオンになるには、やっぱり運が七割、実力三割だな」

ボクシングの世界はガチガチの実力勝負であり、運が介入しにくい。マッチメークなどには多少の運が働くにせよ、

「相手の方が力が上だったら、勝つことはほとんど不可能です」

と帝拳ジムの本田は断言している。そうでありながらも「運七割」とされることもあるのだ。

安原は言う。

「僕は浜田剛史がレネ・アルレドンドを一ラウンドでノックアウトして世界王座についたのは、運が働いたと思いますね。というのは、浜田の本当の実力が発揮されたのは再戦の時ですから。再戦で不世出のボクサーであることを示しましたが、最初の戦いは運があった。僕は運というものは、努力と我慢で引き寄せられると思っています。浜田はまさにそうでした」

浜田はアマチュアボクサーを経て、華々しく帝拳ジムからプロデビューした。しかしその後、とてつもない不運に遭う。左拳を骨折し、二年間もリングにあがれなかったのである。プロスポーツ選手にとって、二年間のブランクの大きさは「死」とイコールだ。

しかし、その二年間を浜田は乗り越えた。そこには常人には計り知れない努力と我慢があった。ずっとそばで見守っていた長野ハルは、その一端を明かす。

「浜田がみんなとごはんを食べていた時、テレビで野球をやっていたんですって。その時、浜田の頭だけが揺れている。みんな、どうしたのかと思ったら、浜田はテレビの野球を見ながら、ピッチャーのボールをよけてたの」

ピッチャーのボールをパンチに見立て、よける練習をしていたのである。こうして、死にも等しいブランクの後、浜田は十五戦連続ノックアウトの日本新記録を樹立し、初の世界挑戦でレネ・アルレドンドを初回ノックアウトで破った。引退までの戦績は実に二十勝一敗一ノーコンテスト。二十勝のうち十九勝がノックアウトである。天才としか言いようがない。

安原の言うように、浜田は努力と我慢で運を引き寄せた。それは本当の実力を見せつけるための、天の配剤だったのかもしれない。

運を引き寄せ、つかむには「努力と我慢」が大切というのは、三迫仁志も言う。多くのボクサーを育ててきた三迫は「果報は寝て待て」は絶対にありえないと言う。

「誰にでも運はある。ただ、努力してない人間には引き寄せる力がないんです。それと、不運な時にじっと我慢できるかどうか。それができないヤツは、そこでオシマイです」

三迫は「くじ運」でさえも、自分で引っくり返せる可能性があると言う。トーナメントなどでくじ運が悪く、明らかに勝てない相手と戦う場合がある。そうなると、一回戦敗退は目に見えている。

「そういう時でもね、偶然のバッティングで相手が目を切ったりして、判定勝ちになることもある。その際、努力と我慢に裏打ちされた実力があれば、その後、勝ち進めるんですよ。優勝の可能性だって出てくる」

相手にしてみれば不運なことだが、三迫は、

「いい運というものは、やはり本人に勢いがある時にやってきます」

と言い、これは智乃花も言っている。智乃花は二十八歳を間近にして力士デビューし、小結までかけ昇った日々を振り返った。

「勝ち続けた頃の自分は勢いがありましたよね。どうして勝てるのか自分でも不思議で、あれは勢いが運を呼んだんでしょうね」

智乃花の二十七歳までの揺れや努力、そして我慢が勢いを呼んでいたことはあろう。考えてみれば、「努力」とか「我慢」とか、これらは口にするのが最も恥ずかしい類の言葉だし、若い人ほどそれを嫌うだろう。「努力」や「我慢」や「根性」や「忍耐」や、そんな大昔の美徳で運が引き寄せられるというのは、何だかありきたりな道徳論をきれいにまとめている気になるというものだ。だが、今回の取材では誰もが必ず「努力」か「我慢」のどちらかを言った。両方言う場合も多い。となると、いくら道徳的に聞こえようと、「運を引き寄せるのは、努力と我慢」

ということはありうるのだ。それがすべてではないにしてもである。

ボクサー榎洋之の生き方をつぶさに見ているトレーナー・木内勲と話している時に、私のその思いは確定的なものになった。

木内は榎について言った。

「榎は我が強くて、激しくて、ハッキリ言って普通のトレーナーの手には負えません。俺だってあいつとつきあうのはホントに大変です。ものすごくストレスたまります。だけど、榎はボクシングに関してはものすごく真面目なんです。努力も忍耐も、俺、見ていて可哀想になるほどなんです」

そう言っているうちに、木内の目がうるみ始めたのを、私も編集者の舘野も見逃《みのが》さなかった。木内はしばらくおし黙ると、照れたような笑顔を見せた。

「だから俺、榎は絶対に運をつかめると思っています。あいつは絶対に運をつかむ。絶対につかみます」

「超」がつくほど現代っ子気質の榎洋之が、木内を涙ぐませる努力と忍耐を重ねているのである。そして、それをずっと見続けている木内が、

「だから、運をつかめる」

と繰り返す。運というものは、突然やってくるものではなく、やはり「つかむ」ものかも

しれないと、木内の赤い目を見ながら私は思っていた。

そして今、私は見城の言葉と自分を重ね合わせている。見城は第一章で触れたように、

「努力していなければ、運が来た時に引っぱれない。運というものはいつも通っていて、それは努力しなければつかめない」

と言っているが、実はその後で続けている。

「僕は三十代がカギだと思う。三十代をどう過ごすか。二十代は夢中だったり、色んなことで言い訳がきくだろうけど、人間にとって三十代ほど大切な十年はないって、しみじみ思いますよ。その三十代をどう過ごすかで、その人の人生は決まってくる」

今にして思えば、私の三十代は確かに努力と懊悩《おうのう》と忍耐の時代だった。それが結果として蓄積になっていたのだが、そんなことは当時は気づかなかった。ただただ、「このままではいけない」と、そればかりだった。

私はＴＢＳで遠藤環と面接した時、四十一歳で運を得た。仕事を手にするための「努力」は何ひとつしていなかったが、三十代の努力と懊悩と忍耐が、運をつかんだと考えてもいいのかもしれない。初めてそう思った。

また、代々木上原駅前に店を開いた池亀千鶴も「運が味方してくれた」と言った。

「ひとつめの運は、借金せずにお店が出せたこと。私は二〇〇一年の十一月に、『やりたい

ことがあるので、来年五月一杯で退職したい』って上司に申し出たんです。六か月も先の退職だから、上司は『あまりにも先のことだし、年が明けてからもう一度話そう』って言って、保留になったの。そしたら年が明けたら突然、会社が『転身支援策』というのを発表したんです。年が明けてすぐよ」

これは何かやりたいことがあって転身したい人のために、会社が退職金の上乗せばかりではなく、数々の金銭的好条件を提示するものであった。日本の企業と違って「転身支援策」というあたりがいかにも外資系である。千鶴は長年世話になった会社であるだけに、六か月間の猶予をもって退職を申し出たのだが、それが運であった。たとえば「来月辞めたい」と言ったなら、「あまりにも先のことだし、年が明けてからもう一度話そう」とはならなかっただろう。

「上司が十一月に即座に人事を通していればダメでした。年明けに話しあおうと言ってくれたお陰で、転身支援策の発表があった時に、すぐにそれに乗せてくれた。すごく感謝してます。お陰で借金せずに済んだ」

もうひとつの運は、思う以上の店舗が借りられたことである。

「これも本当に運でした。私は港区や渋谷区なんて絶対に無理だと思って、考えてもいなかったの。それで全然別のエリアを見て回っていたんだけど、思うような貸し店舗がないんですよ。いつもは一人で探してたんだけど、その日に限って姉と女友達と三人で探しに行こうということになって」

三人という心強さからか、初めて渋谷区の代々木上原に行ってみた。むろん、何のアテもない。

「ところが駅前の角を曲がったとたん、一軒の店の前に『貸し店舗』っていう紙が貼ってあったの。駅から近い上に、小さな店で私にはピッタリ。もう降ってわいたような運でした。姉も女友達も探すのは初めてだったから、『もう少し他も当たろう』と言ったけど、私はこしかないと思った。それまで、あちこちを一人でさんざん探し回ってた私には、本当に運としか思えませんでした」

千鶴の場合も、二十年間にわたるOL生活の中で揺れ、いつ実現するかわからない店のために給料を費やして買い付けし、やっぱり一人では店は開けないと悩み、そんな日々は「忍耐」であり、「努力」であったろう。

「忍耐」も「努力」も、続けていると体内に蓄積される。そして、その量が多くなるほど圧縮されて蓄えられる。運が目の前を通った時、それが一気に爆発すると考えれば、「忍耐と努力が運をつかむ」という言葉は、決して道徳的なきれいごとではない。圧縮されればされるほど、爆発力は大きい。納得できる理屈である。

4．家族、周囲の賛成

「飛ぶ」ために不可欠なものとして、「家族や周囲の賛成」が挙げられることも予測はできた。身軽な独身時代と違い、「飛ぶか否か」に揺れる年代は、たいてい妻や夫がいる。子供がいる。どんなに夢を叶えたくても、もはや自分だけの人生ではない。その責任を考えたなら、家族の賛成は大前提になる。

そう思ってはいたが、それは私の予想をはるかに超える大きな影響力を持っていた。独身の私は頭で予想していたのだと思い知らされている。

「家族に反対されたら、飛ばない」

若干のニュアンスに差はあっても、そういう意見が目立った。「家族」というのは、主として伴侶である。

そして、智乃花とブラジルレストランの大﨑と、キャスターの立花は、

「賛成してくれる妻を持ったことは、これも運です」

と異口同音に言っている。

立花の妻、当時は恋人であった佳津子は、前述したように「飛ぶ」ことを勧めた。そして、結婚が決まると立花に言った。

「私は専業主婦が夢なの。働く気はないから、あなた、お願いね」

自分の夢ばかりを追っていた立花は、こう言われて引くに引けなくなった。自分にも夢がある以上、妻の夢をも叶えてやるしかない。

「男って不思議ですよね。『あなた、お願いね』って言われると、何が何でも頑張らなきゃと自分にハッパをかけちゃうんですよ」

立花の妻は今もずっと専業主婦のまま、八歳の息子と五歳の娘の子育てを楽しみ、安らぐ家庭を作っている。

ＪＡＳを辞めて独立した村上景峰は、

「僕は言い出したらきかないということを、妻はわかってますから」

と言うが、子供四人を抱える家庭だ。妻にしてみれば、今後の生活に不安がないわけはない。しかし、妻の方からは一言もそんな話はなかった。村上は妻の心中を察し、自分から先手を打った。

「何も心配するなと、堂々と言いました。今の生活よりレベルが下がるということだけは絶対にしない。だから、何も心配しないでいいからと言いましたよ」

いくら「堂々と」そう言っても、妻はそこに根拠がないこともわかっている。村上自身も、妻が内心で相当波風立っていることを察していた。

「それでも、彼女は普段とあまり変わらずにいてくれて助かりました」

しかし、小学校六年生の長女の言葉には、

「かなりこたえましたね、これ」

と苦笑した。独立して社長になろうとする父に向かい、長女は言った。

「社長って二通りあるんだってね。ちゃんと儲ける社長と、つぶれちゃう社長と」

海のものとも山のものともつかぬ状況であるだけに、この素朴な一言はこたえた。

そして、古くからの親友には最後の最後まで猛反対された。その親友は起業家として大成功していたのだが、どれほどの苦労を経て現在まで来たかを懸命に説いた。

「本気で説得されましたよ。『大きな企業にいることが、どれほどのことか、お前はわかってない』って。簡単に結論出すなって」

親友がさんざん苦労を重ねて、現在の地位を築いたことを知っている村上にとって、これも身にしみた。

この話を聞いた時、私は以前に切ないシーンを見たことを思い出していた。

それは都内のあるバーでの出来事である。五十代らしき男が、同年代かやや若い男二人を接待していた。傍目にも、その差は歴然である。二人はソファにふんぞり返り、接待する男は丸い小さなスツールに浅く腰かけ、卑屈なほど低姿勢であった。

そのバーの壁には、客のサインがびっしりと書かれていた。すると、二人のうちの一人が、酔った勢いで壁の上方を示し、

「俺はあそこの、高い所にサインするぞ」

と言い出した。接待していた五十代は自分のハンカチを椅子に敷き、若い男を立たせた。そして足元にしゃがみこんで椅子の脚を押さえた。

サインを終えて三十分ほどたった頃だろうか、ふんぞり返っていた男二人が突然、声を荒らげて立ち上がった。

「もういいッ。帰るッ」

接待していた男は、荒々しく出て行った男たちを泣かんばかりに追った。

「すみませんッ。ちょっと待って下さい」

私と友人たちは、何ごとかとママに目で問いかけた。ママはうつむき、小さな声で言った。

「接待してたのは、小さな下請け会社の社長。つい先だってまで、大きな会社の部長だったのに」

そういうことか。私たちはそれ以上は何も聞かず、ママも話さなかった。しばらくして、その下請け会社の社長が、しょんぼりと一人で戻ってきた。ママは私たちの席から立ち上がった。

「自分で何かやるって、大変なの。私も身にしみてるわ」

私たちにそう言い残すと、ママは社長の席に行き、そばに座った。

あれから何年がたっただろうか。あのバーはとうにつぶれ、ママの消息も聞かない。

村上の親友の言葉通り、大きな企業にいるということは、一般的にはこんな卑屈な思いとは遠いところにいられることだ。世間は大企業の看板で、その人間を見る。社会が変わってきたとはいえ、その看板の力は大きい。それが「世間」という現実だと思う。

レストラン経営を目指して、三菱重工業を辞めた大崎邦男も、村上と同じことを言った。

「うちの嫁さんは、僕が一回言い出したら曲げない性格だってことを知ってますから。乳飲み児を含めて三人の子供がいましたけど、僕はそれまでも、何があってもきちんと思いを説明してきましたから、退職もすんなりイエスの返事でしたね」

私は大崎が後に社内結婚した妻・恵子のことも覚えている。妻は夫の決意を聞くと、

「このまま会社にいた方が、あなたも私も楽なのに」

とだけ言ったという。だが、大崎には中国とブラジルで培《つちか》われた考え方が貫いている。

「楽な方向へ行くと、後で出てくるアウトプットが貧しいんですよ。それが僕の持論なんです。楽していれば出るものは少なく、しんどい思いをすれば得るものが大きい。結局は、人生においてその方が得だと思ってます」

夫のこの考え方を、妻はサラリと納得した。そして、レストランを閉じた後は、自分も働くために仕事を見つけてきた。経験が生かせるレストランの仕事である。

「妻にとっても意識の変化でした。というより、鈍感で助かります」

大﨑は笑顔でそう言った。妻は二十歳の時に一廻り年上の大﨑と結婚しているが、若くて元気な妻は、今、生き生きと働いている。

中には、現代の妻たちは激しく反対しない気質なのだと思う人もあろうが、そうとも言い切れまい。確かに、大企業さえも信じられない社会であり、一昔前の妻のように猛反対しなくなっていることはあろう。だが、「反対する妻」の場合、多くの夫は前もって察し、飛ぶことをやめるため、実例として表に出てこないということもある。

事実、今回の取材でも、妻に反対されたら飛ばないと、ほぼ全員が答えている。それも間髪を入れずにだ。

見城に至っては、

「僕は当時独身でしたけど、もし妻子がいたら反対される以前に、僕が先にそのことを考えて、飛ぶなんてことはしませんね。僕はすごく臆病な人間ですから。本当は石橋を叩いても渡らない人間です」

と言い切っている。智乃花も言い切った。

「女房に反対されたら、飛びませんでした。教師としてこのまま頑張ろうと思ったでしょう。やっぱり、自分の好きなことをするのに、周囲を巻きこんでまではできないし。まァ、腹の据わった女房だということも運だと、そういうことですね」

立花も言い切った。

「反対されたら、何とか頑張ってサラリーマン生活を続けていたでしょうね。僕としては、自分の行きたい道のためなら妻と別れてもいいという気はありませんから。ただ、サラリーマンを続けながら妻の様子を見て、また切り出すとは思いますけど」

村上も安も、ためらわずに同じことを言った。

また、妻がいる場合は妻の両親にも言う必要が出てくる。これは反対されても大問題ではないが、避けては通れない。妻は両親にとって、最愛の娘なのだ。

智乃花は苦笑した。

「それは責任ありますよ。何てったって、うちなんか教師に嫁にやったつもりが、力士の嫁になってたわけですから」

また、安秀和は東京大学を経て一流商社に入っているだけに、「エリートに嫁にやったつもりが、社員一人の男の嫁になってた」と嘆かれても不思議はない。

しかし、ここでも力を発揮するのは妻である。結果的には妻がその両親を説得したケース

が多い。智乃花の場合は、

「力士になることは自分の親には内緒にして、妻の両親にだけ打ち明けました。夫としての責任と、あと自分の場合は相撲部屋に住みこむわけですから、女房子供は実家に帰したんです。それもあって、妻の両親には正直に自分の思いを伝えました。でも最後は女房が親に『私も働いて支えるから』みたいな決意を述べましてですね、親もそこまで言うなら全面的にバックアップすると。でも、親にしてみればたまったもんじゃないですよね。娘が子供連れて出戻りみたいになっちゃって」

と、とにかく丸くおさまった。だが、彼自身の親は何も知らされないまま、息子の力士デビューを新聞で初めて知った。ずっと教師をやっていると思っていたのだから、大騒動だったと智乃花は笑った。

成功した今だから笑い話になるが、妻や親の反対、そして信頼のおける周囲の真剣な反対に遭えば、「飛ぶ」ことをやめたり、ためらったりすることは確かに多い。アンケートでもそれが出ている。

一七三頁のグラフを見ると、夢の仕事を諦めた理由は「誰かの反対」が九・〇パーセントであり、「家の事情」が七・〇パーセントである。「家の事情」とは、家業を継ぐ必要とか親元に帰らなければならないとか、家族がらみが予測できる。コメントにも、そのあたりが浮かぶものが少なくはなかった。また家の事情にちなみ、反対を予測して最初から諦める様子も読みとれる。「夢の仕事を諦めた理由」として、コメントの幾つかを紹介しよう。

〈厳格な父でとても『デザイナーになりたい』だとか『デザインの専門学校へ行かせて』と言えませんでした。／26歳／現在は専業主婦／夢はデザイナー／女／福岡〉

〈周囲（主人）に家業を手伝って欲しいと反対されたから。／37歳／現在は主婦／夢はデザイン関係／女／京都〉

〈結婚する相手が自営業で手伝わなければいけなかったから。／43歳／現在はパート／夢は役者／女／東京〉

〈家が最低の状態で、今思えば私も含めて無明に近かったから、と考えられます。／47歳／現在は無職／夢は裁判官、オーケストラ指揮者／男／神奈川〉

〈経済的にも難しかったかもしれません。父親が反対することも眼に見えていまし

た。／53歳／現在は保育士／夢は同時通訳／女／大阪〉

〈父の死亡で、母を独りにしておけなくなったから。／60歳／現在は金融機関／夢は天文学者／男／京都〉

〈両親の希望を裏切りたくなかったし、才能があるとも思わなかった。／52歳／現在は医師／夢は小説家／男／高知〉

〈家が貧しく、高校、大学へ進学することができなかった。／66歳／現在はメーカー役員／夢は弁護士／男／広島〉

こういう「家の事情」も、「誰かの反対」に近いものと考えた場合、その数字は合計すると計十六・〇パーセントになる。

また、配偶者や親の反対が、「飛ぶ」決断を撤回させるのは、反対されようと安堵する気持もあるのではないか。不確かな夢に賭けるリスクと不安は、常に本人の胸にあるわけであり、その時、家族や信頼のおける人々が、

「思い切ってやれ！　人生は短いんだ」

と賛成してくれれば力が湧く。自分の選択は間違っていないのだと自信も生まれる。しかし、その逆の場合は萎《な》えると同時に、飛ぶことを押しとどめられてどこかで安堵するように思うのだ。

この安堵は、飛び出す世界がリスキーであればあるほど大きいだろう。それは当然の心理であり、そんなことに振り回されるのは情けないとは言えない。

私の場合は、両親もそして信頼している人たちも賛成してくれたが、退職の挨拶回りの際に言われた言葉を、今もって覚えている。それは妙にリアリティのある言葉で、そんな一言にさえ心細くなった。某次長が言ったのである。

「内館さん、これからは国民健康保険で三割負担か。よく怖くないね。ご両親は勇気あるよ。僕なら猛反対するね」

現在では健康保険制度も変わり、国民全員が三割負担になろうとしており、今となっては笑い話だ。立花も言っている。

「今は企業神話が崩れ、何もアテにならないでしょう。サラリーマンでいながらも、身分はフリーみたいに保証がない感じですよ」

ただ、私があの時に言われた「ご両親は勇気あるよ」は、身にこたえた。一人しかいない娘の私に、両親は「安全に安泰に」生きてほしいと願っていて当然だと、改めて思い当たったのである。よりによって、「もの書き」を目指して退職するとは考えてもいなかっただろう。

ＪＡＳを辞めて、村上と共に独立した小林裕子は独身であり、私と同じ観点から答えている。

「親に猛反対されたら、揺れたでしょうねえ。もしも私に娘がいて、飛ぶなんて言われたら、やっぱり止めちゃう気がするんですよ。たぶん、私は教育ママになって、安全な道を行かせたがると思うの」

これは私自身も納得できる。私は自分の大企業経験と、現在の自由業経験を通し、会社の大きさも学歴も、人生に勝利をもたらすものではないと思っていた。これは本当に心底思っていたはずなのだが、ある日、親戚の娘が大学を中退したいと私に相談してきた。彼女は一流大学の一年生なのだが、どうしてもやりたいことがあるので中退して専門学校に入り直したいと言う。私はもったいなくて大反対した。男子学生でも難関の大学を、なぜ中退する必要があろう。私は心の底から言っていた。

「大学を卒業してから専門学校に行きなさい。社会に出てみればわかるわ。その大学の卒業証書の重みが」

それでも、一刻も早くやりたいことの勉強をしたいと言う彼女に、私が何と言ったか。

「やりたい仕事をやる上でも、その大学を卒業していれば周囲の目が違う。大学の勉強は適当にして、裏でやりたい勉強をやってもいいから、卒業証書はもらいなさい」

こう言って説得する自分に、私自身が驚いていた。明確な夢を志す方が、無為に大学に通うよりはずっといいと思っていたはずの私が、いざとなるとこうなのだ。これは衝撃だった。

その時、不確かで不安定な夢に向かって飛ぶ息子や娘を、親はどんな思いで見ているのか、その葛藤が多少なりとも理解できた気がした。

プロボクサー榎洋之の両親は、親の葛藤について秋田の自宅で語っている。

父の清は、

「反対しても、洋之は聞き入れませんでした。今は洋之にとって一番いい生き方だと思っていますし、応援していますが、やっぱり納得するまでに時間はかかりましたよ」

と言い、母の良子は、

「あの子が東京に行った日まで覚えています。三月二十一日だったの。私はどうせすぐ諦めて帰って来ると思ってたから平気だったんですけど、帰って来ないでしょ。ああ、洋之は本気で自分の夢追っかけてるんだと思って……もう応援するしかないでしょう、親としては。それでも最初のうちは、周囲から『よくあんな殴り合いを、親としてさせられるね』なんて言われるし、苦しかったですよ、私たちも」

　そう言ってスクラップブックやアルバムを持ってきた。それは「完璧」と言えるほどに整理されていた。ボクサー榎洋之の記録が、アマチュア時代から現在に至るまで、母の手によってそれはみごとに整理されていた。プロの秘書であっても、なかなかここまではできまい。母親の愛情がここまでしたのだと思う。その他にも、アマチュア時代の榎がボクシングによる怪我で学校を休んでいた際に、クラスメートが届けてくれた寄せ書きや手紙の束も、すべてきれいに整理され、保管してあった。

　今、プロボクサーとして無敗を続けている息子の試合を、ビデオで撮るのも母の良子である。息子が殴られるところを撮り続ける母親に、私は「強さ」をいつも見ていた。ところが違った。良子は伏し目がちに言った。

「自分の目で直接見ていられないんです。レンズを通すとやっと見られるの」

　父の清が笑った。

「それでも洋之が打たれると、ブレてブレて用をなしませんよ。野球ならまだしも、よりによってボクシングだもの、撮る方も苦しいですよ」

　子供の安全と安泰を願う親心と、子供が夢を叶えようと立ち向かうことへの親心。その二つは複雑にからみ合い、せめぎ合う。

立花裕人の父は、一流路線を歩いてきた息子がキャスターを目指すことに、最後まで反対し続けた。ほとんど勘当といっていい状態になり、父は心痛のあまり、体が弱り、白髪が一気に増えた。しかし、そんな父が裏では息子のすべての番組を逃すことなく聴き、見ていた。勘当の最中にである。

「親父はお袋にいつも言ってたらしいんです。裕人がラジオでこう話してたよ、裕人があんなところに取材で行ってたよって」

と立花は振り返る。父と息子が和解したのは、父が亡くなる少し前だった。特にきっかけや会話があったわけではなく、息子が不確かな夢に向かいながら妻子を養い、リポーターの仕事を真面目に務めている姿に、

「親父の気持がやわらいだのだと思います。亡くなりましたけど、親父が一番のサポーターだったと今にして思いますね」

と立花は言った。

池亀千鶴は店を開くことを、まず母親に言った。母の和子は、

「いいんじゃない、やれば。今やらなかったら、もうできないでしょ」

と賛成してくれたが、問題は父の錦造だった。千鶴は述懐する。

「父は公務員で、そういう危険を冒《おか》すことは絶対に嫌うタイプだもの」

私の叔父であり、それはよくわかる。あの叔父を説得するのは至難の業《わざ》だろう。しかし、千鶴も他の人たちと同じように、「私の夢なんだから勝手にやるわ」という方向を採《と》ろうとは思わなかった。やはり父親にも賛成してほしかったのである。ところが、

「どう考えても説得できる自信がないの。父は最大のネックでしたね」

と言う千鶴は、思い余って占い師のところに行った。それを聞いて吹き出す私に、彼女も笑った。

「もう真剣よ。とてもよく当たる占い師なんで、『父が必ず反対すると思うんですが、どうしたらいいでしょう』って訊いたの」

その占い師の言葉は、おそらく誰もが参考になる。こう言ったのである。

「千鶴さん、あなたはお父様がすごく協力してくれるイメージを抱《いだ》きなさい。それを強く強く思いなさい」

千鶴は「エーッ、そんな程度のこと」と思ったという。だが、前述した『ＴＨＩＳ　ＩＳ読売』で巨人軍の長嶋茂雄監督と対談した際、彼も同じことを言っている。一九九四年に中日ドラゴンズとリーグ優勝を争った際のことについて、次のように語っている。

「今年は我々、チーム内でメンタルトレーニングと言うんですが、世間一般から言えばイメージトレーニングというんですか。もっとわかりやすく言えばプラス思考、そういうトレー

ニングを監督の方針としてやってきましたから」

　そして、十月八日、優勝を賭けた中日戦の時、巨人軍の選手は「負ける気がしなかった」と言い、まったく動揺がなかった。長嶋はそれに触れ、こう言った。

「去年から、僕、やっているんです。だから、10・8のときに、中日の今中投手のフィルムにはさみを入れながら、やられたところはカットして、こっちが打倒したところだけをずっとつないで。絵で見せ、話でそれを浸透させて、そういうイメージトレーニングをどんどんやった。それが結果的に、あの大勝負で出ましたからね」

　そして、長嶋は自信をもって断言した。

「イメージトレーニングというものが一番大事な時に花が咲いてきたなと、ひそかに、帰りのバスの中で思いましたね」

　占い師の言葉も、まさにイメージトレーニングであった。一度は「エーッ」と思った千鶴ではあったが、よく当たるということで、言いつけ通りに「父の協力」のイメージを強く思い続けた。そして、ついに切り出す日が来た。

「お店を借りる保証人になってもらおうと思って、とうとう切り出しました。わざとサラッと、いかにも安全そうに『会社辞めて、ここにお店開こうと思って』って。父は母からは前もって何も聞いてなかったのに、第一声が『保証人の欄はどこだ？　どこに書くんだ』ですよ。それからどんな場所なんだとか色々と質問されたけど、反対は一切なかった。それどころか、その後もずっと協力体制ですよ。姉と二人でパリに仕入れに行く時も、ポンとお金を出してくれて。びっくりしました」

そのお金は二人分の旅費をまかない、さらには仕入れにも多少は回せるほどだった。やはり、イメージトレーニングが効《き》いたのかもしれないし、何よりも親というものは子供の生き生きした顔を見ていたいのかもしれない。

榎にせよ立花にせよ、そして千鶴にせよ、今回の取材対象者はみな元気に立ち向かっているので、親としてはまだいい。葛藤があっても、応援もする。しかし、世のすべての親がその状況にあるわけではない。

青森県アマチュアボクシング連盟の顧問ドクター村上信子は、一通の手紙を見せてくれた。日付がなく、消印も不明瞭でいつのものかは明確ではない。Aという青年の母親が、信子医師に送った手紙である。Aはかつて、プロボクサーになるという夢を抱いていた。アマチュアボクサーとして高校で活躍し、大学に進んだ。プロボクサーを目指して、大学でもボクシング部に入ったのだが、やがて自分の非力や素質のなさに気づくことになる。同じ夢に向かう仲間たちの力を知り、Aはすっかり無気力になってしまった。ボクシングを趣味で続ける道もあるし、プロを諦めるには早すぎるのだが、Aはすべてに気力を失い、大学にも行かなくなった。ただ虚《うつ》ろに生きているだけの日々を送る息子を、親はどうしようもなかった。そして、自分たちが何ら息子の役に立てないことから、自分を責めるようになった。許可を得て、手紙の一部を抜粋する（原文のまま。ルビは著者）。

「息子の事なんですが、親が無力な物ですから、正直に申しまして最初から結果が見えていたのです。ボロ舟で航海させていたので、卒業の港にたどり着けないまま岸壁を離れて、まもなく沈没してしまいました。

どうぞお笑い下さい。海に投げ出された（目標を失った）息子は近くの岸壁迄およぐ気力もないのか、又探す気力もないのか、ただひたすら近くにあった一枚の板にしがみついてさ迷っている状況です。

何の目標も希望も伝わって来ないので情けなく思っておりますが、親として力になってあげる事が出来ないので、何にも言えません。若いので色んな事を経験して、何度蹉《つまず》いても転んでも、起きあがる精神力だけは、失って欲しくないと願っております。

こうなって息子の本当の姿を見る事が出来、逆に良かったと思い、長い目で見守るしかないと心に決めております。

もう一つ分かった事は、プロに行く根性もアマで続ける気持ちもありません。

残念ですけど所詮《しょせん》カエルの子はカエルだったんです」

胸がふさがる文章だった。何よりも、息子の失敗を親が自分たちの無力さのせいにして、自分たちを「カエル」と思う心情がつらい。息子であれ娘であれ、成人した子供の行動は決して親には由来しないものである。親には何ひとつ責任はない。だが、こういう状況の我が子を見ると、親は自分を責めるものなのだろう。子供に素質を与えられなかった自分を責め、力のない自分を責め、子供に詫びたくなるのだと思う。それを「甘い」とは言えまい。

子供の根性のなさや弱さを指摘することは簡単だが、その子の持って生まれた神経では支えきれない衝撃を受けたなら、誰しもAのようになる可能性はある。幻冬舎の見城や智乃花の言葉通り、

「成功した人しか表に出ないからわからないが、飛んで失敗した人はたくさんいる」

のである。「飛ぶ」ということは、自分の神経では支えきれない衝撃と隣り合わせの生活を選択することである。そして、すべての親に、Aの母親と同じ気持を抱かせる可能性があることだ。

Aが今、どこでどうしているのか、Aの親がどうしているのか、信子医師にもわからない。しかし、ひとつ言えることは、これでAの人生が失敗したわけではない。突然の喝采を浴びることになったピアニストのフジ子・ヘミングがいみじくも言ったように、

「勝手にしやがれ、と思ってたら

勝手にこうなっちゃった。
だから、人生って不思議」
なのだと思う。

第三章　飛ばなかった人

その1　飛ばない決定打

二〇〇一年八月十九日、プロレス界に激震が走った。「最強」と言われるプロレスラーの藤田和之が、Ｋ－1戦士のミルコ・クロコップにわずか三十九秒で敗れたのである。

これはプロレス界にとっても、プロレスファンにとっても衝撃的な事件であった。会場のさいたまスーパーアリーナは怒号に包まれ、騒然とした雰囲気になった。プロレスファンは、プロレスラーが他の格闘家に敗れるのは許せないのである。事実、『週刊プロレス』（同年九月四日号）の表紙には、

「藤田よ、どうしてくれるんだ⁉」

という大きな文字が躍っている。

そんな中で、私は敗戦直後の藤田のコメントが好きだった（『週刊ゴング』同年九月六日号）。

「今後？　分かりません。分からないんだから、迷わず行けよということでしょう」

　これは藤田が今後も、プロレスラーのみならずK―1戦士や他の格闘家ともやるという宣言だろう。屈辱的な敗戦に加えて業界の衝撃、ファンの怒り、そんな苦しい状況の中にあっても、藤田和之は「別天地を求める」という美名の逃げをせず、現状維持を宣言したのだ。

　おそらく、この時の藤田は心に誓っていたはずだ。もっと鍛練して、もっと切り開いて、もっと実績を作って、相手がプロレスラーであれK―1戦士であれ、リングを俺のものにしてやると。そのためには、別天地ではなく、現状にとどまるのだと。「この道を迷わず行け」というのは、アントニオ猪木がよく言うことだが、私は藤田の「先が分からないんだから、迷わず行く」という言葉が興味深かった。

「現状維持」には、ややもすると安易な選択という匂いがこめられる。だが、藤田のような「積極的な現状維持」というものがある。

「飛ぶ」か「飛ばない」か、その選択においても、とかく「飛ぶ」方が積極的に思われがちだ。どうせ先が分からないなら、別天地に飛ぶ方が刺激的だ。しかし、岐路に立った時に、「積極的に飛ばない」という道を選ぶことは、「積極的に飛ぶ」と同じ重さを持つ。場合によっては「飛ぶ」ことより苦しいかもしれない。「飛ぶ」ことには別天地でのときめきがある。

しかし、「積極的な現状維持」には、膠着《こうちゃく》した現状をどう切り開くかという、地味でときめかない作業が待っている。

たったひとつ有利なのは、月々の収入が保証されている点のみだが、膠着を切り開く作業が成功しない限り、「あの時、飛んでおけばよかった」と悔いるだろう。飛んだ人たちの圧倒的多くは、

「後悔したくないから」

と言う。その気持は、飛ばない人の多くにも共通するはずだ。積極的に現状維持を決めた人は、後悔したくない以上、切り開く作業を成功させなければならないのである。

私はOL時代、切り開く作業に失敗した。三菱重工業という巨大な壁は、一介のOLがどう体当たりしたところで微動だにせず、ついに私は見切りをつけた。考えようによっては敗退である。

私は組織で働くのが好きである。元JASの村上景峰が言うように、

「仕事はルールのある喧嘩」

だと思っており、その喧嘩の仲間に加えてもらうことを熱望していた。今は社会も変わってきたが、当時は「女子社員は喧嘩しなくていい」という風潮があった。

当初は腰かけのつもりでコネ入社した私であるのに、ただただお茶くみとコピー取りの毎

日が続くことに耐えられなくなってきた。三年たっても四年たっても、お茶くみとコピー取りと使い走りである。女子社員は定年までそうだった。私には「社内報や会社案内の編集」という、一見すると立派な仕事が中心になってはいたが、ハッキリ言ってしまえば、そんなものは三日もあれば余った。むろん、他にも男子社員の補助雑用は色々あったが、ポストアップは一切ない。私が在職中には、「主任」という最下位の役職にさえ、女はつけなかった。

そんな中にあって、私より若い男子社員たちは次々に「ルールのある喧嘩」の戦力になっていく。同業他社との受注戦争やコストダウン戦争に血眼《ちまなこ》になり、一喜一憂している姿が私には羨しくてならなかった。私はといえば、年若い男子社員に書類の束を渡され、

「大至急、十部コピー頼む。できあがったらすぐに会議室に届けて。それとお茶を十個いれて」

と命ぜられる暮らしだ。昨日今日入社したようなガキに命令されながら、私はいつも「場さえ与えてくれれば、私の方がずっと三菱のために働ける」と思っていた。

だが、私には何の武器もない。英検二級は持っていたが、そんなレベルでは武器にならない。社内報の原稿は、際立って早くうまく書けたが、編集デスクにもなれない。それは必ず若い男子社員がなるものであり、かつ新入社員であった。上司が酔った勢いで、ポロッと言った言葉を今でも覚えている。

「社内報編集は、エリートの新入社員が短い期間だけやる仕事だ。社内報をやると会社の全体がとらえられるからね。受注や人事に関するページは彼らにやらせて、誰に子供が生まれたとか、保養所案内とか、そんなページは女の子にやらせときゃいいんだよ」

これが当時の現実だった。私は「誰に子供が生まれたとか」を十三年半にわたって書き続けてきたのだが、途中で何とか切り開こうとした。何らの武器もなかったが、あるかのようなハッタリもかまし、異動希望書類には「私をもっと使ってほしい」という思いを熱っぽく綿々と書きつづった。この時点では、私は明らかに「積極的な現状維持派」の人間だった。だが、上司にはまったく相手にされなかった。上司との個人面談で訴えても、

「お茶くみも大切な仕事なんだ」

に終始する。

「僕たちは、そのお茶によって戦う活力が出てくるんだよ」

になる。私は彼らに戦う活力を与えるより、自分が戦いたかった。だが、それを幾ら言っても取りあってもらえない。確かに、私は事務能力に欠けており、戦わせるわけにはいかなかったかもしれない。しかし、すべてに有能な他の女子社員であっても、戦う場はまったく与えられていなかった。

やがて、私はあちこちの中途採用試験を受けまくるようになる。三菱重工業は私如きの力

では切り開けないとなれば、脱出するしかない。ところが情けないことに、中途採用の合格通知をもらうと入社を辞退する。いざとなると、大三菱と比べ、結局はブランドダウンは嫌なのだ。つまりは、自分に何の力もないからこそ大樹から離れるのは怖いのである。

これを繰り返しているうちに、私は無気力になっていった。それは「積極的な現状維持」ではなく、「どうせ、私なんかこのまま終わるしかないのよ。なら適当にやってりゃいいの」という「投げやりな現状維持」である。

この状態から、やがては脚本家を目指して再び立ち上がることになるのだが、もしも、私が組織の中で開拓に成功したなら、絶対に退職しなかった。もしも、私が「ルールのある喧嘩」の戦力とされ、正当なポストアップの道が開かれたなら、私は定年までスリーダイヤの旗を背負い、仲間と一緒に敵陣に切り込んだろう。

だが、社会や会社のせいばかりではなく、私には相手の意識を変えるだけの実力も、武器もなかったのである。

ここに、「積極的な現状維持」によって、みごとに自分を生かした男がいる。「飛ぶ」という選択をせず、「飛ばない」ことで自分を生かした。

服部宏。一九四四年生まれの彼は、中央大学法学部を卒業後、神奈川新聞社に入社した。

現在、同社の文化部長を経て編集委員の要職にある。

私と服部とのつきあいは長い。二十代後半の私が脚本家を目指して『シナリオセンター』の横浜教室に通い始めた時、すでに服部は受講生として在籍していた。

当時、クラスの人数は十数人だったろうか。昼間の仕事を終えた仲間たちが、週に一回の夜間クラスに集まる。クラスメートの年齢は私と同年代の二十代後半が中心であったが、定年近い男たちもいた。授業方法は、前もって出されたテーマで宿題を書いていき、それをみんなの前で読みあげる。そして講師と生徒たちの批評を受けるというやり方である。宿題は毎回、「二百字詰め原稿用紙で二十枚」と決められていた。

クラスの中で、服部は図抜けて力があった。わずか二十枚の習作とはいえ、それは一読すればわかる。生徒はもとより、ベテラン講師までが彼には一目も二目も置いていた。その上、老舗《しにせ》の神奈川新聞の記者であり、他の生徒にはない雰囲気をまとっている。批評も的確で、国内外の映画に精通していることも、誰の目にも明らかだった。

授業が終わると、私たちは必ず桜木町か関内の居酒屋で飲み、映画論で夜更けまで盛りあがる。が、私は映画などほとんど観ておらず、いつも聞き役だった。大相撲論なら語れても、映画はまったくわからない。何しろ映画監督のヴィスコンティの名を知らず、双葉山のクリスチャンネームだとだまされ、信じこんでいたレベルである。

和気あいあいとしたクラスで、自然にカップルが生まれ、三組の夫婦が誕生している。十数人のクラスで三組というのは大変な確率だ。そんな中に飛びこんできたのが、「服部宏、第五回城戸賞に準入賞」の知らせだった。

これは愛だ、恋だとピンクな気持になっているクラスメートに、冷水をぶっかける大事件だった。城戸賞とは、映画シナリオにおける最も大きな賞である。文壇の直木賞や芥川賞に等しい大きさで、いくら憧れたところで簡単に手にできる賞ではない。それを仲間の服部宏が取ってしまったのである。横浜教室のみならず、『シナリオセンター』中が、その快挙にわき返った。一九七九年、服部が三十五歳の時である。

私はその時、彼は新聞社を辞めてシナリオライターになるのだと思いこんでいた。受賞作の『無人島戦記』も読んだが、圧倒的な筆力だった。こんな人が私たちと机を並べて、二十枚の習作を書いていることからしておかしい。そう思った。

が、彼は新聞社を辞めなかった。シナリオライターになることをやめた。

今回、本著を書くにあたり、「飛ばなかった人」として、私はすぐに服部を思った。今日までずっと連絡は途絶えることなくあるが、なぜあの時飛ばなかったのか。それを正面から訊いたことはない。ただ、それは「積極的な現状維持」であろうとは確信していた。文化部長時代も凄腕だったという噂を聞いていたし、明晰な頭脳とシビアな決断力を持つ服部が、

「致し方なく飛ばなかった」という選択をするとは思えなかったのである。まず間違いなく「飛ばずによかった」の側だと思っていた。飛ばない決定打は何だったのだろうか。

久しぶりに電話を入れると、服部は取材を快諾してくれた。そして二〇〇一年八月の夜、横浜港を一望する中華レストランで、私は初めて知らされた彼の現実に驚くことになる。

何よりも驚いたのは、当時の服部が実は「記者」ではなかったことである。私も、おそらく周囲も、勝手に「記者」だと思いこんでいた。服部には本当に他とは違う雰囲気があったのだが、『シナリオセンター』に通っていた頃は、

「健康診断の尿の管理をやってたんだよ」

と言う。初めて聞くことであったが、何よりも「尿の管理」という、その意味が私にはまったくわからなかった。

「俺、総務部にいて、健康診断の受付も仕事だったんだよね。で、検尿の紙コップってあるでしょう。番号が振ってあって。それを『ハイ、五番はここに置いて。次、六番の人』とかやってた。同期入社で記者やってるヤツらの尿カップをサ、『ハイ、十二番。ここに置いて』って」

私は絶句した。考えてもみないことだった。

「俺はホントに何度も涙したよ。同期の記者連中の尿コップを管理しながら、チキショーと

思ってたね」

服部の中心となる仕事は、社内報の編集だった。これも初めて聞いた。彼は社内報を十三年やったと言い、私とまったく同じである。服部の力量をもってすれば、社内報編集など仕事のうちに入らないだろう。そして、服部も私と同様に、社内報以外の雑用が多かった。そのひとつが尿の管理だったのだ。

「他には伝票をホチキスで留めたりね。社員が保養所を使ったりすると、会社から補助金が出るだろ。その個人負担伝票と補助金伝票を何枚かつなげてホチキスするわけ。あと、生命保険の立て替え金の伝票作って、ホチキスで留めたりね」

私はつい吹き出していた。記者だとばかり思っていた服部が、あの頃「ホチキス男」だったのか。

「俺、記者だなんて言ったことないよ」

かもしれぬ。が、記者としか思えぬシャープな男だったのだ。服部は苦笑し、言った。

「今はコンピューター化されたけど、当時はホチキスも大切な仕事だった。だけど、それをやるのが俺ではないだろうって、ずっと思ってたよね」

おそらく、誰しも思っていながら口には出しにくい言葉を、服部は難なく口にした。そう、「大切な仕事」に対して、「それをやるのが俺ではないだろう」という本音を言った人に会ったのは、私は服部が初めてだ。

「大切な仕事」についてとやかく言えば、仕事に差別をつけている自分を公にすることになる。まして、「それをやるのが俺ではないだろう」と言えば、それなら誰がやるのかと返され、やる人を明らかに差別していることになる。非常に言いにくい。確かに誰かがやらなければ、組織が動かない。その意味では「大切でない仕事」はない。

しかし、口に出す必要はないが「それをやるのは俺ではないだろう」という本音は、明確に持ち続けた方がいい。本音にフタをする必要はない。飛ぼうが飛ぶまいが、人生を変えたいと思う人間にとって、そのみじめな本音が起爆剤になるからだ。

服部は言う。

「何だって新聞社に入って、俺はこんな雑用やってるんだろうって」

服部は大学時代から「文化部記者」を志望していた。むろん、新聞社に入る人たちはほとんどが記者志望である。総務や経理をやりたくて新聞社に入る人はあまりいないだろう。だが、記者の数は限りがあり、曲折を経て服部は総務部に配属された。

当時は、ある部局に配属されると生涯そこに固定されることになっていた。総務なら総務の、経理なら経理の、政治部なら政治部のエキスパートになるわけである。他の部局に異動することはまずありえなかった。当然、服部は総務畑で生涯を送ることが決められていたことになる。むろん、現在は状況が大きく変わっており、あくまでも当時の話である。

服部はホチキスで書類をとじ続けながら、いつも思っていた。

「うちの紙面を見るたびに、俺にやらせればもっと面白くできるのにって。だけど、悲しいかな、それを証明することができないわけね。『俺はすごいよ、記者にしないと損よ』っていうデータがないんだから」

これも私とまったく同じだ。服部は直属上司にも訴え、役員にも訴え、さんざん意思表示をした。だが、切り開くことはできなかった。何もかも私と同じだ。

「で、他社の中途採用を色々受けたの。一般週刊誌や経済誌や。そこで文化ページをやりたくてね。ある出版社で採用が決まったんだけど、『投資』を担当してくれって言われて、断った。俺がやりたいのは文化ページなんだから」

中途採用を受けることも私と同じであり、何もかも初めて聞く話ながら、「このままではいけない」と思う人間の軌跡の同一性を思い知らされた気がした。

やがて服部は、シナリオの勉強を始めることになる。シナリオライターになるためではなく、文化部記者になるために「能力を証明するデータ」が必要だったのだ。入社してすでに九年がたっており、尿管理とホチキスはもはや我慢の限界だった。上司への直訴も異動希望も却下される一方なら、自分の能力を証明してそれを突きつけるしかない。服部はそう考えた。

これを聞くと、城戸賞という大きな賞に応募した狙いがよくわかる。「城戸賞受賞」という「データ」は、総務部よりも文化部にとっての戦力になることを証明してくれる。服部は「お墨つき」が欲しかったのだ。だからといって、簡単に取れる賞ではない。実は服部の受賞後、私も城戸賞に応募しているが、一次さえ通らなかった。

しかし、服部はもともと映画に対する思いが強く、かつ、シナリオライターとしての才能もあった。シナリオを勉強して二年目、城戸賞初応募で受賞してしまったのである。私もよく覚えているが、そのニュースは朝日新聞などの全国紙にも、共同通信経由で各地方紙にも載った。当然、神奈川新聞にも載った。

「文化部のデスクが、『これ、君のこと?』って確認してきてね。俺は内心で『悪いけどそうだよ。ヤッタ!』って思ったね。俺はこういう下心があって、シナリオを書き始めたんだよ」

全国紙や各地方紙に載るような賞を取った男が総務部にいるのはもったいないと、このあたりの会社の対応は早かった。当時は他の部局に異動することは稀《まれ》であったのに、服部は受賞から一年以内に、

「総務部兼文化部員」

の名刺を手にした。

こうして総務の仕事をしながら文化部記者として動き始めると、服部は大胆にも自らの署名コラムを作りたいと進言、実現させた。『映画診断』というそれは、まさしく彼ならではの企画である。「服部」という名前から「服部半蔵」をもじり、コラムの文末には（半蔵）と記名することにした。

国内外の新作映画を、彼独得の切り口で批評する『映画診断』は、たちまち人気コラムとなり、（半蔵）という筆者は誰だろうと社内でも噂になった。まさか「総務部兼務」の服部が、今も尿管理やホチキスを友としている服部が、よもや連載を持ったとは誰も思わなかったのである。

しかし、（半蔵）が服部宏だと知れわたると、今度は「皮肉」と「イヤ味」の中に立たされることになる。

「服部は兼務なのに気持は文化部なんじゃないのか」

そんな皮肉は当然と言えば当然だ。多くは記者になりたくて新聞社に入ったのに、記者になれずにいる。「兼務」だけでも腹が立つのに、記名コラムまで持たれてはたまったものではない。服部が九年間にわたる「検尿」に涙した日々をバネに努力を重ね、自ら開拓した「兼務」であることなどは、彼らの頭の中にはなかった。

一方、そんな服部の生き方に夢を見て、励ました社員たちもいた。それは彼と同じ思いを抱えている人たちである。「このままではいけない」、「人生を変えないと」と思っている社員たちは、とにかくここまで自力で切り開いた服部に刺激され、希望を持った。そして、自分たちで勉強会を開いたり、自分の得意分野の賞を目指したり、着実な努力を始めた。

服部は皮肉とイヤ味を受けながら、猛烈にシナリオを書き始める。ここからが、いよいよ勝負なのだ。服部は「兼務」ではなく、「文化部記者」が夢なのである。ここで終わりではない。次々に書いたシナリオは、「新人テレビシナリオコンクール」をはじめとする賞を受け続けた。城戸賞は決してラッキーパンチではなく、しっかりした力に裏打ちされていたのである。後に文化部長となった服部は、振り返って言う。

「早く『兼務』を解かれたくて必死だった。兼務だからとやかく言われるのであって、『文化部記者』ということになれば、誰も何も言えないわけでね。そのためには『映画診断』のコラムを徹底して充実させるのが先決でしょう。兼務だけどこれほどのコラムを書くよって。シナリオを自分で書くと、やっぱり視点が違ってくるんですよ。映画を観た時、このシナリオライターはたかだかこの小さなシーンを書きたいために、このシナリオを書いたんだとかね。そういうことがわかるようになってくる。その辺は他紙の映画評とは違うと思う」

服部は、これら数々の賞を受けたシナリオを、深夜の自宅と会社の昼休みに書いている。

家に帰れば妻と幼子二人がいる。深夜にならなければじっくりと原稿用紙を広げられない。会社では兼務である以上、就業中に映画やシナリオに時間は割けない。

「牛乳とサンドイッチを持って、十二時になると会議室に閉じこもってね。一時間ぴったり懸命にシナリオを書いてたの。ひたすら『兼務』から抜け出すためにだよ。考えてみれば、皮肉やイヤ味も俺の力になってたよね」

しかし、簡単には「兼務」は解かれなかった。あっという間に連載コラムを手にしたものの、ここから先は長かった。「総務部兼文化部」を二年やった後、今度は「校閲部兼文化部」を三年やることになる。

「会社も酷な使い方をすると恨んだよ。一番脂の乗ってる三十代を、また『兼』だもの」

校閲の仕事は深夜である。始業が午後三時、終わるのは午前零時を回る。その間に、コラム執筆の時間はない。休日はほとんど試写会通いと新聞の原稿執筆でつぶれた。

こういう暮らしを続け、一九八三年、ついに「兼務」が解かれた。入社して実に十五年がたっていた。

「俺、『文化部記者』という名刺をもらった時、死んでもいいと思った」

港の見える中華レストランで、服部は私にそう言った。十五年の歳月と、努力と、そして周囲との軋轢の重さを感じさせる言葉だった。

服部は「文化部記者」の名刺を手にしたその夜、一人で飲み屋のカウンターに座った。そして、一人で乾盃した。その店は横浜の野毛《のげ》にあり、『武蔵屋』という知る人ぞ知る店である。今は亡くなった老店主が、土瓶で酒を注ぐのが有名だった。シナリオを学んでいた頃、私は幾度となく服部に連れられて、武蔵屋のカウンターに座っている。今、文化部長を経て編集委員のポジションにある服部が、若きあの夜、使いこんだカウンターで一人して乾盃するシーンが浮かんでは消えた。

彼の十五年を考えた時、新聞社を辞めてシナリオライターとして「飛ぶ」ことは幾らでもできたはずだ。むろん、「文化部記者」になりたいという夢があったにせよ、これほどまでに映画を愛する男が城戸賞をはじめとする数々の賞を得ているのである。こういう場合、シナリオライターに転身することを考える人の方が多いだろう。現に服部は言っている。

「映画作りに参画したいという気持はあった。ただ、新聞社勤めをしながらシナリオライターになれるとは思ってなかったし、そりゃどちらかひとつを選択するしかないと考えたことはあるよ」

それならば、「飛ばない」ことを選択した決定打は何だったのか。服部は言下に答えている。

「飛ぶか飛ばないかで悩むほどではなかったね。自分のシナリオライターとしての力量を見極めていたもの」

そんなに早く自分で見極めていいのか。まして、あれほど数々の賞を取っていれば、才能や力量に自信を持つのが普通だろう。だが、服部の言葉はどこまでも冷静だった。

「書きたい素材は幾らでもあった。ただ、その素材をドラマに作りあげていく力が俺には足りねえなってわかったの」

これは第二章で私が書いたことに重なる。脚本家志望者に教えることの不可能なものがあり、それが「セリフ」と「切り口」であると書いた。ボクシングトレーナーの田中栄民が、「教えることが不可能なことを、教えなくてもできるのが才能」と語ったのは、シナリオにおいてはその部分である。服部はそこを冷静に見ていた。

「俺はいつも『ネタ帳』を持っていてね、ちょっと面白いことに気づくとメモしたり、興味深い記事を貼ったりしてたんだよ。だけど、いざその素材にどう切りこんで、どうドラマにするかってなると、いつも壁にぶち当たる。パーッと構想が出ないんだよ。何よりも、どう頑張っても城戸賞受賞以上のものが書けなかった。色々と賞はたくさんもらったけど、これは自分の限界だと思ったね。それはかなり早くに気づいた」

彼はそういう中でさらに考えた。この時点ではまだ「総務部兼文化部」である。「文化部記者」になれる保証はない。

「そう。だけど自分を客観的に見ればわかることだよ。同じように先がわからないなら、シナリオライターとしてより、新聞記者としての方が自分は伸びるって」

本著の第一章で幻冬舎の見城徹が語った言葉が頭を過《よぎ》った。

「結局は、ほとんどの人が自分の能力をわかってない。わかってなきゃダメですよね。自分をどれだけ客観的にわかっているかというのと、ナルシシズムとは何の関係もない」

服部は微塵《みじん》たりとも、ナルシシズムに陥ることはなかったのだ。

そしてもうひとつ、服部に「飛ばない」ことを決定づけたのは、映画監督の新藤兼人の言葉だった。『新人テレビシナリオコンクール』の授賞式で、新藤は服部に言った。

「おめでとう。これからどうするつもりか知らないけど、会社に片足を突っこんでシナリオを書こうなんて思ってもらっちゃ困ります。そんなに甘いものじゃありません」

すでに自分を客観的に見ていた服部ではあったが、この一言がさらなる決定打になった。

服部は言う。

「その言葉で、改めて両天秤《てんびん》にかけてみると、俺は新聞社を辞めてシナリオで生きたいなんて思ってないんだよね。映画はもう自分の体の一部だから、絶対に離れられない。だけど、夢はシナリオライターかって自問すると、それは違う。俺はシナリオライターとしての能力より、記者としての能力がある。そう思ったし、もし文化部の記者になれたら誰にも負けないと本気で思ってたしね」

　こうして、服部は「文化部記者」になるために、「積極的な現状維持」を選択した。

　私は、初めて聞く服部の日々に衝撃を受けながら、窓の外の横浜港を眺めた。ＯＬ時代にいつも見ていた港の風景とは一変している。三菱重工業の跡地は『みなとみらい』になり、高層ホテルや国際会議場が建ち並んでいる。歳月がたったのだ。二十代の私と三十代の服部が机を並べてシナリオを学んでいた頃から、気の遠くなるような時間が流れたのだ。

　暮れていく窓の外、『みなとみらい』の大きなメリーゴーラウンドに灯がともった。灯は薄紫色の空をゆっくりとかき回していく。それを眺めながら、服部が言った。

「『文化部記者』の名刺をもらった夜、俺は思ったよね。徹底的に働いてやると。見てろ、書くぞと」

　いつの日か、文化部長になる日が来ようとは、尿の管理をしている頃には思いもしなかっただろう。だが、すべては自分で切り開いた道程であった。

　もう一人、「積極的な現状維持」を選んだ男がいる。

　森伊知郎。一九六九年生まれの彼は、早稲田大学人間科学部を卒業し、一九九二年に新卒で東京スポーツ新聞社に入った。現在もバリバリのスポーツ記者である。

私が森と初めて出会ったのは、一九九八年頃だと思う。森はサッカー担当から一九九七年にボクシング担当になっており、後楽園ホールで私に突然話しかけてきた。

「内館さんですよね。まめにボクシング観てますよねえ。あちこちの会場でしょっちゅう見かけるから」

そう言って名刺を差し出した森と、後楽園ホールのロビーで話がはずんだ。これが最初の出会いであるが、それ以後も横浜アリーナや国技館、さいたまスーパーアリーナなどの試合会場でよく顔を合わせた。私はそのたびに、不思議な人だと思っていた。ガツガツした雰囲気がまったくなく、いつも飄々《ひょうひょう》としてつかまえどころがない。ヌーボーとした表情で、百八十センチ以上ある長身でどこからともなく現われては、

「内館さん、今日の試合どうでした？」

と訊く。私は相撲もプロレスもボクシングも好きだが、いずれも試合内容についてコメントしたことはない。リスペクトはするが、男が体を張って戦った技術や展開について、競技経験もない私がとやかく言うのは失礼だ。それは競技者の聖域であり、私如きが新聞や雑誌にコメントすべきではないと思っている。

森にもそう言ったことがある。彼は「ふーん」と言っただけで、相変わらず飄々とし、私と世間話に終始した。その時のもっぱらの話題は、ＷＢＡ世界ライト級タイトルマッチにつ

いてであった。同級世界十三位の坂本博之（角海老宝石）と王者ヒルベルト・セラノ（ベネズエラ）の一戦が目前に迫っていたので、二〇〇〇年一月か二月のことだ。私にとって、坂本博之は最愛のボクサーの一人であり、彼への想いをかなり熱っぽく語ったはずだ。

翌日、東京スポーツの紙面を見て吹き出した。私の「坂本へのオマージュ」が、森の文章によってしっかりとコラムになっていたのである。どこで調達したのか、私の顔写真まで出ていた。いわば世間話をコラムにまとめ、私が嫌う「技術や展開へのコメント」は一切ない。そこをうまくかわしながら、何ひとつデッチアゲることなく記事にした森に、文句のつけようもない。私が心の中で「アイツは飄々としているだけではないな」と思ったのは、あの時からである。

今回、本著を書くにあたり、森の話を聞いてみたいと思った。彼については何らの経歴も知らず、「飛ぶ」も「飛ばない」も、何を考えているのか、ボクシング以外の話はしたこともない。当時は彼の年齢も知らなかったが、三十代だろうと思っていた。とすれば、最も揺れる時期でもある。あのポーカーフェイスの裏側がのぞけるのではないか。そう思って、森の携帯に電話を入れた。梅雨空の広がる二〇〇一年七月中旬のことである。

紀尾井町のホテルで会った森は、やはりとらえどころがない。何しろ、開口一番にこう言った。

「そりゃ揺れてますよ。このままでいいのかなァって。今ね、ものすごくゴルフに打ちこんでるんですよ」

まさか今さらプロゴルファーに転身するというのではあるまい。ところが、スポーツ記者という多忙を極める仕事をしながら、本格的にゴルフのトレーニングを続けているらしいのだ。

森はケロリと言ってのけた。

「プロテスト受けたいですよ」

その時、初めて彼が三十一歳だと知った。これからプロテストを受けてプロゴルファーになれるものだろうか。「飛ぶ」にしても無謀すぎる。

ところが、ゆっくりと話してみて真意がやっとわかった。これも「積極的な現状維持」として、非常に興味深い話だった。

彼は学生時代にはその長身を生かし、ずっとバスケット選手だった。早大では体育会バスケット部員である。

「プロのバスケット選手になれるわけもありませんし、普通に就職することを考えていました。ただ、スポーツからは離れたくないし、スポーツが自分のテリトリーだということは明確にありました」

そこで考えたのが、スポーツ記者になるか広告代理店に勤めるかである。広告代理店には各種イベント開催のセクションもある。そこでスポーツイベントや大会の仕事に関われないだろうか。だが、森は記者を選んだ。

「自分の選択に間違いはなかったと思っています。今も非常に恵まれてますよ。自由な雰囲気の中で、自由に動ける。それに自分で考えて、自分で話を聞いて、自分で原稿を書く。それを記事として世に出せるわけですから。いわば企画から仕入れを経て、製品化まで全部自分でできるわけで、そんな仕事って世の中にそうそうないですよね」

それなのに、彼が「ゴルフのプロテストを受けたい」というのはなぜなのか。

「ひとつはスポーツ記者として、選手の側に立ちたいんですよ。壁を越えたいんです」

森はそう答えた後で、「僕個人の考え方ですが」として、スポーツ界は四層に分かれていると言った。

①選手
②監督やコーチらチーム関係者、審判など
③スポーツマスコミ
④観衆

「四層に優劣はないんです。全然別のものですから。ただ、①と②はいわば身内ですけど、

①②グループと③の壁というのはものすごい。取っ払えないような壁です。選手や関係者とどんなに仲良くなっても、僕らはあっち側には行けない。それが記者としてもどかしくて」

森はずっと体育会で「選手」であっただけに、特にその壁を感じるのではないか。

「それはあるでしょう。僕はプロゴルファーの資格を取って、それで今からトーナメントプロになろうとか、そんなバカなことを考えているのではなくて、プロテストに合格すれば何か『選手』との壁が低くなるような気がするんですよ。僕は一生、記者として現場にいたいから、壁は低くしたい」

これも服部の言う「自分自身を証明するデータ」ではないか。一生、現場の記者でいるためには、選手が「仲間」として見てくれる武器が欲しいということだろう。

森が今、まず目指しているのは「ハンディキャップ1」だという。1になると、全米オープンの第一次予選に出られる。

「七千人くらい出て、通るのは二人とか三人なんですけどね。でも、それに出ただけでも、現役選手で現役記者って感じがするでしょう?」

そうなれば、相手がサッカー選手であれボクシング選手であれ、森を見る目に変化が出てくることはありうる。「全米オープンの予選に出た森記者」という目になるだろう。もしもそれによって、壁が低くなるならば、スポーツ記者としての可能性が広がる。

「プロテストを受ける理由と、大きな大会の予選に出たい理由がもうひとつあって、僕自身がスポーツ選手の感覚を忘れつつあるからですよ。バスケット選手だった時は、観客に見られる中で緊張したり、快感があったり、落ちこんだりしていた。今、そういうせめぎ合いから遠く離れてますから、あの感覚を常に自分のものにしておきたいというのがスポーツ記者としてはあるんですよね」

　そう言った後で、森はしばらく黙った。言葉を待って、私も黙った。長い間があき、やがて彼は言った。

「何か、きれいごとに聞こえますかね」

　私が答えずにいると、彼は腕組みをし、ゆっくりと言った。

「二十代半ばくらいからかな、取材するだけの虚しさっていうか、選手側に入りこめない虚しさを感じ始めて悩んだんですよ。しょせん、越えられない壁があって、俺は第三者でしかいられないんだっていうか……。なまじ、ずっと体育会の選手だっただけに、それがものすごく苦しくて、虚しくて。このままでいいのか、俺……みたいな」

　二十代半ばといえば、大学卒業後三年か四年目だ。十二分に若いその頃、プロゴルファーならずとも別の道へ飛ぶことは考えなかったのか。それに対する森の答は、実に明快だった。

「収入ゼロになって、夢だけ追いかけられるかって言ったら、それは俺にはできねえなっていうところですね」

そして、本著に登場する多くの人と同じ言葉を言った。

「結局、露出するのは成功した人だけですからね。ボクサーでも畑山のファイトマネーが一億円とか。僕が『積極的な現状維持』を選んだのは、失敗した人の例は表に出ないというのが、決定打と言えば決定打でしょうね」

それはスポーツ記者として、多くの事例を実際に見てきているだけに説得力がある。おそらく、紙面には載らない失敗例があふれるほどあるのだろう。

そういう中で、森は自分のあり方を冷静にシミュレーションしていく。どう生きたなら、自分は後悔がないか。幸せな一生だったと満たされて死ねるか。

「東京スポーツの記者として、一生ヒラのまま現役で現場にいたい」

それが森伊知郎の結論だった。

「僕が東スポを面白いと思うのは、切り口が他紙とまるで違うでしょう。他紙は記録中心で、シュートを何本放ったとか、得点者が誰だとか。ボクシングにしたら採点がどう、レフェリーが誰とかね。そんなこと二の次だろうって思っちゃう。もっと選手の内面とか、生き生きと躍るような記事がいいよって。その意味では東スポは合う、自分にすごく」

まさに「その意味」において、森は選手との壁を低くし、他の記者にはできない「現役選手で現役記者」を目指すことにより、自分の結論をまっとうしようと考えた。これは、服部が「シナリオライターである文化部記者」を目指したことと同じといえる。森の場合はまだその途上であるが、「目指す方向に何の迷いもない」と言い切った。そして後日、顔見知りの東スポ記者たちは私に異口同音に、

「森さんのゴルフへの打ち込み方、半端じゃないですよ」

と言った。

服部や森と話した限りで気づいたのだが、「積極的な現状維持」を選ぶ人は、自分を冷静に見て考える。異様なトランスにならず、なにげない一言でバンジージャンプを踏み切ることをしない。第二章で「飛ぶのに不可欠なもの」として、多くの人が「深く考えない性格」をあげているが、まったくもって言い得ているかもしれない。「飛ばない人」は深く考えている。そして、自分に具体的な武器をつけて、会社に有無を言わせぬ方向に持って行こうとする。さらに、その武器は会社にとって利益となるものでなければならない、と肝《きも》に銘じている。

それを考えた時、私自身が組織の中で敗退したのは当然だと思わされる。私は三菱の旗を背負う情熱はあったが、会社が納得する武器を示せなかった。企業とは競合他社としのぎを削るものであり、利潤を追求するものである以上、熱意とはったりだけでは通用しない。そ

ういう組織の中で、ただやみくもに「俺はこのまま死んでいいのか」と愚痴っているだけでは、このまま死ぬしかないのだと改めて思う。

その2　飛ばなくてよかった

ここに興味深い記事がある。『WEDGE』二〇〇一年七月号の「ビジネススクランブル」（文・岩瀬達哉）である。

これは「30代の忠誠心、能力高めてくれれば誓います」というタイトルの特集で、一見するとドライに思われる三十代が、自分の能力を高めてくれる企業であれば、給料が多少下がったとしてもよく働くという。これは最近の若手社員の特色だと、同誌は書いている。

三ページの短い特集だが、その内容には思い当たる人が多いのではなかろうか。長くなるが、その一部を抜粋する（この記事に登場する人々はすべて仮名で書かれている）。

山田慎一氏（仮名・33歳）が語る。

「転職を繰り返した理由は、ひとえに充実感が得られなかったからです。仕事は楽でも、やりがいが感じられなかったり、仕事は面白くても管理がきつくて息がつまりそうだったりということです。ただ、煩わしいことを言わず、自由に仕事をさせてくれるいまの会社には、非常に恩義を感じます。自分を活かせる仕事をさせてくれる以上、可能な限り会社に利益を還元したい。早く仕事で報いたいとは思っています」

一見、ドライでわがままで、協調性に欠けると思われがちな山田氏だが、実は、このようなウエットな一面も兼ねそなえていたのである。

そしてこれは最近の若手社員の特色でもある。

事実、滅私奉公や〝愛社精神〟を強要されると反発するが、納得できる能力評価が行われ、その能力を引き出してくれる上司や会社に対しては「非常に忠誠心を抱く」という若手社員が多い。

大手商社で国際部門の責任者を務める水谷脩氏（仮名・50歳）も、

「能力の高い者ほど、仕事へのやりがいを求める傾向が強い。そういう若手社員には、大きな仕事を与え、可能な限りバックアップしてやる。すると面白いほどよく働きますし、いい仕事をしてくれる」

という。

（中略）

換言すれば、自分によくしてくれた会社に対し、何かお返しをしたいという素朴な感情が支えになっていることになる。

「そして、このような感情をいかに若手社員に持たせるか。それが、これからの管理職や会社の経営者に求められる重要なスキルなのです」

こう語るのは、金融機関の人事担当役員、磯田裕輔氏（仮名・52歳）である。

また、大手広告代理店に勤務する最上次郎氏（仮名・33歳）は、やり手営業マンであり、その部分も『WEDGE』から引用する。

「正直いって、あまり上昇志向の強いほうではありません。早く出世したいとか、肩で風切って会社の中を歩きたいという気持ちもない。ただ、仕事に関して正当な評価を得たいというだけです。要するに、あいつはいい仕事をしている、よく頑張っていると言われたい。でないと、会社での存在意義がなくなってしまうでしょう」

まず、自分のために仕事をする。それが結果として会社のためになる。その思いが、最上氏を仕事に駆りたてているようだ。

食品関連企業に勤務する出澤慎一氏（仮名・33歳）も、

「ひとつの駒として動かされるのではなく、仕事をまかせてくれている会社には〝忠誠心〟を感じます。やはり、その信頼には応えたい。自分が活かせる場を与えてくれた会社には、それ以上の利益をもたらしたいと考えるのは、みな同じじゃないでしょうか」という。

要するに、最近の若手社員の多くは、充実感や生きがいを与えてくれるからこそ、会社への「忠誠心」を抱くようだ。少なくとも、〝無条件の服従〟という意味合いでは、この言葉はあてはまらない。

（中略）

納得できない仕事を、自分を殺してまでやりたくないというのは、どうやら30歳代社員に共通の価値観のようだ。かといって、彼らに忍耐力がないわけではない。繰り返しになるが、適職感を抱ける仕事には驚くほど一生懸命になるからだ。

そもそも「忠誠心」とは、自分が望むものが与えられるからこそ、与えてくれた会社に対して抱いてきた感情である。

そしていま、多くの若手社員が、会社や仕事に、充実感ややりがいを求めている。そうである以上、彼らの求める〝抽象的報酬〟を与えられなければ、忠誠心を引き出せないともいえる。

また、多少扱いにくくても、そのような社員の思いに応えていかなければ、この厳しい時代を乗り切れないともいえる。会社のいうことを唯々諾々と受け入れる社員よりも、仕事にやりがいを求める社員の方が、本質的に会社への貢献度は高く、忠誠心も高い社員といえるからだ。

以上、『WEDGE』から非常に長い引用になったが、おそらくこの「忠誠心」の感覚は、最近の若手社員の特色ではなく、かなり以前からあったはずだ。というのも、私自身はまさにこの状態にあったし、本書に登場する誰もに会社への「忠誠心」があったことは読みとれるだろう。

現在は社会情勢も企業も変わったとはいえ、この記事中の「若手社員に充足感をどう与えるかが、これからの企業の重要なスキル」という言葉に望みをかけすぎてはならない。これは文面でもわかる通り、「これからの」ことであり、現在は「そうなればいいと考えている」というレベルだ。そんな現在にあって、相手（つまり会社）が変わることを期待するより、まず自分を変えないと必ず人生を無駄にする。企業のあり方が変貌しているのはわかるが、そう簡単に理想的な方向には変わりっこない。私はそう思っている。おそらく、何年も何年も、

「それが最重要のスキルです」

と繰り返され、いたずらに時が流れると思っていた方が確かだ。

だからこそ、まずは自分に力をつけ、会社にとってメリットとなる武器を突きつけざるを得ない。その結果、神奈川新聞社の服部が文化部記者のポジションを得たようにだ。自分を変えることで、相手が変わらざるを得なくする。そして望む仕事の場を与えられれば「忠誠心」も生まれようし、むやみに飛ぶよりよかったとなろう。当然、「そんなにうまくはいかない」という声もあろうが、飛んだ人と同じだけの気概は、飛ばなくたって必要だ。だからこそ「積極的な現状維持」なのであり、単なる「現状維持」とは違う。

そして、「飛ばなくてよかった」という点で、私はもうひとつ重要なことがあげられると思う。

「これが自分の人生」

という、一筋に歩いた道を持つ強みだ。それは何と幸せなことだろう。

服部は「映画」が人生そのものであり、それが文化部記者でさらに強くなった。神奈川新聞社主催で映画に関する講座を開いたり、文化部長の多忙な業務を縫って、シナリオ講座の講師も務めた。映画に関する著書もある。こうなると、もはや単なるサラリーマンではない。それは一筋に歩いて来た結果であり、人脈やチャンスなど企業の力によって助長されている部分も大きい。おそらく、服部は定年後も「毎日が日曜日」にはなるまい。

それとまったく同じであるのが、月刊『ワールドボクシング』の編集長・前田衷である。前田はボクサーの経験はないが、プロボクシングが人生そのものである。ひたすら、一筋にそれだけを追い求めてきた。

一九四八年生まれの前田は言う。

「中学生の頃から、ボクシングが好きで好きで、高校生の時に『ベースボール・マガジン社』で編集のアルバイトを始めた。それでそのまま居ついちゃってね」

親は大学に行けと言ったが、前田は聞く耳を持たなかった。そして、同社でボクシング雑誌の編集を十三年間やった。

「その後、社長と喧嘩して退職しまして」

前田は笑ったが、辞めた理由がこれまたボクシング。つまり、人事異動で将来的にボクシング編集から離れそうな気配を感じたのである。「将来的に」ということであったが、その他の理由も重なり、前田は辞表を出した。三十一歳の時である。

「私の退職は、ボクシング誌編集を続けるための退職です。他のことはやりたくなかったですから」

当然ながら、退職後に豊富なボクシング知識や人脈をもとに「スポーツライター」になろうとはしなかった。

「私は書くことより、編集が向いていると思っていましたから」

冷静に自分を見ることは、積極的現状維持派には共通している。前田は一年間ほどフリーでつないだ後、一九八二年に編集プロダクションを起こし、『ワールドボクシング』（日本スポーツ出版社）を一冊まるごと任されることになった。以来、高校生のアルバイト時代から現在に至るまで、ボクシング雑誌の編集一筋である。前田も老境に入っても絶対に退屈しないだろう。

「たぶんね。死ぬまでに消化しなけりゃいけない仕事が山のようにありますからね。私はバイト高校生の時に、ボクシング解説者の郡司信夫さんの事務所に毎日のように通って、色んな資料を書き写したりしています。まず、それを記録として残したい」

さらには「軽々しくは言えないが」としながらも、かなり力一杯に言った。

「いつか、日本にもボクシングの殿堂博物館が必要だと思うんです。簡単にはできませんけど、私は何年も前からアメリカに通って、どうしたらできるかということを懸命に考え、研究に余念がないってわけです」

冗談めかして笑ったが、一筋に生きるということは何といいことか。日本において、ボクシング殿堂博物館に関しては、現在では前田が最も研究している。そのため、日本プロボクシング協会から意見を求められたりすることも多い。もしも前田が、「ボクシング編集」を断念して他のスポーツも色々とやったり、あるいは別の仕事をかじっては辞めたりしていたなら、定年と同時に妻にうとんぜられる老人の道を歩いていたかもしれない。

「その意味でも、私はベースボール・マガジン社の創業者、池田恒雄会長には今でも感謝しています。やはり、あそこで育ててもらったから、今もボクシングから離れずにいられるんです」

前田はそう言った。

そしてもう一人、どうしても触れておきたい「一筋の女性」がいる。

すでに本著で繰り返し紹介している長野ハルである。帝拳ボクシングジムの敏腕女性マネージャーだ。

今回の取材において、長野はセンチメンタリズムに流されることなく、愛情に裏打ちされた現実的な言葉を常に発している。おそらく読者は、「この七十代らしき女性マネージャーは何者なんだろう」と、ずっと思っていたのではないか。

長野は現在まで五十四年間にわたり、ひとつの仕事をやり抜き、今も現役第一線で活躍している。それも名前だけの「お飾り」ではない。大場政夫や浜田剛史ら世界王者を育て、今は世界戦に備える西岡利晃にまなざしを注ぐ。そして何よりも、本田明彦を育てた。彼は現・帝拳ジム会長であり、国際的マッチメーカーとして名を馳せている。本田は前会長の次

男であるが、幼い頃から長野に可愛がられ、本人は私に、

「僕はボクシングのすべてを、長野さんから教わった」

と明言している。今や、本田はアメリカの専門誌『ボクシング・ダイジェスト』が発表している「関係者ベスト50」において、日本人として唯一人の常連ランカーである。世界中のボクシング関係者の中で、二〇〇一年度は十三位に入っている本田が、

「長野さんには頭があがらない」

と言う。

が、長野本人は非常に控えめな、上品な女性である。取材やインタビューにもほとんど応じず、黒子に徹している。

実は私はずっと以前から、長野ハルに憧れていた。取材に応じることが非常に少ない彼女ゆえ、関係者の口からしかうかがい知れなかったのだが、試合会場で見かける姿はいつでも凛《りん》としていた。帝拳ジム所属のボクサーの試合を目立たぬ位置で見つめているのだが、その姿は必ずわかった。オーラかもしれない。

今回も長野に話を聞きたいと思いながら、断られる覚悟はつけていた。私がラスベガスやロサンゼルスにボクシングを観に行った際、ボクシング関係の日本人女性たちが、「長野ハル」の名前が出ると決まって憧憬《どうけい》の目をする。本場ラスベガスやロスでボクシングの仕事を

している日本人女性が憧れる長野である。一度挨拶しただけの私の取材を受けるとは考えられなかったのだ。

だが、私はボクシングという非情な仕事のことのみならず、長野が五十余年にわたってそれ一筋に生きてきた背景や思いをどうしても聞きたいと思い続けていた。本田の口添えで快諾を得た時は、心底嬉しかった。何しろ、二〇〇一年八月、「向田邦子二十回忌」の席でノンフィクション作家の沢木耕太郎と会った私は、何の面識もない彼のもとへ走り寄っている。

「沢木さん、私、脚本家の内館と申します。今度、長野さんにインタビューできるようになったんです！」

沢木は、長野が取材を受けた数少ないうちの一人である。沢木は見知らぬ私にそう言われ、さぞ驚いたはずだ。だが、笑顔を見せて言った。

「それはよかった。長野さんの生き方って、女性のひとつの理想ですよね。それに若いし、可愛い人でしょ」

まったくその通りなのだ。ひとつの仕事を一筋に突き進んできた女性の、理想の姿がある。五十年余の道程には、さぞ多くのことがあったと思うが、飛ばない人生の深さを改めて考えさせられる。むろん、長野自身は「飛ばなくてよかった」とは一言も言ってないのだが、何とすてきな人生だろうと思う。

長野は東京の裕福な家庭に、四姉妹の末っ子として生まれ育った。神楽坂の帝拳ジムの事務室で、彼女はガラス越しに選手の練習に目を配りながら笑顔で話し始めた。

「気がつくと、ボクシングに関わって今年でもう五十四年になるんですよねえ。昭和二十三年からですから」

それは私が生まれた年である。長野は、

「まあ、そうなの。こんな娘がいる歳月なのねえ」

と目を見開いた。

「私はね、日本初の世界チャンピオンの白井義男さんの二つ年下なの。今も仲いいのよ」

長野の父は判事の職にあり、四姉妹全員を実践女子大学に進学させた。あの時代に、娘をすべて私立の女子大で学ばせる家庭は稀有だっただろう。長野は医者になることを夢見ていたが、戦争のため勉強どころではなくなった。さらに戦後、朝鮮の大邱《たいきゅう》から引き揚げ、裕福だった家庭は何もかも失い、長野も働かざるを得なくなった。

「仕事を探していたら、帝拳ジムで事務員を欲しがってるって。先代の会長は銀座に事務所を持っていらしたから、何も知らずにヒョイと行ったんです。それが昭和二十三年で、この世にボクシングなんていうものがあることさえ知らなかった」

それはそうだろう。その頃のボクシング界は女には無縁の世界であった。昭和三十年代や四十年代でも、一種独得なアウトローの匂いがあったことは、寺山修司や石原慎太郎の著作からもうかがえる。それが昭和二十年代前半となれば、今のボクシング界とは別世界であったはずだ。まして、お嬢さまとして育てられた長野が知る由《よし》もない。

「先代の会長は、初めのうちは『女はボクシングを観るものじゃない』ってね。ですから私も観たことなかったの。初めて観たのは白井さんと帝拳ジムの花田陽一郎の試合。花田がボディ一発で倒されたの」

花田は昭和二十二年から二十四年までフライ級の日本チャンピオンであり、その座を白井に譲っている。おそらく、この頃の試合であろう。それにしても、白井義男がランキングをかけ昇る時代を共有しているとは、何と羨しいことか。私自身は白井と双葉山の現役を知らないことが痛恨の極みであり、力道山の現役を知っていることが喜びだといつも思っている。

長野は先代会長から「箱入り事務員」として大切に育てられた。それが結果としてマネージャーとなり、最前線に立ち続けてきた理由は何だったのだろう。

「そうね……。ボクサーはみんな一生懸命に生きているの。他の仕事に比べたって、おカネや地位を手にするのは難しいと思うのよ。でも、それを承知で、自分の意志で一生懸命に生きている。それを見ているのが好きだし、少しでも力になってあげたい、そんな気持でしょうね。続けてこられたのは」

だが、そんな長野にも「もう辞めよう」と悩んだことが三回ある。小さな揺れや悩みはたくさんあったと言うが、この三回は大きなことだった。一回目は先代会長の死である。一九六五年のことだった。今後、どうしていいかわからず、ボクシングジム経営は女の肩にはあまりにも重い。本当に辞めようと思った。しかし、先代は死に際し、長野に、

「後をよろしく頼む」

と言い遺《のこ》していた。その言葉は裏切れなかった。当時十七歳で高校三年生の本田明彦を会長に立て、長野は縁の下で孤軍奮闘した。

二回目は大場政夫の事故死である。一九七三年のことだった。本田明彦をして「あれほどのボクサーはいない」と言わしめた大場は、絶頂の最中《さなか》に自動車事故で散った。この件に関しては、長野は私に多くを語らなかった。

「大場君は貧しい貧しい家に育って、それこそ屋根のないような家に一家五人でね。父親が遊び人だったけど、彼は世界王座を五回も防衛して、親に家も建ててあげた。さらにこれからっていう途上で亡くなりました」

それだけ言うと、つぶやいた。

「あの子が死んだ時は……もう何もかもイヤになりました……」

きっと自分を責めることもあったに違いない。大場と兄弟のようだった本田の失意を見る

のも苦しかっただろう。だが、ボクサーの死で奈落に叩きつけられた長野を生き返らせたのも、またボクサーだった。

「ボクサーになりたくて、自分の意志でそれを選んだ子たちが頑張っているのを見るとね。私は戦時中に育って、若い男たちが自分の意志とは裏腹に死んでいく姿を見てきたでしょう。あの青年たちは、勉強したくても、望みを叶えたくても、国のために戦場に行き、死んでいった。今、どんな楽な生き方だってできるのに、わざわざボクサーを目指す子たちを見ていると、私ができることをサポートしたいと思わされるんですよね」

実はこの気持に至るまでに、長野には常に揺れがあった。それが三回目の揺れとも言えるのだが、

「この仕事を続けていいのかって、根底にはずっと悩みがありました。ボクサーは殴られて痛い思いをする。私たちは彼らをそうさせることで仕事になっている。私も今の会長もそれが一番イヤなの。一番つらいの」

それは本田も言っていた。長野にそう伝えると、彼女はうなずいた。

「会長と二人で、つい落ちこんじゃうんですよ。でもある時、会長が『自分の意志で自分の生き方を選びとった子を最大限いい形でサポートするために、僕らは必要なんだ。そう思うしかないね』って言ったの。それを聞いて落ちつきましたね」

今、長野は本田と共に選手たちの楯《たて》にもなっているし、健康管理にも気を配る。朝のロードワークに出る選手たちにモーニングコールをすることから、ジムの経理まですべてを見る。

帝拳ジムはファイトマネーをキャッシュで支払う数少ないジムのひとつだが、

「ファイトマネーが少ないのは一番可哀想ですからね。だから、うちのジムは貧乏してますよ」

と屈託がない。そんな長野に、本田は舌を巻くこともたびたびだと言う。本田は言っている。

「彼女はボクシング以外に使うお金には厳しいですよ。十円のお金にも厳しい。だけど選手のためなら何百万使おうが平気。ファイトマネーから何から、選手に使うことに関しては何も考えてないんじゃないかってくらいへっちゃら。彼女、お金にはまったく興味がないから。親が遺してくれたものもあるし、お金はとにかく選手のため。すべてそれ。ですから、ヤクザ相手だって平気で喧嘩しますよ。相手が理不尽なら、誰が相手だって全然平気。そりゃあれだけの思いで立ち向かわれたら、ヤクザだって負けちゃいますよ。ボクシング界で誰が一番怖いかって言われたら、長野さんって答が一番多いでしょう」

本田はさらに、ジムで最も頭が柔らかいのは長野だと言った。

「トレーナーは技術面に関しては絶対の自信を持っています。でも、ボクシングっていうのは時代によって変わってくる。選手の体だって時代によって変わる。でも、トレーナーは自信がある分、譲れないし、理解しようとしない場合がある。だけど、長野さんは真っ先にわかってます。すごいですよ。朝九時半にジムに来て、家に帰るのは夜十時。その間、座ってないですよ。グローブのチェックから銀行に行くことまですべてやるんですから」

私が取材に行った日も、試合を控えた選手の計量に立ち合い、帰って来た直後であった。そして、私が取材を終えてジムを出る時、ふと見ると長野は世界戦を控えた西岡と話していた。孫の年齢の西岡は真剣な目で長野を見つめ、時おりうなずいては何かを語り返している。

沢木耕太郎が言うように、一筋に歩いた長野の人生は「女のひとつの理想」だと改めて思った。

私は以前からずっと気になっているのだが、女性誌やテレビなどで女性著名人たちが「何もかも手にするすばらしさ」を言いすぎるのではないか。妻もやり、母もやり、仕事もやり、

「どれが欠けても、私が私じゃなくなるんです」

の類を言う。

「仕事は子育てや家庭に無理がないように、スケジュールを組んでいます」

の類を言う。

「子供にお弁当を作って幼稚園に送り出すと、私は仕事人間の顔になり、家庭はすべて忘れ

ます。夜は夫とワインをあけて色んなことを話すのが楽しみ。時には映画の感想で喧嘩しちゃったりね。ウフッ」

なんぞと首をすくめてみせたりする。女性誌には「私って欲張りなんです」と堂々と言う女性著名人たちが、実に多く登場している。確かにそういう生き方をしている人もたくさんいるとは思うが、それは「話半分」程度に聞いていた方がいい。女性著名人たちは「夢を売る」という職務に忠実なのだ。しかし、最近では一般読者や視聴者の女性たちも似たようなことを言い始めたため、プレッシャーを感じる人たちも少なくはあるまい。結婚も出産も仕事もすべてやらないと、女の人生を損した気になろうというものだ。自分にはなぜ人並みのことができないのかと焦りもするだろう。

だが、女性著名人らの言葉は決して「人並み」ではない。リップサービスだと考える方がいいと、私はいつも思っている。そんなにすべてのことができるわけがないではないか。世の中は、家庭優先のスケジュールを組める仕事についている人ばかりではないし、夫も疲れ切って帰宅し、映画論で喧嘩して「ウフッ」なんぞとやっていられないのが普通だ。子供を幼稚園に送り出すや仕事人の顔に変わるなんて、そんなカメレオンのようなことをそう簡単にできるわけがあるまい。

加えて、著名人ですべてをこなしている人には、少なからずの場合はお手伝いさんがいるものだ。そこはあまりオープンにされないだけに、一般読者らは自分にはなぜできないのかと焦りもするだろう。

驚いたことに、都心で最先端の仕事をしている女性までが、私に打ち明けたことがある。

「彼女たちのインタビュー記事を読むたびに、夫や子供に申し訳なくて落ちこむの。私はどうしてあんな風に笑顔でいられないのかって。もう毎日毎日が精一杯で、彼女たちの生き方がすごいプレッシャーなんです」

何もかも楽しくやりこなしているという、そんな「女の幸せ」をアピールするリップサービスに対し、私が知る限りで最初に異議を唱えたのは、作家の山崎洋子である。もう十年以上前に、女性誌にハッキリと書いていた。私はその後にパーティで山崎とたまたま会い、

「言いにくいことをよくおっしゃって下さいました。楽になった人がたくさんいると思います」

と声をかけたのでよく覚えている。最近では、NHKのエグゼクティブ・プロデューサーの浅野加寿子が言及している。彼女は大河ドラマ史上、初の女性プロデューサーとして『利家とまつ』を手がけているが、私との対談で次のようなやりとりがあった（月刊『潮』二〇〇二年三月号）。

浅野　(これからの女性の生き方は）多様でいいと思うの。ただ、仕事もでき家庭もやりというスーパーレディーは、ありえないわけですよね。

内館　できっこない。私もあなたも浮気する夫もいなければ、できの悪い子供もいないから、この仕事に集中できてるけど。(笑)

浅野　一方で、主婦であり妻であり母であり仕事も一〇〇パーセントできるという女性が、今ずいぶん出てきて、政治家にも多いですね。確かにそういう人はすごいなと思うけど、本当にできるんだろうかと思っちゃうわけ。

内館　そういうことを、みんないいたがらないんですよ。たいていは「朝六時に起きて、子供のお弁当をつくって、それからワーキングウーマンの顔になります。いちばん大事なのは家族です」なんて女性誌とかで堂々というわけよね。それを見てると、誰しもそういう生き方に憧《あこが》れるし、できるものだと思っちゃう。

浅野　女性の生き方として、なにもキャリアウーマンばかりが素晴らしいものじゃなくて、今これだけ子供の問題とかいろいろ起きてるんだから、結婚して子供を産んだら、ある時期は責任もってお母さんとして子供を育てるべきだと思う。小学校にあがるまでは、母親がそばにいてしっかり育ててほしいと思う。短絡《たんらく》的かもしれないけど、その歪《ゆが》みが今社会的に出てきているんじゃないかなと思う。

私も浅野と同意見である。何もかもできる環境や経済状態であるなら、すべてをやるのが一番豊かなことだ。ただ、男であれ女であれ、一般的に何かを手にすれば、何かを失わざるを得ない。本著でも、飛んだ男たちがこぞって、

「家族に反対されたら、夢は諦める」

と答えている通りである。

浅野の言うように、これからの社会は男も女も多様な生き方をしていい。何もかも手にしようとするのもいいし、何か一筋というのもいい。ただ、どんな生き方もいいことばかりではなく、どんな生き方をしている人もリップサービスはする。それがわかると、気が楽になるだろう。カメレオンと「ウフッ」にプレッシャーを感じて、「一筋」を投げ出す必要などサラサラない。それが最もやりたいことなら、「それ一筋」が「何もかも」の人に匹敵する。結婚しなくてもいいし、子供がいなくてもいいし、専業主夫や主婦もいい。

長野ハルの「毅然とした美しい人生」は、理想的な「一筋」だと思う。長野の年齢の女性の多くが、今、どんな日々を送っているのかわからないが、すでに孫も結婚する年頃だろう。趣味やボランティアや旅などを楽しみながら、自由に生きている人が多いかもしれない。

だが、長野のように趣味とは無縁のポジションで、今も「なくてはならない人」であり続

ける凄さもある。若いボクサーから、それもプロのボクサーから一目も二目も置かれ、選手は彼女を守るどころか頼っている。長野が一筋に一筋に歩き、かつ仕事の結果を残してきたればこそだろう。

そして、帝拳ジムはお嬢さんだった長野の能力を引き出し、いやおうもなく場を与えた。その中で、やはり彼女は帝拳を愛し、誠をつくし、輝いた。

帰り道、私は長野のもうひとつの言葉を思い出していた。

「私は選手控室には絶対に入りません。あそこは男の聖域だと思うから」

ろくに大相撲も知らずに、「女も土俵にあげろ」と騒ぐ女たちはこれをどう聞くだろうか。何もかも一緒にすることが「男女平等」という固い頭なら、「帝拳に長野ハルあり」とは謳われなかっただろう。

その3　飛ばないために不可欠なもの

「飛ぶ」という決断をする上で不可欠なものがあるように、「飛ばない」と決める上でもそれがある。

「飛ばなくてよかった」と言う人たちと話してみると、それは次のように大別された。

1. 冷静な適性判断
2. 今の仕事における将来的なビジョン
3. 恨《ハン》

「飛ぶ」という決断をした人たちの多くが、その不可欠な要素として、「深く考えない性格」や、先が見えない中にあっても「自信」などをあげている。それに比べ、こちらは「冷静な思考」や「将来的なビジョン」など非常に対照的である。

1．冷静な適性判断

神奈川新聞社の服部を取材している時、彼は突然、私に質問した。

「あなたは何をどう考えて飛んだの？　誰かに相談したりってあったの？」

相談はしなかった。単なるＯＬから脚本家になろうなどとは、あまりにバカバカしくて相談できたものではない。ただ、「何をどう考えて飛んだの？」と訊かれて、答に窮した。そして、思わず服部に向かって言っていた。

「結局は何も考えてなかった気がするわ。考えていたら飛べなかったと思うの」

まさしく「冷静な思考」の対極であるが、服部にもうひとつ質問された。

「それなら、十三年間も飛ばずに会社にいたのはどうして？　もっと早く飛ぶこともできたろうよ」

その通りだ。私が会社に入って一番驚いたのは、底意地の悪いＯＬの存在であった。その意地の悪さはそれまで体験したものとはケタが違い、私のように図太い神経でない限り、ノイローゼになってもおかしくない。図太い私でさえ、かなりこたえていた。それに加えて、私の仕事の中心は雑用である。そんな毎日の中、何度も辞めようと思ったが、辞められなかった。大企業を離れて生きていく自信がない。それだけである。それだけであるが、それは意地悪ＯＬの存在や仕事の虚しさをカバーするほど、私にとっては大きなことだった。

服部はそれを聞くと、笑った。

「そういえば、俺、覚えてるよ。あなたに『神奈川新聞社って、社員数どのくらい？』って訊かれて、俺が『四百五十人かな』って答えたんだよ。そしたらあなた、何て言ったと思う？」

私は忘れていたが、眉をひそめて言ったそうだ。

「服部さん、よくそんなに小さいとこに勤めていて怖くないわね」

言いかねない。私はそういう人間だったのである。ところが、結局、飛ぶ時には何も考えていなかった。私は平然と「ウディ・アレンになる」と言い、「向田邦子になる」と言って、飛んだ。冷静に考えるタイプならありえない言葉だ。

今回、飛ばないことを選択した人たちはすべてにおいて「冷静な思考」をしている。才能について、運について、自分の適性について、将来について、家族について、あらゆることを考えている。そして何よりも、「飛ぶタイプ」が好戦的で熱っぽいのに対し、「飛ばないタイプ」は自分自身や状況を突き離してクールに見つめている。

服部は苦笑した。

「読者にとっては、飛び出す人間に勢いを感じるだろうね。だけど、飛ぼうが飛ぶまいが、自分を冷静に見ないとね。『自分はもともとたいしたことないんだ』ということを知っておかなきゃいけないと思うね。『夢を叶える』という意味で言えば、『自分はすごい可能性を持っているんだ』と思った方がいいってなるんだろうけど、でもやっぱり、誰もが成功はしないんだよ。何十万人に一人ってことだから」

そして、「飛ぶ」には「見切ること」が必須だったが、興味深いことに、「飛ばない」には「見極めること」が必須なのである。服部は言う。

「すべてを見極めることがすごく大事。才能についても、運や出会いなど不確かな要素についても、将来についても。見極めるということはアホじゃできないからね。まずはキチッと自分を見つめ、見極める目みたいなものを持っていないといけないって気がするね」

現状維持を積極的に選んだ人たちは、自分の適性をも冷静に見極めている。「シナリオライターより文化部記者なら俺は誰にも負けない」と考えた服部も、「僕は書くことより編集に向いている」と言った『ワールドボクシング』の前田もだ。「記録重視の紙面より、僕は東スポ的な記事が好き」と言った森も、「何より、懸命に生きているボクサーを見ているのが好きなの」と言った長野も、自分の適性に冷静である。

2. 今の仕事における将来的なビジョン

これは「飛ぶ」ことを選んだ人たちと最も異なる点かもしれない。

飛ぶか飛ぶまいか決断する時に、

「自分はこの組織の中で、将来的なビジョンを持っているか否か」

と考えることは、判断の重要なきっかけになる。飛ばないことを選択した人たちと話していてそう思った。その組織の一員として将来的なビジョンを持っているなら、飛ぶ必要はない。まったくない。飛んだ人たちの多くは、結局はその組織の中で将来的なビジョンを持てなかったのだ。報道キャスターになりたかったのに繊維の仕事をしていた立花はもとより、プロの力士を夢見ながら相撲を「趣味」と割り切ろうとしていた智乃花もそうだ。組織の中では年齢と共にファイティングポーズを取れなくなった村上も、美点のみをPRする「広報」という仕事に疑問を感じ始めた小林もだ。

また、もっと具体的に、組織における自分のポジションがないと確信した人も飛ぶ。私自身はそれだった。大企業にしがみつきながらも、将来には一条の光もないとわかっていた。すでに墓碑銘を見ている気持で日々を送る閉塞感は、これを「飼い殺し」と言うのではないかと思ったほどだ。私はあの時、

「男社会が変わらない限り、私のポジションはない。変えるべく努力をしたところで、変わる前に私がお婆さんになってしまう」

と思った。ビジョンなどは持ちようもない。飛ぶしかなかった。

「積極的な現状維持」を選ぶ人たちの多くは、組織におけるその仕事が好きで、かつ将来的なビジョンを持っている。私自身で言えば、社内報編集の仕事は楽すぎて好きではなかったし、コピー取りやお茶くみにビジョンは持てなかった。

しかし、『神奈川新聞』の服部も、『東京スポーツ』の森も、『ワールドボクシング』の前田も、その仕事が好きであり、将来的なビジョンを持っている。森は「選手と同じ気持を共有できる記者になり、生涯現場にいる」というビジョンを持ち、前田はボクシング史をまとめることや殿堂作りのために力を尽くしたいとする。

そして服部は言う。

「僕がなぜ文化部がいいかっていったら、文化部の取材が最も上等な人間に会えるからですよ。最も上質な人たちに取材できるからですよ。だけど、新聞社の中ではなぜか政治部や経済部の方が上に見られる。僕は若い頃から、それが非常に不満だった」

そんな服部が、今、最も心を砕いていることは、

「編集局の中で文化部の地位を上げること」

だという。これはむろん、当初から持っていたビジョンではないにせよ、若い頃から不満に思っていることだった。「俺が文化部に行ったなら」という思いは、究極的にはそこにつながる夢だったといえる。帝拳ジムの長野にしてもそうだ。『挫折と栄光――ボクサー浜田剛史の生き方』を書いた佐瀬稔は、同書で若いボクサーたちに触れている。

飢えなくてもすむ時代に、なおもやみくもに飢えている若者たちは厳然として存在している。

――

長野はまさしくそんな飢えた若者のために会長とタッグを組み、彼らをサポートし、環境改善していこうとする。それは大きなビジョンだ。

「積極的な現状維持」を選ぶ人たちは、組織の中に夢を持っている。それが飛ばないことの原動力であり、不可欠な要素になっているのではないか。

3．恨《ハン》

私は服部と話しながら、改めて彼に「粘り」を感じていた。検尿のコップ管理や、来る日も来る日もホチキスで伝票をとじることに涙しながらも、頑として飛ばない。そこには冷静な適性判断や将来的なビジョンがあったにせよ、それればかりではない粘りを感じてならなかった。

そのうちにふと、思い当たったのだ。

「服部さん、あなたが飛ばなかったのは自分の人生に対する理不尽な思い、つまり恨《ハン》じゃない？」

それを聞いた服部は、本当に箸を持つ手を止めて、私を見た。そして、ややあってから言った。

「恨だ。恨だよ。俺、あの頃の自分を支えていたものは何だったのかって、あなたと話しながら考えていたんだよ。ハングリーなんていう軽い横文字ではないとずっと思っていたし、日本語の『恨《うら》み』とも違うし、俺を支えていたものって何だったのかって。恨だよ、恨」

「恨」という語は、『広辞苑』には次のように出ている。

「(朝鮮語) 韓国民衆の被抑圧の歴史が培った苦難・孤立・絶望の集合的感情。同時に、課せられた不当な仕打ち、不正義への奥深い正当な怒りの感情」

私にも恨はあった。服部の場合もそうだが、これを会社や社会への『恨み』とするのは短絡的にすぎる。むろん、自分を正当に評価してくれない会社に対し、恨みつらみもある。だが、それは表層のことだ。そうではなく、人生の不条理への奥深い、正当な怒りの感情と言った方が近い。

服部は言った。

「俺もあなたも通ったシナリオの教室、生徒たちが恋愛したり同棲したり、ついには結婚したりって多かったわけでね。当初から俺とは何か違うと思ってたんだけど、彼らは仕事や職場に関して、『恨』というところまでの感情はなかったんだな。今にして思うと」

私が本著のまえがきで記したように、人生に危機感を持っている同僚ＯＬたちの少なからずは、地域のバレーボールチームやコーラスグループに入ったり、趣味の稽古事を始めた。それらで満たされるのは、会社や社会に対する単なる「恨みつらみ」のレベルだと、これも今にして思う。自分の人生が理不尽だと感じた場合は、とても趣味などでは満たされない。私はあの当時の自分が「病的なまでの危機感」を持っていたと書いたが、あれは「恨」だったと今にして思う。

新天地に飛ぶにせよ、積極的な現状維持で飛ばないにせよ、リスクを承知でコトを起こす人間には多かれ少なかれ「恨」の感情があるのではないか。ボクシングの元Ｊ・ウェルター級世界王者の平仲明信は、養豚の仕事をしながら、

「激しく渇えていた。自分を生かせる道は何か」

と思い、同じく元Ｊ・ウェルター級世界王者の浜田剛史は、『挫折と栄光――ボクサー浜

田剛史の生き方』の中で、

「現状をどうあっても否定し、どこかでおのれを表現しないことには死んでも死にきれるか、というやみくもな焔である」

と思っていたとある。これも人生への「恨」だろう。

飛ぶにせよ、飛ばずに積極的に現状を維持するにせよ、本当に人生を変えようと思うなら、「恨」の感情は必須だ。飛べばリスクがある。しかし、飛ばずに自分に力をつけ、組織を変えようとするのは並大抵のことではない。どちらを選んだとしても、常に自分を支えてくれるのは、自分の人生への「恨」の感情だと思わされている。

そんなある日、編集者の舘野と夜更けまで話しこんだ。

「飛ばない人」には二種類あるという話だ。「積極的な現状維持派」ではなく、もう一種類の飛ばない人たちについてである。つまり「別にこのままでいいよ」という人たちである。

彼らは夢に向かって飛ぶことをせず、現状にとどまる。さりとて現状を積極的に改革、打破しようともしない。あるがままの現状を維持する人たちを、そうさせている要素は何かという話になった。それは逆に考えれば、「別にこのままでいいよ」とする不可欠な何かがあるということだ。

　この「別にこのままでいいよ」という人たちにも、二種類ある。ひとつは現状に特に不満がなく、取りたてて人生を変える必要を感じていない人たちだ。将来的にはともかく、現時点ではこれは問題がない。

　もうひとつは、現状をいいとは思っておらず、どうにか変えたいと考えているのだが、結局は「もういい。なすがままでいい」とした人たちだ。あるいはどうにか変えたいと考えた時期もあったが、「もういい。これで」という結論に行きついた人たちだ。おそらく、どこかに「どうせこんなもんだよ」という諦念がある。

　私は「飛ばない人」において、実はこのタイプが一番多いのではないかと思っている。私自身、OL時代に中途採用試験を受けたり、大相撲に関わる仕事につけないものかと売りこんだり、もっと私に場を与えてほしいと上司に直訴したり、さんざんあがいた。しかし、社会の壁は厚く、私は一縷《いちる》の望みさえ手にすることはできなかった。その現実を認めた時、私は、

「もういいわ、このままで。考えてみれば楽な仕事をして、期待もされず責任もなく、それでいて収入を保証してくれるんだから、こんないいこともないわよね。肩肘張って頑張らな

くたって、これもいい人生ってヤツよ」

という方向に行った。こういう期間が二年くらいはあったと思う。むろん、心の底からそう思える人は、これも問題がない。

しかし、自分に重ねた上での推測だが、こう割り切りながらも虚しいはずだ。心は弾まないはずだ。私はその二年間、人生から降りた自分を感じていたし、「これでいい」と言い聞かせながらも虚しかった。それでも飛べなかったのだ。飛ぼうとはしなかったのだ。

寺山修司は、五木寛之に触れて次のような興味深い文章を残している（『負け犬の栄光 寺山修司が駆けた60年代』角川春樹事務所）。

その五木寛之が羽仁五郎との対談で、競馬のことについて話している。羽仁五郎が、社会主義政府とか、新しい進歩的な政治形態がもし日本に成立した暁には、ギャンブルや競馬はなくなる、といっているのに対して五木寛之は、なくならないと思う、と言っているのである。羽仁五郎は、

「そういう時代になれば、ひとりひとり皆が自分の人生でギャンブルができるんだもの、人の勝ち負けなんか面白くなくなるさ」と言い、「要するにぼくの言わんとする所は、いまのギャンブルに賭けざるを得ないような社会が歪んでいるということだ。おのれの

人生を賭けるに足る社会の有無を論じているわけです」と言っている。かなり、声高で、調子高である。

私は、スシ屋の政やトルコの桃ちゃんのささやかな悩みが、すべて政治的に解決されるなどとは思っていないし、現代はひとりひとりが自分の人生に賭けることができぬために競馬のような代替物に賭けているのだとも思わない。羽仁五郎には、賭博を社会的にしか見ていない、という鈍感さがあるが、賭の本質は別のものである。要するに、偶然性を想像性によって組織してゆくことの愉しみが、賭博する人間にはある。それは、必然性による諸科学の彼方に、無を見る愉しみである。

五木寛之は、そのことを問い直す。

「人生をおりた地点でまだ自分の人生に賭けうるものがありますか」

羽仁五郎には、この言葉の意味が通じない。そこで、五木寛之が、

「ぼくは常に必ず負けると予感しながらやっていました」

と言ったところで、(笑)が入り、話題がかわる。

私は、読みながら、五木寛之が言った「人生をおりた地点」ということを考えてみた。生きながら人生をおりること、は、日常的な現実原則を放棄してしまう、というほどの意味であろうか、それとも「希望という病気」から全快して、アッケラカンと風に吹

かれて生きてゆくということであろうか。
いずれにしても、五木寛之の主人公たちは無を見た人たちであり、無の後遺症に苦しむ人たちであり、政治的解決によっては内部の空隙を埋めあわせることのできぬ人たちである。

これを読んだ私は、「生きながら人生をおりること」は、まさしく「日常的な現実原則を放棄してしまう」ということだと思った。これは楽だが虚しい。夢を叶えるためにあれこれ頑張った末に、「もういいや、このままで」となった後に残るのは、「無」の思いであろう。虚しさは「無の後遺症」であると思う。
そして先日、私は面白い言葉を聞いている。二〇〇二年六月、全日本プロレスのトップレスラー武藤敬司と、『週刊プロレス』誌上で対談した時のことだ。武藤は、業界ナンバーワンの組織である『新日本プロレス』を突然飛び出し、一時は滅亡の危機さえ囁かれた『全日本プロレス』に移籍した。これはプロレス界を震憾させた大事件であったが、武藤は私との対談の中で、次のように語っている（『週刊プロレス』二〇〇二年六月二十七日号）。

「だからねえ正直いって、きょうも朝5時ぐらいまでマージャンやってたんですけど、マージャンやっても楽しくなくなったんだよなあ。考えてみたらねえ、人生最大のバクチしてるから、いま」

あらゆる意味で「ちゃんとしている」と言われる『新日本プロレス』から飛び、決していい状態にはない『全日本プロレス』に敢えて移った武藤は、まさに毎日がギャンブルであろう。彼はさらに続けて言った。

「新日本にいるときは決められたサラリーじゃねえけどアレしてたら、そういうの求めるじゃない、マージャンとかそういうの」

武藤の言葉に、私は今回の取材で会った「飛んだ人」たちの思いを重ねていた。彼らも安定した組織の中で精神的飢餓感を抱え、飛んだ。まさに、現時点での刺激はギャンブルそのものだろう。プロレスラーであっても、『新日本プロレス』のようなメジャー団体では安定したサラリーが出る。それに安住すると、ファイティングポーズが取れなくなる。武藤が「飛んだ」理由はそれだけではないにせよ、非常に鮮烈な言葉だった。

武藤の言葉は、一見すると羽仁五郎の説く、「ギャンブルに賭けざるを得ないような社会が歪んでいる」、「おのれの人生を賭けるに足る社会の有無」という観点に沿っているようだが、まったく違うと私は考えている。社会との関連はあるにせよ、歪みはむしろ自分の中にある。その歪みを正さずに、強引にふたをすることが、「別にこのままでいいよ」ということではないか。

人生の大博打を打つ人が増えたとしても、競馬や麻雀などがなくなるわけはないが、ただ、武藤の、

「もうね、麻雀くらいじゃワクワクしなくなっちゃったよね」

という心理は、本著に登場する「飛んだ人」たちの心理に大きく重なっている。

では、「別にこのままでいいよ」という消極的な、時に投げやりな結論を持った人たちが、そうなった不可欠な要素とは何なのか。

私はシニシズム（冷笑主義）が大きいのではないかと思う。事象や人間に対して、

「どうせ何やったって無駄だよ」

「汗水たらしてよくやるよ。世の中なんてハナっから不公平にできてるってのに、バカバカしい」

という類の考え方だ。すべてに対し、引いたところで冷笑している。それは「日常的な現実原則を放棄してしまう」ことに通じると私は考えているし、つまりは「生きながら人生を

おりること」に重なる。現在の日本では子供たちまでが、少なからずこのシニシズムに陥っている。これはテレビの影響も大きい。軽くて明るい生き方がもてはやされるようになり、粘りや、忍耐や、重さや、暗さなどは恥ずべきものとして排除され、そういう子供はいじめの対象になったりする。そしてやがて、何かコトを起こす前に、

「バッカみてえ。よくやるよ」

「そんなに頑張って、どーすンだ？」

という冷笑に進む。むろん、すべての子供がそうだというのではない。ただ、私は東京都の教育委員になった時、抱負を問われ、

「子供たちのシニシズムが最も心配だ。何とか取り払う方向を模索したい」

と答えた。子供のうちからシニシズムを持つことは、非常に不健康だ。

おそらく、「もういいよ、このままで」と言いながら現状に鬱々としている人たちは、多かれ少なかれ冷笑することで自分を正当化し、支えているのではないか。冷笑はひとつの完結であり、「何もしないでいる」ことを正当化するには非常に具合がいい。

一方、人生を変えるとか夢を追うとかの行動は、恥ずかしいほど熱っぽくないとやっていけない。

資生堂美容技術専門学校の生徒、一九八一年生まれの佐藤光邦は言う。

「挫折もプラスに考えようと思っています。挫折した時には、ここまで落ちたらあとは上がるだけだぞって自分に言いきかせて、努力を続けることだと思っていますから」

また、原田政彦（元ファイティング原田）は次のように言った。

「やっぱり、苦しんだ人っていうのが最後は強いよな。今ね、みんな精神力が弱くなってるでしょう。だから逆に、僕らの時代のような頑張りをして、苦しみを越えてきたヤツはそりゃ強いよ。当時の僕のように、腹の減ったライオンみたいに死にもの狂いなヤツがいれば、間違いなく強くなる」

同じことを三迫仁志も言ったのには驚かされた。

「今、『死にもの狂い』っていう感覚がないんだね。昔はボクシングでも何でも死にもの狂いでやるヤツが多かったから、半端な努力や頑張りじゃ上に行けないんだよ。でも、今は相手が死にもの狂いじゃないんだから、こっちが死にもの狂いでやれば上に駆けあがれるよね。辰吉丈一郎がいい例でしょう。彼は死にもの狂いでしたよ。ボクシングは下手くそなんだ。だけど死にもの狂いだからね、たった九試合で世界チャンピオンまで駆けあがっちゃった。彼は倒しにいこうという迫力がすごかったからね」

三迫の言葉を聞きながら、辰吉は「腹の減ったライオン」だったのだと思った。

「苦しんだヤツが強い」とか「死にもの狂い」とか、冷笑主義者たちなら最もせせら笑う考え方だろう。だが、夢を叶えようとする人や、飛んだ人たちはこういう言葉に励まされ、助けられ、自分を支えていく。おそらく佐藤光邦は、挫折した時に「苦しんだヤツが強いんだ。今の時代、昔の人のように死にもの狂いになれば、必ず駆けあがれるんだ」と、こういう言葉から力をもらい、再び立とうとするだろう。

せせら笑う人と、力をもらう人。両者の差はとてつもなく大きい。

幻冬舎の見城徹は言う。

「両者の差は、やっぱり通俗的な執着だと思いますよ。通俗的な執着が強いか否かでしょう」

通俗的な執着というものは、「日常的な現実原則」である。そこに意味を見ることを放棄している人たちは「通俗的な執着」を冷笑するのは当然だ。

ただ、世の中にはごく当たり前にシニシズムが自分に合う人たちがいる。それは日常的な現実原則に意味を見ることを敢えて放棄したのではなく、元より意味を見ない人たちである。シニカルに生きることが、ごく当たり前の自分のスタイルである人たちだ。そんな彼らについてはここでは問題にしていない。「人生を変えたい」と思いながらも、シニシズムの表層を手頃な言い訳としてとらえ、鬱々としている人たちについてである。

本著に登場している人たちは、多くが「夢を叶えるべく積極的に生きる」と言っている。しかし、それを実践している彼らでさえも、その生き方は楽ではないと言っている。明日が、平穏にやって来るかわからないという不安も抱えている。そうであるだけに、「このままでいいよ」という考え方をも、どこかで理解しているだろう。「夢を叶える人生」という美しい言葉の「きれいごと」にも気づいているはずだ。であればこそ、私は質問してみた。

「自分の子供が成功を保証されない人生を歩くと言い出したら、どうするか？　また、そういう男と結婚したいと娘が言ったら、どうするか？」

その答を再現する。

○田中栄民（角海老宝石ジム・チーフトレーナー）

「子供が思うようにやらせます。ただ、年月を区切ってやってみて、ダメなら区切りをつけろと言います。娘の結婚も許すでしょうね。たとえ安定して経済力のある男と結婚しても、不仲だったら意味ないし。損得よりも自分で納得する人生を選べということです」

○川村慶子（資生堂美容技術専門学校生）

「許します。自分の意志で決めさせます。私も母にそうしてもらって、幸せですから」

○望月裕介（資生堂美容技術専門学校生）

「子供が目的を持って生きてくれるなら、むしろ嬉しいです」

○前田衷（『ワールドボクシング』編集長）

「そのあたりは理屈じゃないからね」

○横川千はる（向島芸者）

「どんなことでも、自分が決めたのならやってみなさいと言います。私自身、モデルもホステスもやって、色んなことがあって母に心配かけました。でも、母は黙って見守っていてくれた。だから私は自分の人生に責任を感じたし、一生懸命に生きようと思ったんです。そういうことを経験し、今、芸者になって幸せな毎日です。私は自分の母のような母になりたい」

○智乃花（大相撲元力士　現・智乃花親方）

「許しますよ。自分がそういう生き方をしてきたから、子供は見て育ってきてる。思う通りにやれと言います。ただ、親は責任持たない。それはちゃんと言います。子供が自分で背負うべきことを覚悟の上でやれと、そう言いますね」

○原田政彦（日本プロボクシング協会会長）

「僕は息子二人をボクサーにしたかったですよ。保証がなくて危険な仕事のトップでしょうけど、やらせたかった。二人ともやってはくれなかったけどね。どんな風に生きたって、一生平穏になんか暮らせないんだし、人生のある時期に苦しみを経験しておくことは必要です。経験しておけば、強いんです。ましてボクシングみたいに苦しいことをやっておけば、全部乗り越えられますから。息子たちは自分の夢を叶えると言って、外国に修業に出たりして頑張ってますから、ま、しょうがないなと思ってる。でもボクシングやらせたかったなァ」

○村上信子（青森県アマチュアボクシング連盟顧問ドクター）

「一人息子がボクシングをやると言い出しましてね。アマチュアでしたけど、やらせました。プロになるなんて言われたとしても、反対できませんよ。自分の子だけはやらせないなんてねえ。でも、素質がなかった。正直、ホッとしましたね」

○服部宏（神奈川新聞社編集委員）
「娘が二人いるけど、もう思うままに生きろと言ってます。とっくに結婚してもいい年齢なんだけど、結婚もまったく強制しないね。今、二人とも夢持って、努力してますよ。僕は孫の顔なんか見るより、そうやって頑張る娘の顔見る方がずっといい。そりゃ、娘たちも苦しいことや色々あるでしょうけど、その覚悟をしっかり持ってるなら、とことん応援しますよ。こっちの道の方が楽だぞなんてことは絶対に言わないね」

○立花裕人（フリーキャスター）
「子供はまだ小さいけど、今からひとつ決めてることがあるんです。子供の職業については口出ししないで、やりたいようにやらせること。結婚相手に関してもそう、自分で選ばせます。僕の妻も、周囲に反対されながらも結婚して、僕自身も不安定な仕事を選びながら幸せですしね。子供には今から言ってますよ。これからは学歴も信用できないから、いい学校に行こうと思うなと。そのかわり、自分の生き方は自分で判断して、自分で決断を下せと。それが成功するとか失敗するとかって、早いうちから考えるなと、今から言ってますね」

○見城徹（幻冬舎社長）
「僕は子供がいないんですけど、もしいたら、大学卒業まではカネを出す。あとは好きにしろ、ですね」

○池亀千鶴（『リラ・フーセット』オーナー）
「学校を出てすぐの子供には、不安定な道はやっぱり両手を挙げて賛成はできない。自分自身を考えた時、会社勤めの経験がいかに大きかったかと思うから。会社から教えられたものや得たものが、夢を叶える力になっていることを考えるとねえ……。でも、逆に自分自身を考えた時、夢だった仕事についた今、この楽しさを子供に『やめろ』とは言えないし。話し合って、結局は思う通りにやれと言うんじゃないかな」

○三迫仁志（三迫ジム会長）
「許すも許さないも、やってみろって言いますよ。若いうちは特に何やったってやり直しがきくしね。娘がボクサーと結婚したいって言われたら……実は、それ、うちの娘が言いましたよ。結婚させました」

○木内勲（角海老宝石ジム・トレーナー）
「僕は幼い娘が一人いますけど、好きにさせます。ボクサーと結婚するのも何の反対もしませんね。何したって食っていけるし、犯罪にさえ走らなければ、平穏の中で不平不満言ってるより、夢追って生きた方が幸せです。俺もそうやって生きてるし」

○安秀和（アン・コーポレーション社長）
「子供が自分の素質や適性を自分で見て、それでその方向へ進みたいというなら、頑張れよと言います。でも、親から見てもただ闇雲《やみくも》な選択だと思えば止《と》めますよ。この子にはその芽はないと親が思えば止めます。親がそう言えば、やめる可能性って高いんじゃないですかね」


安の言葉は当たっているところがある。一七三頁にあるように、

「学生時代に夢見た職業につかなかった理由は何ですか？」

というアンケート項目があったのだが、そこに添えられたコメントを読んだ時に驚いた。親に反対されて断念したケースが多いのである。その反対理由は非常につまらないものだが、子供はそれに従って夢を断念している。おそらく、親に説得力があったのではなく、たぶん

子供自身が「飛ぶべきか、飛ばざるべきか」と揺れていたのだ。そこにタイミングよく親の反対があれば、「渡りに舟」だったのではないか。そうでなければ、ここまでつまらない理由で断念できるわけがない。もしも、今になってから、親のせいで断念したと考え、自分は生きながら人生をおりて冷笑しているとしたら、それは大間違いである。このレベルの理由で断念したのだから、それは自分の選択なのだ。あるいは、やはり将来を決断するには若すぎたのかもしれない。

その反対理由を幾つかあげてみる。

〈そんな夢みたいな仕事についてもキャリアにならないなどと、親に反対された。／21歳／現在は事務員／夢は声楽関係／女／京都〉

〈父は昔、広告代理店におり、『女の仕事ではない』と言われた。／23歳／現在は生命保険会社勤務／夢は広告代理店勤務／女／千葉〉

〈両親、学校の担任に、向いてないと反対された。／36歳／現在は経理／夢は看護師／女／東京〉

〈上司に女だからという理由で反対されたから。／36歳／現在はフリーター／夢は海外特派員／女／東京〉

〈母親に女が手に職を持つと男がダメになるからと反対された。／39歳／現在は会社員／夢は美容師／女／神奈川〉

〈家族に反対された。デザイナーというカタカナ職業に安定感はないと思っていたようでした。／40歳／現在は無職／夢はグラフィックデザイナー／女／東京〉

〈父親に反対された。英語教師の父親が、フランス語教師などで生活できるわけがないと言った。／44歳／現在は乗馬インストラクター／夢はフランス語教師／男／和歌山〉

他にもこのレベルの反対理由が数々、書きこまれている。親を安心させたい気持はあるにせよ、親を説得するところまでの熱意はなかったのではないか。

また、プロボクシングという仕事に限っての返答であったが、私の質問に対し、「子供にはやらせない」という人たちもいた。これをプロボクシングに限らず、リスキーな仕事全般に置きかえて読むことも許されると思う。

○本田明彦（帝拳ジム会長）
「大反対します。僕は今でも家族をシャットアウト、ボクシングに関しては。家族にはボクシング観せませんもの。もし、僕の子供が今ボクシングやると、たぶん面白いと思っちゃうんです。でもこの仕事、そんなナマやさしいものじゃないですから。娘がボクサーと結婚するのは、それはしょうがないですよ。だってボクサーって、すばらしい男がいっぱいいますから。鍛えられて、本当に誰にでも推薦できるヤツ、うちのジムにもいくらでもいますよ。こんないい男、いないよっていう。ボクサーは頭いいしね。悪かったら強くなれないんだから。でもね、娘がいてもボクシングには近づけないから、そういうことはないね」

○森英孝（元角海老宝石ジム・トレーナー）
「絶対許さない。リスキーなことはやらせない。娘がボクサーと結婚したい？　もう殴り殺すね。冗認じゃないね。つきあうのも許せないね。ただ、子供に『棺桶の蓋《ふた》が閉まる時に、後悔したくない』とそこまで言われたら許しますよ、仕事でも結婚でも。そこまで考えて言うならね」

○森伊知郎（東京スポーツ新聞社記者）

「僕は子供が生まれたら、ボクシングに関するものは家の中から全部なくします。魅力のあるスポーツだけど、あれはきつすぎる。色々な意味でね。ですからリスキーな仕事になまじ関心を持たないように、ボクシングの匂いは全部排除する。娘がボクサーと結婚したいと言ったら……これはいくらリスキーでも、そう反対はできないだろうな」

○長野ハル（帝拳ジム・マネージャー）

「子供はいませんけど、いたら当然やらせないですよ。本当に厳しい世界だから」

○鈴木真吾（角海老宝石ジム会長）

「もし息子がいて、ボクサーになると言ったら困っちゃいますよねえ。本当に厳しい世界ですから、何もわざわざと思いますよ。でも、『もっと楽な世界に行け』とは言う気ないです。だから、ボクサーになることが夢なら、一年やってみろと言うでしょうね。それでダメならスパッとやめろと。うちには幼い娘が一人いるんですけど、ボクサーと結婚すると言ったら、嬉しくはないけど許しますよ。ボクサーって精神的にも肉体的にも鍛えられて、個性的で面白いヤツが多いですし。決して嬉しくはないけど、自分で決めることですからね。そういうことは」

これらの反対意見を「あらゆるリスキーな仕事」に当てはめると、共通するものが見えてくる。夢を叶えるために安定を捨てた人間は鍛えられ、叩かれ、精神的にも強くなるということだ。ただ、リスキーな仕事は当然ながら厳しい世界であり、将来はわからない。しかし、リスキーな仕事に魅力があることはわかっている。だからこそ、できることなら子供を近寄らせたくない。だが、何としてもと意志が固ければ、嬉しくはないが送り出すというところだ。これは実にまっとうな考え方だと思う。

プロボクサーの榎洋之は言う。

「俺、生まれ変わったら、絶対にボクサーやらないです。まねごともしたくないし、見たくもないです。理由ですか？　言いたくない。言うとカッコ悪いから」

それでも私がさらに突っ込むと、言った。

「あの仕事は苦しすぎるっていうか……」

そして、しばらく黙った後、こう言った。

「俺、生まれ変わったら、何とかしてボクシングと出会わないようにしたいです。出会ったら、また必ずやりますから。必ず」

こういう答を聞くと、彼にとってボクシングは「本職」であり「天職」なのだと、かえって気づかされる。そして今、リスキーな世界でどれほど色濃く、どれほど夢をあたためて生きていることかと思わされる。苦しいが、虚しさとは遠いところにいる幸せに彼自身は気づいてないかもしれない。

私は榎の父・清に次のような質問をしたことがある。

「今、可愛い末っ子の洋之さんがボクサーとして大変な道を歩いているわけですが、もし、そうじゃなかったら親としては安心ですか？　安定した会社員になって、安らぐ家庭を作って、休日には孫を抱いて遊びに来るというような、洋之さんが今、そんな暮らしをしていてくれたら、やっぱり嬉しいものですか？」

清は思わぬ質問に、一瞬黙った。そして、困惑したように言った。

「いや……それは……たぶん嬉しくないような気がしますね。ボクサーとして、洋之がどういう結果に終わるんであれ、今はあの子が夢中で生きていることが一番嬉しい」

おそらく、親にとっては子供が、

「別に夢もないし、頑張るのもくだらないし、このままでいいよ。別に」

と冷笑して生きることの方が、ずっと悲しいのではないだろうか。親は生んでしまって申し訳ないような、そんな切なさに襲われるのではないだろうか。

第四章　飛ばなきゃよかった

考えておく必要がある。世の中には、

「飛ばなきゃよかった」

と後悔している人たちも必ずいるということをだ。

人生を変えるために飛ぶ。リスクを背負いながらも心ときめき、刺激と危険にあふれる日々はマイナス要素までが「生きている実感」となる。それは神奈川新聞社の服部宏がいみじくも言ったように、飛ばない人間よりも、

「飛び出す人間に勢いを感じるだろうね」

ということでもある。

だが、「生きている実感」に満たされた日々が過ぎ、刻々と曇天が広がっていく。気がつくともはや「刺激」などと言ってはおられぬ状態である。あらゆる手を打っても効果はなく、飛ばなかった友人たちは安定した暮らしの中でゆとりさえ見せ始めている。

「でも、全然後悔なんかないよ。人生、いい時もあれば悪い時もあるさ」

と言ってはみても、お尻に火がついている。そんな時、誰にも言えないが、心の中で、

「飛ばなきゃよかった……。失うものが多すぎた……」

と思う人たちは必ずいる。

そう思って取材対象者を探したが、すべて断られた。私の友人関係だけではなく、幻冬舎を通したり、匿名を条件にしたりもしたが、受けてもらえなかった。まったく未知の人は、本著のコンセプトに合わないと思って避けてきたが、「取材を受けてもいい」という人たちがいなかったわけではない。いずれも未知の人であるが、間に立った男友達が私の返事を聞く前に断っていた。相手が法外な取材謝礼を要求したと言う。男友達は悲し気に私に打ち明けた。

「悪いヤツじゃないんだけど、カネに困ってるんだ。飛び出す前はちゃんとした会社のちゃんとした社員だったんだけど。俺から断っといたよ。法外な謝礼を要求するというだけで、飛ばなきゃよかったってわかると思ったし」

その通りだった。

それに加え、飛び出した後の「失敗の軌跡」を語ることは、本人にとっては拷問《ごうもん》だろう。今は、敗北感と虚しさの中でやっと自分を支えているに違いないのだ。

佐瀬稔はその著『挫折と栄光——ボクサー浜田剛史の生き方』の中で書いている。

「この十数年間、ただひとつ思いつめ、何もかも投入していた目標、すなわち人生そのもの、おのれの倫理、哲学、美学、何もかもひとときのまぼろしと消えてしまう。これがシャボン玉のようにパチンと割れてしまったら、そのあと、自分はどう生きればいいのか」

これは浜田剛史がレネ・アルレドンドとの世界戦を前に、右膝の故障によって試合を棄権する可能性があるとわかった時の一文である。きっと、「飛ばなきゃよかった」と思う人たちの現在は、おそらくこんな心理状態だろう。

私はかつて、何かで、

「俗悪な勝者より、優雅な敗者たれ」

という言葉を読み、非常に印象的だったのだが、現実を考えると「優雅な敗者」であることは至難だ。幻冬舎の見城徹や智乃花の言うように、「失敗した人は世に出ない」のである。女優になる夢を断念して芸者になった横川千はるや、レストランを閉じて再びサラリーマンになった大﨑邦男のように、実名で堂々と語る人たちは、敗者ではないという証拠だと思った。

インターネットを通じてアンケートに回答してくれた人たちは、その圧倒的多くが、「内館と直接会って取材に応じる」

という項目に○をつけてくれていた。だが、私はそれもやめた。やはり、よく知っている人たちの本音で進めよう。私は方向転換を決め、「飛んでよかった」と言った人たちに、「飛ばなきゃよかったと思うことはないか。あればどんな時か」

を訊くことにした。ところが、これが思わぬ面白さを焙《あぶ》り出すことになった。というのは、彼らは今、「飛んでよかった」と心底思っている最中にありながら、それでも「飛ばなきゃよかったと思うことがある」と言い、安定した暮らしや企業のよさを語ったりしたのだ。今、うまくいっていればこそ、サラリと言える本音が逆に興味深かった。

何よりも大きいのは、安定収入がないという部分である。

JASを辞めた村上景峰は言う。

「サラリーマンは歯車のひとつだなんてよく言われるけれど、組織が大きくなればなるほど歯車なんて一個二個なくなろうと関係ないんだよね。ほとんどの場合ね。逆に言えば、何もしなくても給料が保証されてるんですよ。これはやっぱり、すごいシステムだと思うよ」

日商岩井を辞めた安も、同じようなことを言う。

「僕の場合、辞めた直後何か月間かは収入がありませんでしたからね。失業と同じですよね。その頃は、あのまま居ればよかったかなって、やっぱり思うことはありましたね。それと同時に、何もしなくても給料をきちんと払ってくれる環境というのはすごかったんだなと思いました。いけないことですけど、サラリーマンってうまく呑気にやれば、すごく楽ちんだなとも思いましたしね」

それは私も感じる。私はＯＬ時代、自分は「会社に行って、息だけ吸って帰ってくる」というレベルであると思っていた。もちろん、仕事はしたが、頭も体も使わない仕事だ。私は「息を吸ってるだけの八時間」が耐えきれず、いつでも「生きてるのか死んでるのかわからない」と思っていた。が、死んでるような私にさえ、会社はきちんと給料を保証し、ボーナスまで払ってくれた。それればかりか、毎年ベースアップをしていたのだから、経営陣の悔しさもわかる。経営陣がいくら「給料分は働け」と正当なことを訴えても、組織が大きくなればなるほど、そんなことは末端には関係ないのだ。そこには精神的充足はなかったにせよ、収入は保証されていた。その大きさは辞めた後にわかる。

逆に考えれば、精神的充足を趣味など他のことで叶えられる人は、何も無理して会社を辞める必要はないということだ。村上もそう言う。

「そう、無理して辞める必要はない。それと、会社の看板っていうのがどれだけの資産か、社会的信用か。それも辞めて気づくんだよね。看板がないと、銀行がお金を貸してくれないなんていうレベルじゃなくて、マンションを借りるのだって大変なんだから、『今はバイトしてますが、いずれ必ず僕はモノになりますから』なんて言ったって、大家にしてみれば家賃を払えないと思うでしょう。いかに組織というものに守られていたか、何もしなかろうがそこにいるだけで社会は信用する。それはすごいよ」

マンションを借りるということでは、私の友人はさらにひどいめに遭っている。彼は二十九歳で大企業を辞めたのだが、「大企業を辞めた男」というだけでマンションを借りられなかった。彼に何か問題があって辞めさせられたのだろうと、どの大家も疑うのだという。結局、彼はかなり条件の悪いところを「やっと」借りた。

大企業ならずとも、ある程度の社員数と歴史を持つ組織に対し、社会はやはり信用の目を向ける。銀行や大企業がバタバタと倒産する時代であってもだ。見知らぬ人間の「信用」を測る時、企業の看板はおそらく予想よりはるかに威力を発揮する。

そして、それに付随して言えることは、

「きちんとした企業には、きちんとした人たちが多い」

ということである。一般的に「堅い企業には堅い人が」、「安全な企業には安全な人が」多い。むろん、例外はある。まして今は、最もきちんとしていなければいけないはずの政治家や官僚がダーティ極まりないことをする時代であるが、一流繊維メーカーを辞めてキャスターを目指した立花は言う。

「やっぱり、ちゃんとした企業っていうのは、ちゃんと常識をわきまえた人たちが多いですよ。若い人にしろ、上司にしろ。それに加えて、社員教育が徹底してますからね。それが『信用』とイコールなわけですから」

この「ちゃんとした」というのは、企業の規模や知名度を言っているのではない。敢えて言うなら「『働く』ということに真摯な企業」とでも言おうか。

そういう「ちゃんとした企業」は、全社員がちゃんとしているとは言わないが、社風が社員に与える影響は小さくない。その社風を世間が信じている部分はさらに大きい。

私はドラマについて、世間からよく言われる。

「あの結末は、NHKだからしょうがないんでしょうね」

「そんなテーマを、よくNHKが許可しましたね」

ドラマ作りにおいては、NHKも民放各局も実は大差ない。民放だから許されて、NHKだから許されないということは、私の体験ではゼロに近い。が、世間の「NHKを見る目」はそうではない。私は現実に、銀行から「NHKに書いているので融資します」と言われたことさえある。だからこそ、NHKの職員が不祥事を起こした時のバッシングは激しい。それは「公共放送の職員」ということもさることながら、世間の信用を裏切ったことへの憤《いきどお》りである。

そんなＮＨＫであっても、三菱重工業の社風に比べれば、相当ソフトである。『三菱重工業株式会社』という、名前からして堅い会社の堅さは、今の社会では得難いものがあった。私はマスコミの仕事を始めて、三菱重工業ではありえないシーンを何度も見てきた。それはとてもささいなことも多い。たとえば年長者への口のきき方や、弱い者への目線や、女子社員の電話対応のひどさや、そういうことである。だが、それらに接するたびに「イヤな世界だなァ。先が思いやられるなァ」と思い、三菱重工業にいた方が安全だったと、実は何度も思った。

女優を目指して、今は芸者をやっている横川千はるは言う。

「今までの人生に後悔はありませんけど、ここに至るまでの間に、見なくてもいいものを見たという部分はあります。やっぱり、セクハラも含めておかしな人やあやしい人が近づいてくることは少なくなかった。私は自分のためにも、母のためにもしっかりと立っていたつもりですけど、流されても不思議はないと思いますね」

そういうことだと思う。「ちゃんとした企業」を飛び出して未知の世界に入ると、どんな人と出会うかわからない。私の場合はささいなことは別として、未知の世界でも「ちゃんとした人」とばかり出会えたが、驚くことにも遭遇した。たとえば、何かのイベントに出演した折、そのイベント会社が私たち出演者全員のギャラを持って夜逃げしたというケースも二回ある。また、見知らぬ男性から「秘書にしてくれ」としつこい売りこみがあり、断るために男性代理人に会ってもらったところ、「事業に失敗して借金があるので、作家名簿で片っ端から売りこんでいるが、みんな断られた。助けてくれ」と号泣されたこともあった。

もっと衝撃的だったのは、ある時、私の事務所に勤務していると嘘をつき、多額の借金を重ねていた女性がいたことである。

彼女をA子としておくが、私は彼女と面識はあったものの、つきあいはなかった。むろん、私の事務所に勤めたこともない。

ところがある時、複数の金融業者から、

「A子さん、いますか」

と事務所に電話がかかってくるようになった。いわゆる「サラ金」からである。

「そのような人は最初からいませんが」

と答えると、どの業者も必ず、

「どこにいるか、おわかりになりませんか」

と言う。何だろうと思っていると、ある日、一人の訪問客があった。その人は私の前に書類を広げた。見て驚いた。A子は金融業者や友人知人から多額の借金をしており、書類はその一覧表であった。そして、弁護士から債権者に宛てた手紙もあった。借金総額は二千五百万円を超えており、債権者名は三十人以上並んでいたと記憶している。

弁護士からの手紙には「債権者には月々、必ず分割で返済する」という旨が書かれており、貸した額に応じて一人一人の月額返済金が記入されていた。

その訪問者は私に言った。

「この手紙が来てから半年以上たちますが、一円の返済もなく、彼女の居所もわかりません。弁護士に連絡を入れたところ、弁護士に支払うお金も踏み倒して消えたそうで、もう手を引いたと言っていました。私はもうあのおカネは彼女にあげたものとして諦めましたが、内館事務所に勤務していると名乗っていたことをご存じないと思い、伺いました」

私はその訪問者によって、やっとすべての事情が呑みこめた。私はA子とつきあいがなかったので知らなかったのだが、かつては名の通った企業で働いていたという。そして、自分の夢を叶えるために飛んだ。

しかし、その夢はうまくいかず、運転資金として借金を重ねるようになったらしいと、訪問客は言った。町の金融業者の催促に追われ、A子はアルバイト先の金に手をつけた。それがバレて、またも別の金融業者から借りて返済し、穏便にすませてもらう。その繰り返しだ

ったらしい。その訪問者は、

「A子さんと私は親しかったんですが、他人の面倒みがよく、身を粉にして働くような人でした。だから私は借金にも応じたんですが、内館事務所にいないことを私は知ってます。でも、知らない債権者にはそう言ってたと最近わかって、びっくりして伺ったんです」

訪問者の言う通り、A子はきっと人望があったのだと思う。だからこそ、あれほど多くの友人知人が借金に応じたのだ。債権者の欄には「一万円」とか「三万円」という借金額が記入されているものもあり、A子がどれほどお金に困り、どれほど追いつめられていたのかがわかる。訪問者は、

「A子さんは土下座しました。うちの玄関の靴脱ぎに正座して額を床につけて『お願いですからお金貸して下さい』って。あのA子さんがそこまでするので、つい貸してしまった」

普通に企業から定収入を得ていれば、飛ぶことをしなければ、当たり前に幸せでいられた人であろう。他人の面倒みがよく、身を粉にして働くような人が、おカネで追いつめられると土下座もするし、踏み倒しもする。人間の弱さを、あれほど思い知らされた事件はない。

世の中には、特に若年層には「堅い」とか「真面目」とか「一生懸命」とかを揶揄《やゆ》する風潮がある。そうでないことが「洗練されている」ことだと思っているように感じる。だが、いかなるジャンルの仕事であれ、最後に残るのは「堅い」「真面目」「一生懸命」を実践する

人間だろう。

私は一九九六年に三菱重工業の元社長・飯田庸太郎（故人）と対談している。すでに社長を退き、相談役であったが、一九八五年に社長に就任した直後の話が印象的だった。当時、円が急速に強くなり、その円高の中にあって財テクに目を向ける経営者が多かった。対談で飯田は当時を振り返っている（『THIS IS 読売』一九九六年三月号）。

円が二百四十円から百六十円になった時に、あらゆる証券会社のトップが門前市を成して私の部屋へ来られたんです。それで「物づくりはバカだ。物なんか造って儲《もう》かるはずがない」「財テクをしないで物づくり業にこだわるのは、ちょっとセンスを疑われますよ」と言うんですね。それであまりうるさいものですから、私は「株で儲けようと思ったことはない。まして財テクなんてバカなことは考えたことはないんだ。おれは物を造って、世界の人に喜んでもらって、そして初めて儲けさせてもらう。だから、もう来ないでください」と言って、皆追っ払ったんです。

そして、企業として大切なことについては、次のように話っている。

一番必要なことは、常務でも取締役でも、悪いことをする人を出さないということ。今は、マスコミが寛大なために、たとえ一兆円金を使い込んでも、テレビの前で深々と頭を下げたら無罪放免。それで三菱重工が安泰でおられるのは、さっき言った海外調達、それから政府を当てにしない方針とともに、社内から悪徳役員を出さないということ。（中略）当社の場合、社内の規律といいますか、それが非常に適正に処置されています。

この内容は、私が退職した直後の動きにあたる。私はこういう「ちゃんとした企業」を飛び出し、夜逃げする会社や事務所のおカネに手をつける人や、そういう人たちと接することになったのである。「見なくてもいいものを見た」という気持になり、そして改めて「ちゃんとした企業」に守られていた安心感を思った。同時に社会の闇や怖さも知った。「ちゃんとした企業」には何と「ちゃんとした人」がいて、それが当たり前になっていることか。それに気づくたびに、「辞めなきゃよかったかも……」と思わされた。

相撲界には「力士はその番付の相撲しか取れない」という言葉がある。たとえば、大関だった力士の番付が平幕《ひらまく》に落ちると、平幕の相撲しか取れなくなるということである。ずっとみごとな大関相撲の技術や力を見せていたのに、それが失せる。さらに十両に落ちれば十両の相撲になり、平幕の力が出ない。幕下に落ちれば、元大関であろうと幕下の相撲しか取れなくなるということだ。

こう考えると、私自身のことも見えてくる。明日のわからない仕事をし、いつ追いつめられるかわからない。その時、私自身が流され、闇そのものになり、その番付の相撲しか取れなくなることはありうる。充実していた時には考えられないような行為や価値観に、何の違和感も持たなくなることはありうるのだ。さらに怖いことに、私が出会った「問題の人たち」は、すべて「おカネ」がからんでいる。事業の失敗にせよ多額の借金にせよ、おカネで身を落としている。定収入があるという状況を、「夢」だの「挑戦」だのという美しい言葉で軽く考えすぎてはなるまい。

代々木上原に念願の店を開いた池亀千鶴は、私が従姉ということもあってか、フランクにも店の売上げ通帳を見せてくれた。

「ね、ここ見てよ、ここ」

その日は「¥10、500」と記帳されていた。思えば、この売上げ高一万五百円の日に、私は、

「どう？　うまくいってる？」

と電話している。彼女はその時、

「いい日もあるけど、今はちょっと大変」

と答えた。それを聞いて、私は電話口で笑い飛ばしたのだ。

「何を言ってるのよ。オープンして何日もたってないんだもの、当たり前じゃないの」

千鶴も笑い出し、

「そりゃそうだわ。めげてられないわね」

と言い、陽気に色々な話をしたのだが、あの時が「¥10、500」だったのだと思い当たった。『リラ・フーセット』の品物はみんな手頃な値段で、私が見た中で最も高いのが三万二千円のバッグだった。一日の売上げが一万五百円では、仕入れにパリに行く旅費も出ないだろう。千鶴は笑って言った。

「毎日一万五百円だったらどうしようと思ったわよ。一万五百円の日は、さすがに飛ばなきゃよかったかなァって、ふと思った」

今はその愛らしい品々にファンもつき、

「こんなに淋しい数字の日はなくなったけど、でも私、店を開きたい人に簡単には勧《すす》められないなァ。私の場合は開店資金を借金しないですむ運があったけど、定収入じゃないんだもの、店は」

通帳を見ても、売上げは本当に波がある。その中から借金を返すとなれば、簡単には勧められないだろう。

「そう、おカネの問題は事前に考えてるより、はるかに大変だと思う。店の経営ってやり甲斐はあるし、楽しいけど、一万五百円の日なんて笑いごとじゃないの。私、節電しなきゃって思って電気を消して回ったもの。売上げがない日は、やっぱり萎えて、ちょっと後悔する。安定は大切だったなァって」

金銭とは関係のない局面でも、この「気持が萎えた」という言葉は何人かが口にしている。

智乃花は力士になった当日に、早くも、

「教師でいればよかった、失敗した」

と思った。彼は三月の大阪場所から力士になったのだが、教師として赴任していた山口市から、直接、大阪の立浪部屋宿舎に向かった。

「関取衆の体のすごさに圧倒されました。マワシをつける姿から風呂に入る姿まで見ていて、もう輝いているんですよ。体がピカピカしてる。四股を踏むにしても、もう地響きがするような四股ですよ。ズシーン、ズシーンってね。ああ、俺は甘かったと萎えました。ここまでとは想像してなかったなァって。こういうすごい人たちのいる世界で、自分なんかやっていけるわけがないと圧倒されました。で……無謀な夢なんか見ないで、教師やってればよかったんだと思いました、心底」

また、商社マンから飛んだ安は、妙にリアルな話をしている。

「辞めた翌朝っていうのは、ちょっとショックでしたね。ああ、今日から行くところがないんだ……って。それで、昼間に家の近所を歩けないんですよ。何か恥ずかしいというか、後ろめたいというか。僕が辞めたことなんて近所のみんなが知ってるわけじゃなし、たまたま今日は休暇取って歩いてることだってあるわけですよ。でも、自分でそういう思いになれないんですね」

それはそうだろう。昨日まではスーツに身を固め、外国語を自在にあやつり、巨大企業のオフィスに通うエリートだったのだ。それが、朝起きたら行くところもなく、仕事はまだまったく動いていない。自宅のリビングで新聞なんぞを読み、やがてサンダルばきで近くのコンビニに行ったりする。そんな自分の姿には萎えるだろう。

「ええ、辞めるっていうことはこういうことなのかって、初めて感じました。ですから辞めてみて、会社のすばらしいところはいっぱいわかりましたよね。あれほどの人数の社員に、給料を払い、保証していることもそうですし、何と人材の宝庫であったかということもです。非常にレベルの高い人材がふんだんで、会社は仕事のみならずすべてをイロハから教えてくれた。そういう人材と僕は一緒に大きな仕事を与えられていたんだと思いましたね」

私が「そういう時、辞めなきゃよかったと思ったか」と問うと、安はしばらく考えて言った。

「未練はなかったはずなんです。でも、本当に辞めちゃったけどいいのかなと思いましたよね。それはね、思いました。どうしようかなっていうね。辞めなきゃよかったなっていう、そうですね、そういう意味では未練ですかね」

今では安が見つけて、安が輸入した花々が雑誌を飾っている。それでも当初は、こんな揺れる気持もあったのである。

また、「将来を考えると、辞めなきゃよかったかなと思う」というコメントも目立った。

そのひとつには、

「自分が起こした小さな会社なんて、いつつぶれるか。将来は不安だ」

ということがある。

もうひとつは、ピークの短い仕事についた時の将来である。スポーツ選手はもちろんのこと、脚本家であれ、俳優であれ、デザイナーであれ、世の動きや感覚から外れてしまえば、そこで終わる。サラリーマンと違って、定年までは保証してくれる仕事ではない。人々が夢見る仕事というのは、一時は華々しくても将来が見えないものが多い。

相撲界であれほどまでに成功した智乃花でさえ、そう言って苦笑した。

「悔いはありますよ。やっぱり、人生って悔いますね。自分のやりたいことをやって、小結まであがって納得してるんです。でもね、引退しても自分はまだ三十代ですよ。じゃあ次に何をやろうかと考えた時に、何もない。難しいですよ。次の仕事が」

相撲界に残って親方になるには、株を取得しなければならない。株の数には限りがあり、誰でも簡単に手に入るものではない。それだけに、相撲界にずっと残るというのは難しいことなのだ。

「あのまま教師をやっていたら、何の苦労もなかったのになァってね」

そう言った後、智乃花は笑顔で断言した。

「だけど、あのまま教師をやっていたら、それはそれで絶対に悔いがあった。で、人生って何がいいかわかりませんよね。ですからとにかく、今やっていることを懸命にやり尽くすのが一番後悔がないと思いますよ」

スポーツ選手の「将来」の厳しさについては、長野ハルの言葉に実感がこもっていた。

「長いことマネージャーをやっていて、精神的に参ってしまうことがあるの。それはボクサーをやめた後に、幸せになっている子と幸せになっていない子がいることなんですよ。ですから今、すごく頑張っている子たちの将来はどうなんだろうって、そこまで考えちゃうと本当に精神的に参りますね」

ボクサーとして生きられる年月は、人生の中のほんの一瞬だ。もっと楽に安全な人生を送る手段を捨て、ボクシング界に飛びこんでくる若い男たち。不確かな夢に賭け、形にならずに散り、かつ将来も不幸な子たちを見ている長野の言葉は重い。

「でも、ボクサーとして成功しなかった子が社会に出て成功する例も多いんですよ。逆に社会でうまくいってない子でも、『マネージャーが一生懸命に生きていれば、いつかいいことがあるよって言ったから、自分はそれを守って一生懸命に働いている。いつかいいことがあると今でも思っている』って書いてくるの。私は本当にそう思っていますが、スポーツ選手は将来が大変ですよね……」

スポーツ選手に限らず、多くのリスキーな仕事はそうであればこそ、智乃花の言うように、「今やっていることを懸命にやり尽くす」しかないのだ。どこかで刹那《せつな》主義にならざるを得ない。それを好まない人は、「飛ばなきゃよかった」と必ず思うだろう。

プロボクサー榎洋之は、まさしく懸命な日々を送っていた。

これまで「ハードパンチャー」の名をほしいままにしてきた彼は、勝ち続けてはいるものの二〇〇〇年七月から二〇〇一年六月までの五戦のうち、三回が判定。以下に挙げた通り、デビュー以来、二〇〇一年六月までの戦績は十三戦十三勝で九KOという図抜けたものであるのだが、ノックアウト勝利を期待するファンやマスコミの目は少しずつ厳しくなっていく。榎洋之は判定勝利では喜んでもらえないのだ。ノックアウトから遠ざかっているのは、実は腰や拳の怪我も原因していたのだが、プロスポーツ界ではそんなことは理由にならないのである。

〈一九九八年〉
八月　vs中島浩愉（松田）四回戦デビュー
　一回一分二十秒TKO　一戦一勝

〈一九九九年〉
一月　vs西原崇（八王子中屋）六回戦
　一回一分五十四秒TKO　二戦二勝
三月　vs渡辺清（いわき協栄）八回戦
　一回三分一秒KO　三戦三勝
五月　vs西原崇（八王子中屋）五回戦
　一回一分三十九秒KO　四戦四勝

ここまですべて「一回KO」で来た榎は、常に「秒殺ルーキー」としてスポーツ新聞に取りあげられていた。そして、
六月　vs武本在樹（千里馬神戸）五回戦

判定　五戦五勝
これが初めての「判定勝利」である。本人は、
「一回KOを狙って、つい大振りになってしまった」
とコメントしているが、それを反省したのか、再びKO勝利が続く。
七月　vs松本陽一（白井・具志堅スポーツ）五回戦
五回〇分五十二秒TKO　六戦六勝
八月　vs増田尚久（ピストン堀口）五回戦
五回二分十二秒TKO　七戦七勝
十月　vs永田書林（本多）六回戦
四回二分十五秒TKO　八戦八勝
〈二〇〇〇年〉
七月　vs染谷勘太（東拳）六回戦
五回一分二十五秒TKO　九戦九勝
八月　vs堀茂雄（稲毛）六回戦
判定　十戦十勝

十月　vs平原直弥（三迫）八回戦
判定　十一戦十一勝

〈二〇〇一年〉
この年から榎は十回戦を戦い、六月には念願のメインイベンターとして登場。
一月　vsS・シッチャセイ（タイ国）十回戦
一回一分五十一秒KO　十二戦十二勝
六月　vs草間智之（三迫）十回戦
判定　十三戦十三勝（九KO）
何の文句もない戦績であるが、プロの世界は厳しい。特に聖地後楽園ホールのファンは目が肥えている。ヤジもきつい。
「榎ーッ、判定なら負けと同じだぞーッ」
「榎からKO取ったら何も残んねえぞーッ」
「秋田に帰れ」
「あー、退屈な試合だなあァ」
さらにこの頃、フェザー級では雄二・ゴメス（八王子中屋）の人気、評価が急騰《きゅうとう》していた。

アメリカ黒人の血を引く彼は、圧倒的なパワーとスタミナを誇り、十連続ＫＯ。あれよあれよという間に木村鋭景（帝拳）から日本王座を奪取し、早くも次期世界挑戦者候補とさえ言われ始めた。

強烈にゴメスを意識している榎でありながら、その頃、会心のＫＯ勝利に見放されており、苛立ちは大きかった。そんな中で行われたのが、前出の一覧表にもあるが、二〇〇一年六月二日の草間智之戦である。会場の後楽園ホールにはゴメスが観戦に来ていた。いずれは拳をまじえる榎を、視察しておきたいという意味もあっただろう。

当然ながら、榎はゴメスの目の前でＫＯ勝利を飾りたかった。それが逆に気合いを空転させ、草間にさんざん苦しめられることになった。草間は十一勝（三ＫＯ）八敗二引き分けという戦績のボクサーだが打たれ強く、今までただの一度もダウンを経験していない。さしもの「ハードパンチャー」の榎も、十回に右ストレートでぐらつかせたものの、ついにダウンを奪えなかった。そして、白いトランクスを鼻血で染め、大流血の判定勝利になった。

試合後、リングを降りた榎は、赤コーナーの最前列で観ていた私に気づき、血みどろの顔で寄って来た。そして言った。

「こんなもんです」

この日、私はＮＨＫの諏訪部章夫と一緒に観戦していた。諏訪部は朝の連続テレビ小説

『私の青空』のプロデューサーで、ワンシーンだけ榎をプロボクサー役として起用していた。その夜、私と諏訪部は「こんなもんです」が気にかかり、夜更けまで酒場の片隅で話しこんだ。

ところが、翌日のスポーツ紙には榎の強気発言が並んでいた。

「自分はKOしなければすべてがダメ。もっと練習します」(スポーツ報知)

「(ゴメスに)パンチなら負けない。ゴメスに勝ってスターになる」(秋田・さきがけスポーツ)

が、私も諏訪部も、

「こんなもんです」

の一言の方が本音のような気がしてならなかった。榎は今、もしかしたら「プロボクサーになんかならなきゃよかった」と思っているのではないか。十三戦十三勝九KOであっても、そう思っているのではないか。そんな気持がどうしても消せない。

本人が言っている通り、彼は常にKO勝利を期待される。それが減り始めている上、客席のゴメスの前でKOどころか一回のダウンさえ奪えなかったことで、緊張の糸が切れたのではないか。ファンやマスコミの変化をも感じているに違いない。

『高校三年生』で国民的スターになった歌手の舟木一夫が、作家の林真理子との対談の中で語っている(『編集会議』二〇〇二年二月号)。舟木はデビューからたて続けに大ヒットを飛ばし続けたが、次のように林に言う。

「(売れ続けると）売れて当たり前、ちょっと中ヒットくらいだと『おい、舟木もおかしくなったぞ』みたいな声が聞こえてきたりしてね。今でも下積み時代が一日もないってことが、僕の最大のウイーク・ポイントだと思っているんですよ」

これはおそらく榎にも当てはまる。進路に揺れることもなくプロボクサーの道に入り、舟木の大ヒットと同じようにKOを重ね続けた。とにかく、一敗もしていないのである。プロボクシング界で言う「アマチュアエリート」で、いわば下積み時代がない。負けて叩かれて這いあがってきたボクサーではないのだ。

舟木一夫はやがてまったくヒットが出なくなり、表舞台から消えていく。そして再び甦った今、その頃のことを林真理子とストレートにやりとりしている。

林　私も人気商売ですからお聞きしたいんですけど、やっぱり落ち目の時と全盛の時とでは、テレビ局や新聞社って待遇が違うんですか？

舟木　もうスポーンと、掌を返すっていう……。

林　ホントに？　そんなに露骨ですか？
舟木　露骨も何も、露骨かける百みたいな、感嘆するくらい見事ですよ。
林　そうですか。そこで人間が信じられなくなるということは？
舟木　それはなかったですね。

榎の場合はこれとは比べるべくもないが、その兆しを感じていたとしても不思議はない。むろん、榎はマスコミ受けのために戦っているわけではないが、「スターを目指す」と言い続けている榎がふと虚しさに襲われたとしたら、それはごく自然なことだろう。下積みのないアマチュアエリートが腰や拳の怪我を抱え、思うような戦いができない中でマスコミの扱いが小さくなり、ファンも離れていくことの兆しを、もしもとらえていたとしたら、

「プロボクサーに何の意味がある？」

と考えて当然だろう。

榎が突然、所属ジムの会長・鈴木真吾やトレーナーの木内勲に、

「ボクシング、やめます。秋田に帰ります」

と言ったのは、それからほどなくのことだった。第二章で触れた通り、秋田に帰ってしまった「事件」だ。段ボール箱に荷物を詰め、合宿所を出る準備を終えた榎は、仕事仲間やジ

ムメートたちに、

「お世話になりました。今までありがとうございました」

と挨拶し、秋田行きの列車に乗った。トレーナーの木内は、その車内から電話をもらった。

「そりゃ驚きましたよ。榎は誇り高いボクサーですからね。思い通りにいかないことが許し難かったんだろうと思いました」

この「思い通りにいかないこと」は、実はもうひとつあった。八月に北京で初めての世界ヘビー級タイトルマッチが予定されており、ジョン・ルイスvsイベンダー・ホリフィールドというビッグカードが発表されていた。角海老宝石ジムでは、その前座として榎の試合を組んだ。相手は鄭在光（韓国S・バンタム級王者）である。

ジムとしては、これから世界を狙う榎のためにも、こういう大試合の雰囲気を経験させたい思いがあった。木内は苦笑した。

「だけど榎にしてみれば、草間戦から時間がたってなくて、準備期間がないわけです。それなのにジムは勝手にそんなことをして、俺のことをその程度にしか考えてないのかって思ったんじゃないですかね」

これもうなずける言葉だ。

榎は荷をまとめ、みなに別れを告げ、秋田に帰った。第二章で書いたように、秋田で昔のボクシング仲間たちと会い、「やっぱり俺にはボクシングしかない」と、わずか一泊二日で東京に戻るのだが、当時の榎は「ボクシングをやる意味がわからなくなった」というところまで追いつめられていた。そこには「プロボクサーになんかならなきゃよかった」という思いもあったかもしれない。かつて、家族の猛反対を押し切り、自分の二つの拳だけで世界の頂点に立つと決めた夢に意味が見出せなくなったのである。世の中というところは、思い通りにはいかないと身にしみたはずだ。それは自分自身のせいもあったが、自分の力の及ばない何かもあったと、榎は思っていたのではないか。

自分自身にであれ、社会にであれ、ともかくどうしようもない理不尽な思いを抱えて、彼は秋田に帰った。この時の思いについて、榎は後に私に強気に言っている。

「やめたくて帰ったんじゃない。もう一度やる意味を考えるために帰ったんです」

だが、その一方で、ふと、

「もう体が動かなくて、ロードワークで無理に走ろうとしても膝が動かなかった。『ああ、運動はもう限界だ』と思った……」

とも言った。やめないつもりなら荷をまとめたり、周囲に別れを告げる必要はない。しかし、榎の言葉はどれも本当だろう。おそらく、もう理詰めで考えられなくなっていたのではないか。事実、榎は言っている。

「俺の言ってることがワケわかんなくて、たぶん、秋田の父チャンは聞かされても全然ワケわかんなかったと思います」

　ともあれ、整理のつかない状態で、榎は遠い北国の故郷までどんな思いで車窓を眺めていたのだろうか。七月上旬の東北路は、稲田が青々としている頃だ。故郷の山や川が、短い夏の陽を浴びて輝いていただろう。だが、荷物をまとめてみなに別れを告げた二十二歳の青年には、そんな風景は目に入らなかった。ただただ、ボクシングを捨てた自分と、ボクシングを失った後の空洞をぼんやりとみつめていたことは想像に難くない。

　というのも、榎自身が私に言った。

「俺、秋田の実家の玄関に入ってすぐ、泣いちゃったんですよ」

　榎は今までに二回しか泣いたことがない。一回は十五歳の頃、怪我のために入院し、二度とボクシングができなくなるかもしれないと医者に言われた時だった。そして、今回である。

　突然帰って来るなり泣き出した息子に、母の良子は一言だけ訊いた。

「どうしたの」

　榎は泣きながら答えた。

「兄貴に会いたい」

　長兄の隆之である。隆之こそが最も早くから洋之の素質を見抜き、末弟にボクシングをすすめた張本人であった。良子は泣きやまない洋之を車の助手席に乗せ、秋田市内にある隆之の勤務先に連れて行った。

その時のことを、今、榎は笑って言う。

「母チャンの車に乗って送られるのって、俺が高校さぼってる時に学校まで連れて行かれたのと同じ。それで兄貴と会って一時間くらい話して、夜は母チャンの作ったメシ食って」

その後、昔の仲間と会ったことが、再び榎をボクシングに戻したのだが、本当に自信を取り戻したのは帰京後に本望信人とやったスパーリングだった。

本望はかつて「パワフル本望」というリングネームで将来を期待されていたが、所属ジムとのトラブルで、一年間もリングに立てない状況を経験した男である。しかし、トラブル解決に伴い、角海老宝石ジムに入り、再びテクニシャンぶりを発揮していた。彼は後にS・フェザー級に階級を上げ、二〇〇二年八月に日本王座についた。だが、当時は同じフェザー級として、榎にとってはゴメスと同様に、強烈なライバル意識を持たざるを得ない存在だった。

トレーナーの木内は言う。

「本望といいスパーリングをやりましてね。あれで自信を回復したと思いますよ」

その通りだった。榎は自ら言っている。

「本望さんとやって自信が戻った。俺は自信があったからプロに入ったんだということを思い出したんですね」

　私は榎に確認してみた。

「今後、ボクサーにならなきゃよかったって思うことは、もうない？」

　榎は明快に答えている。

「あると思います。自信をなくした時はそう思うだろうし、もうやめようって思うことはある。ひとこと言えるのは、自信が揺らげばダメってことです」

『挫折と栄光――ボクサー浜田剛史の生き方』の中で、佐瀬稔は書いている。


　少年が、おのれを確立するのに絶対必要なのは、自信・自負だ。おのれにはなにがしかのことができる。だから試みなければならない、という思いがないことには、アイデンティティを確立することはできない。

（中略）

　このアイデンティティ確立の作業に失敗すると、現実生活で迫られる選択から逃亡したり、気力喪失の状態になる。

（中略）

おりたあとに残るのは無気力、空虚感だ。これは病気ではない。

この文章が、私には榎の一連の動きと重なった。そう、病気ではない。だが、苦しかったのだ。

考えてみれば、アイデンティティの確立は主に青少年期の悩みだ。しかし、ある年齢になってから飛んだ人たちは、新しい世界で再びアイデンティティを確立する作業に取り組まねばならない。それは青少年期に比較して、さらに苦しいことだろう。その中で、佐瀬の書く文章の状態に陥った時、

「やめなきゃよかった……」

となるのは道理である。

ともかく、榎洋之は再び戻ってきた。そして、北京で行われるルイスvsホリフィールドの前座戦に向け、懸命な調整に突入していった。

私はすぐに北京に住んでいた弟を通じて、ホテルと航空券を押さえた。ヘビー級の試合を観にラスベガスまで行ったことはあるが、近くの北京で観戦できるのは千載一遇のチャンスだ。それもルイスとホリフィールドである。榎は、

「俺の試合じゃなくて、そっちが目的か。だよなァ」

と笑うほど、彼自身の調整は順調に進んでいた。だが、七月二十七日、北京開催は突然流

れた。プロモーターやテレビ中継権の問題などが色々と取り沙汰されたが、榎の試合も当然なくなった。短期間で心身をその日に向けていた榎は、またも理不尽な理由でその努力と禁欲を無にせざるを得なくなった。

「しょうがないです。俺、このところ満足のいく試合してないし、色々とみんなに迷惑もかけたし、今はどういうことがあろうと、与えられた状況を受け入れて、ベストを尽くそうと思っています」

二〇〇一年八月四日、日本S・ライト級タイトルマッチ前田宏行対田中光吉の試合が行われた後楽園ホールのロビーで、彼はそう言った。私が初めて会った一九九九年からわずか二年、榎の顔は今、明らかに変わっていた。鍛えられ、ひとつの山を越えた男の顔だと思った。

その一方で、榎の父の清は興味深いことを言っている。

「ボクサーを見てると、みんな鍛えられた顔になってるんですよね。パンチで顔がつぶれたりという、そういうことも含めて、ボクサーの顔なんですよ。うちの息子も今にボクサーの顔になるんだろうなと思うと、それは男として悪いことではないんだけど、親にとってはつらいものもあります。何もそこまで厳しい仕事やらなくたって……とね。小さい時、女の子みたいに可愛い顔してたんですよ。洋之は」

そして、清は何気なくつけ加えたのである。

「親が少しでも長生きしてやらなくてはと、今、そればかりを思っています」

この言葉には虚を突かれた。そして、初めて気づかされていた。「安定」とは無縁の仕事についている息子や娘を持つ親たちは、多かれ少なかれこう思っているのではないか。よく病弱な子供やハンディキャップを持つ子供の親たちは、「私が少しでも長生きしなければ」と言う。そういう子供を一人残すのが心配なのは当然だ。それと同じように、安定しない道を選んだ子供を、親はこれほどまでに案じているのだと改めて考えさせられた。

親は日々老い、社会的にも身体的にも力を失う。成人した息子や娘に力を貸せるわけでもなく、役に立てるわけでもなく、それは親自身が一番わかっている。だが、そうであっても、不安定な子供を見守りたい。少しでも長く見届けたい。いつでも帰れる場所を保っておきたいと思うのだ。子供がいかなる仕事に就いて鍛えられようと、親にとっては幼く愛らしい時代の顔が常にあるのだと思う。鍛えられ、逞しくなっていくのは嬉しい反面、顔つきが変わるまで立派にならなくていいよ……と。

榎が今までに二回泣いた時の、母・良子の反応について榎自身が言う。

「十五歳の時、俺がボクシングできなくなるって時は、母チャンも一緒に泣いてました。だけど、今回は泣きもしないし、色々と聞くこともしなかった。動じないっていうか、兄貴のとこに連れてってくれて、あとメシ作ってくれただけ。まったくオタオタしなかった」

これは親心として象徴的だと思う。ボクシングをアマチュアでさえもやらせたくなかった母親であったのに、道を閉ざされた息子と一緒に泣く。しかし、プロになって泣くほど追いこまれた息子には動じず、手料理を作る。子供の顔つきが変化するのと一緒に、親の心持ちや姿勢も変化していくのだ。底に流れているのは常に愛情である。動じなかった母親は、やるだけやって挫折した息子を、このまま受け入れる覚悟でいたのではないか。

そんな親のあり方を思うと、たとえ失敗しようが、

「飛ばなきゃよかった」

という後悔こそが、何よりも親不孝かもしれない。と同時に、取材に応じなかった人たちを深追いしなくてよかったとも思った。彼らに後悔を語らせ、親の顔まで思い浮かばせる必要は感じない。

第五章　飛べばよかった

「飛ばなきゃよかった」という後悔に、身をさいなむ人たちがいる一方で、「飛べばよかった。どうしてあの時、飛ばなかったんだろう」と後悔する人たちもいる。

アンケートの中にも、そんな思いについて触れたコメントが数多くあった。

〈自分が何をやっているかわからない。理由がなく、生きる意味もわからず、勝ち組の人生じゃないと心の叫びがいまも、響いている。ただ、逃げている自分がいる。自分が描いていた理想の自分、生活が全然、違う。／23歳／現在は会社員（製造業）／夢は図書館司書／女／静岡〉

〈もっともっとはやくからそれに向かって努力をしていれば今よりもっと近付けたはずなのが判るから。／23歳／現在は販売職チーフ／夢は店舗企画／女／東京〉

〈大学受験に失敗し、滑り止めの短大を卒業して、適当に受けた会社で、残業に追われていたら、自然と「後悔」が襲ってきた。／26歳／現在は無職／夢は教師他／女／山梨〉

〈今は大した責任もなく、その代わり精神的にもゆとりのある日々を送っている。が、何の為に今まで教育を受け、頑張ってきたのか。自立して生きていくためじゃなかったのか、いつも自問自答している。多分、人生には正解がないからこんなに悩むのだと思う。でも、同じ悩むにしても、後悔ではなく、これからどう生きていくか、という悩みはまだ良い方だとも思っている。／25歳／現在はTV局事務／夢はスポーツメーカー勤務／女／東京〉

〈それがひとつの悔いとして残る限りは生きていてもそのことがネックになるからです。そうなってくると後は自分との戦いになると思います（昔はよかった、などと言い続けている大人と境界線を引きたい自分と、やはり世の中上手くはいかないものだなあ、と嘆いてしまいそうな自分との狭間に生まれる歪みとの戦いです）。／20歳／現

在は大学生／夢は出版／男／東京〉

〈中年の専業主婦である現在でも、このままの状況ではいやだと思いながら、色々な資格をとったりしては、納得しきれずに生活している。いったい自分は何なのか、いつも苛々している。／46歳／現在は専業主婦／夢はスチュワーデス／女／神奈川〉

「飛ぶ」ことも「飛ばない」ことも、難しいことなのだと改めて思う。揺れて当然だと改めて思う。

「飛ばなきゃよかった」と「飛べばよかった」と、どちらの後悔が深いだろう。飛んだ人の多くは、

「飛ばずに後悔するのはイヤ。飛んで後悔する方が納得できる」

と言う。それはそうだが、飛んで失敗した場合の後悔は、自分だけではなく家族の人生をおびやかす。まず金銭的な問題が逼迫《ひっぱく》してくる。生活費の捻出《ねんしゅつ》どころか、借金の厳しい返済に追われる場合もある。その結果、会社のお金に手をつけたり、踏み倒して夜逃げしたり、自己破産宣告を受けたり、落ちるところまで落ちた人たちを、私は現実に見てきたと第四章で書いた。「飛んで、する後悔」は予想よりはるかに厳しいことを忘れてはなるまい

と思う。

そして、もうひとつ忘れてはならないことは、「飛んで後悔した方がいい」と言う時点では、その時点では、誰しも希望の中で気力がみなぎっているということだ。それは今まさに飛ぼうとしている時点のことであり、失敗を恐れていない。むしろ、失敗するとは本気で思っていない。だから言える。しかし、いざ後悔した時の代償は実に大きい。

それなら、「飛ばずに、する後悔」の方が軽いかというと、後悔の質が違うように思う。「飛んで、する後悔」のように、借金だの夜逃げだのという破滅的な現象はない。ただ、「たった一度の人生を、生かしきれなかった……」

という、ジワジワと広がる後悔が毎日毎日続く。あの時、ああしていれば……あのチャンスになぜ賭けなかったのか……今頃は別の人生があったのに……何のために生まれてきたのだろう……あの時に戻りたい……と、そういう類の、しみるような後悔だ。アンケートコメントにあったように、「それがひとつの悔いとして残る限りは生きていてもそのことがネックになるからです」というものだ。落ちるところまで落ちる危険はないが、本人にしてみれば「落ちるところまで落ちても、飛べばよかった」と思うのではないか。人生を無駄にしたという後悔の激しさは、ある意味では「落ちるところまで落ちた」に等しい。

そう考えると、どちらの方がマシとは言えず、案の定、「飛べばよかった」という人たちも取材には応じてもらえなかった。

ただ一人だけ、仮名を条件に応じてくれた人がいる。名前を仮に「赤坂冬子」としておく。姓は私の事務所のある町名で、名は『幻冬舎』から一文字取っただけで、まったく意味はない。冬子は私の取材を受けるために、都内のホテルの一室にいた。私と話しているところを誰にも見られたくないからと、レストランの個室さえも拒んだ。

赤坂冬子は一九五〇年生まれで、五十二歳になったところである。彼女は私の友人と親しい。私は冬子に何度か会っているが、その良さがわかるまで時間のかかるタイプである。冬子本人が言っている。

「友達ができにくいの。性格がきつくてズケズケとものを言うから、嫌われるのよ。私にしてみれば、相手はそう言われるだけのことをやってるから悪いのよ」

私も、彼女が相手の弱点を容赦なく突く現場に居合わせたことがあり、身の置き場に困った経験がある。その時は私と友人が後に、

「冬子さん、何もあそこまで言わなくても……」

と言ったのだが、冬子は意に介さなかった。だが、親しくなると良さがわかる。面倒みがよく、涙もろく、情が深い。

冬子は中学校まで都内の公立で、高校は私立の女子高の普通科である。短大や大学に進む

気は最初からなく、高校卒業と同時に都内の大手企業に入社し、企画経営部（仮称）に配属された。一九六八年のことである。今、冬子は振り返って言う。

「仕事はバカバカしいほど楽だった。仮に企画経営部としてもらうけど、女にとっては一番ワケわかんないセクションよ。早い話が男子社員の補助と、あとはお茶くみとコピー取りくらいかな。だけど、どの部だって高卒女子の仕事なんてこんなもんよ」

高卒女子に限らず、当時の女子社員の扱いはそんなものだった。

が、冬子は入社五年目あたりから、このままではいけないと思い始める。愛社心は強い方だったが、私自身もそうだったように、何年勤めても仕事内容は入社当時と何ひとつ変わらない。冬子は私に毒づいた。

「ハッキリ言って、私よりできの悪い男がいっぱいいたわよ。私にやらせてくれれば、もっといい仕事するのにって、いつも思ってたわ」

二十三歳になっていた冬子は、結婚を考えないわけではなかった。

「だけど、ズケズケとものを言うから会社の男たちには敬遠されるのよ。私、結構いい妻になる自信があったんだけど、社内結婚って『迫るが勝ち』なのよね。私、必死に迫ってまで結婚したくなかったから」

同期入社の女子社員が次々と結婚退社していく中で、冬子は「結婚よりも先に、一生できる仕事を見つけたい」と思った。それは私もよく理解できる。私もそう思っていた。冬子はそのためには、自分に力をつけることだと考えた。ここまでは神奈川新聞社の服部宏と同じである。

「それで、専門学校に通い始めたの。何の専門学校かは書かないでほしいけど、私は資格を取りたいと思ったのよ。もちろん、専門学校には会社の帰りに行った。夜学よ。でも、これが私の第一の後悔。専門学校ではなく、きちんと昼間の大学に行くべきだったのよ、あの時」

このあたりの話をする頃から、冬子の表情も言葉も自嘲気味になった。思い出したくないことを思い出させられているという様子がハッキリと見てとれた。

その二十三歳の時、実は会社を辞めて大学に入ることを真剣に考えていたと言う。

「だけど、今さら大学に行っても意味ない気がしたのよ」

この言葉に引っかかった私は、質問した。

「どうして意味ないと思ったの？」

冬子は紅茶を飲みながら、あいまいに答えた。

「サァ……どうしてだろ。でも、意味ないと思ったのよ。大学の授業なんて中味がないって聞いてたし、大学は遊ぶところだって言うじゃない。そんなところに今さら行ったって意味ないもの。そう思ったんだわね」

私たちはとかく、ひとつの情報や噂を耳にすると、それを理由にして動こうとしない場合が多い。冬子の言う「大学の授業なんて中味がないって聞いてたし、大学は遊ぶところだって言うじゃない」という言葉もそうだ。確かに授業によっては中味がないものもあるが、いい授業もたくさんある。遊んでばかりいる学生もいるが、きちんと勉強している学生も当然多い。

こういう一方的な噂や情報をそのまま鵜呑みにして、行動を起こすことをやめるケースが多いのは、やはり自分が動きたくないからではないか。難しいことに向かって行動せずにすませるために、それらは好都合な噂であり、情報なのだ。

アンケートコメントにもそれはあった。

〈はじめは福祉職をめざしたが、現場ではどうにもならないことがあることを知り、他の道を探した。法律を志そうとも思ったが、現実の後追いで杓子定規なところがあることを知り、選ばず。／30歳／主婦／女／埼玉〉

このアンケートコメントは「学生時代に就きたかった仕事」についてのものだが、こういう情報や噂を早くも学生時代に聞き、選ばない理由にしている。「現場ではどうにもならないこと」や「杓子定規なところ」などは、あらゆる仕事にあるだろう。

私はこのアンケートコメントを思い出しながら、冬子のカップに紅茶のおかわりを注いだ。

やがて、冬子は言った。

「大学なんて意味ないって思ったこともあるけど、ホントは二十三歳にもなって十八の子と一緒に一年生っていうのもイヤだったのよね。何か億劫《おっくう》っていうか……。今になれば、五つくらい年下の子と机並べるのなんか何の問題もないってわかるけどね。あと、経済的に私立には行けないから、国公立でしょ。受験勉強しても合格するわけないもの」

そこで大学を諦め、無試験の専門学校の夜学に入った。当時は「各種学校」と呼ばれていたものだ。授業料は決して安くはなかった。冬子は資格を取って人生を変えるために、会社が終わると通学し、懸命に勉強した。

「でもね、高卒はハンデなのよね。私が取りたい資格は大卒だと一次試験が免除されるの。これは大きいわよ。大卒後に専門学校に来てた人も多くてね、その人たちは二次試験の勉強だけしてるのよ。でも高卒の私は一般教養とかゼロからやらなきゃいけないわけよね。聞いたこともないような三流や四流の大学を出ていても、一次は免除なんだからイヤになったわ。実務経験が一定期間あれば、高卒でも一次は免除されるけど、私の会社は実務経験にはならなかったのよ」

　冬子は専門学校に通い続け、会社から脱出したい一念で猛勉強した。自宅ではもちろんのこと、会社の昼休みも通勤電車の中でも常に勉強していた。当時の睡眠時間は平均して三時間くらいだった。

　この努力が実り、やがて一次試験を通過した。しかし、二次試験は二度受け、二度とも失敗した。約三年間もの間、がむしゃらに猛勉強しただけに、緊張の糸が切れた。

「それ以上やる根性はなかった。学校もやめて、受験もやめたんだけど、たとえ資格を取っても、高卒じゃ一国一城の主にはなれないだろうなんて、退却する理由を探すわけよ。どこかの事務所に入って使われる身じゃ、今と変わりないわとかね。そう思わないと、この三年近くの歳月は何だったんだろうと虚しくなるし。でも、今になると二回の失敗でやめちゃったことも後悔かな……」

　あの時、諦めが早すぎた気がすると冬子は言う。つまらない理由をくっつけて退却するよりも、もっと粘ってみれば何とかなったのではないかと言う。事実、高卒でも一国一城の主になっている人は幾らでもいたのだ。

「結局、根性がなかったのよ、私」

　そう言って、冬子は冷静につけ加えた。

「幾つも後悔があるわ。高校を卒業する時に、自分は何をやって生きていきたいかという明確な目標を持っていなかった。これがまず後悔。持っていれば、実務経験になる会社に行くとか、大学に行くとかしたわよね」

その言葉に、私は資生堂美容技術学校で会った生徒たちを思い出していた。強烈な目的意識を持ち、迷わずに美容の専門学校に入った人たちだった。

「もうひとつの後悔は、一次と二次の試験を受けるのにあれほど猛勉強した。あの猛勉強を大学受験に向ければよかったと思う。私、どうしてあの時、大学に行かなかったんだろうと、今でもものすごく後悔してるわよ。専門学校の授業料だってバカにならなかったし、大学を受けるべきだったのよ。三年近くも専門学校の夜学に通って、結局、私は何も手にできなかったわけよね。四年間大学に通えば、少なくとも一次免除の特典と、あと何か別の広がりがあったんじゃないかと思う」

そう言った後、冬子はゆっくりとケーキにナイフを入れた。そして、明るすぎる表情で言った。

「内館さんの本を読む人のために、私、これだけは言っておく。やらないための理由をくっつけちゃダメ。いくら大変でも、本当にやりたいことをやらないと後悔するわよ、一生。一生、後悔する。私はあの時、大学に行くべきだったと、五十を過ぎた今でも思うもの。あの時、本当にやりたいことは、大学に行くことだってわかってたのに」

　大学に行ったところで、果たして冬子が満足したかどうか、それは今は問題ではない。冬子の言う通り、多くの場合、自分が本当にやりたいことは自分でわかっているものである。だが、前述した通り、それが難しいことであったり、リスクを伴うものであったりすると、どこかでおじけづく。そして、やらずにすむ理由を探し、別の方向に転換しようと自分で仕向ける。それが問題なのである。

　冬子の言葉を受け、私は質問した。

「やりたいことをやらないと、一生後悔するって言うけど、失敗すると何もかも失う危険もある。つまり、成功と失敗の可能性は半々よね。それでも思う通りにやれって言う？」

　冬子は即座に答えた。

「やれって言う。私は実体験しているからわかるのよ。私みたいに後悔ばかりして、そこそこの人生を送りたい？　可もなく不可もなくの人生、内館さんなら送りたい？　失敗して全部を失ったって、ナンボのものかと思うわ」

　私は事務所のおカネに手をつけた女性事務員の話や、夜逃げした社長の話などをした。しかし、冬子は言った。

「それでも後悔ばかりの平和な人生より、ずっと生きてる実感がわくんじゃないかしらね。

他人様に迷惑かけるのは最悪だけど、私みたいな人生も最悪よ。……私、人生を失敗したと思ってる」

実は冬子がこう言い切るのには、理由がある。彼女の最大の後悔は大学受験をしなかったことではなかった。最大の後悔は、二十七歳の時に訪れている。

彼女は資格取得を断念し、専門学校も辞めた後で考えた。

「資格も学歴もない私だけど、仕事への野心はあったの。結婚よりも仕事をしたかったし、昇格や昇給も欲しかった。もし、企業が私を鍛えて育ててくれるなら、その間の給料は半分でいいと思ってたわ。社長になって取り戻すから。これも冗談とは言えないくらい、本当にやる気と野心満々だったのよ」

しかし、二十七歳の彼女はその言葉とは裏腹に冷静だった。学歴も特技もなく、もはや若くもない自分には何の売りもない。組織から飛び出して何かをやることは不可能だと考えた。社長になるのは冗談としても、やはり自分は組織の中で力を発揮する方が向いている。だが、今の会社では女子社員は、

「人間扱いされてなかった。表面上は大切にされてたけど、早く結婚退職してほしいって見え見え。今、思い出してみても優秀な女子社員がいっぱいいたのに」

という状況である。冬子は、組織に入るなら外資系しかないと思った。外資ならば、もっ

とリベラルにもっと正当に個人を評価してくれるだろう。そう思っていたところに、外資系企業の中途採用試験があることを知った。

「新聞広告で知ったの。それほど大きな会社ではなかったし知名度も低くて、まァ、ワケのわかんない外資系よ。でも東京の中心部にオフィスがあって、アメリカやヨーロッパの主要都市に本社と支社があったし、これは悪くないと思ったのよ。応募資格だって年齢、学歴、男女一切不問だったしね」

冬子は試験を受けた。男女同一テストで、十倍近い難関だった。そして、二名が合格した。そのうちの一人が冬子だった。彼女はとても信じられず、採用通知を何度も何度も見た。やっと自分にも運が回って来たと思い、

「メチャクチャ働こうと思ったわ。それで必ずアメリカの本社勤務になろうって、本当に飛びはねてた。燃えちゃって」

だが、結局、冬子はこの採用を辞退した。理由は簡単である。日本の一流大企業から外資系の企業に行くのが怖くなったのだ。冬子は私に幾度も「ワケのわかんない外資系」という言い方をした。冬子の思いは、私にはよく理解できる。私自身も、幾度も中途採用の内定を辞退したが、やはり「三菱重工業を辞めてまで行くほどの会社ではない」という思いだった。ましてや冬子の場合、外資である。今と違い、一九七〇年代半ばには「外資」はよほど知名度

がない限り、「ワケのわかんない」という見られ方も不思議ではなかった。日本の一流大企業を辞めて行くには、確かにひるむ部分もあったと思う。だが、自分を生かしてくれるのは外資しかないと、冬子は冷静に分析していたはずではなかったか。

「そうなのよ。でもやっぱり、自分に自信がなかったんでしょうね。何もできないんだもの。それで色々と考えちゃった」

この「考えちゃった」ことはすべて、外資に行かないための理由づけだった。

「私って鼻っ柱は強いのに、いざとなるとすごく臆病なのよね。飛ばない方がいいという理由をどんどん見つけて並べたわよ。外資は実力主義だから、クビを切る時も冷酷だろうとかね。日本の会社なら組合もあるし、守ってくれるでしょ。他にも実力主義で死ぬほど働かされるだろうとか、もし病気になっても日本の企業みたいにフォローはしてくれないだろうとかね。不況になれば、日本支社は閉じるだろうし、その時は保証なんかないだろうとか……自分でどんどん悪いことを勝手に考え出すわけよ」

さらに、父親の一言が大きかった。父親は昔の尋常小学校卒業後、商家に奉公した。その後、のれん分けされ、ずっと商売をやっていた。

「父親の店なんて小さくて小さくて。で、父は苦労してきたの。私の勤務先が自慢の種でね。私が外資に合格した時、『自慢だったのにな、俺』って言ったのよ。ポツンと。その時、ああ、外資はやめたと思ったのよ。それこそ、内館さんの言う『背中ポン』だったわね。入社を辞退したら、何かスッキリしちゃって、このままが一番いいんだって改めて思った」

それから約二十五年の歳月が流れ、冬子は今年五十二歳になった。今は社員三十人程度の子会社にいる。父の自慢の大企業から移籍を命ぜられたのは五十歳を少し過ぎた頃だ。肩書きは「課長」だが、部下はアルバイトを含め二人しかいない。この二十五年の間に、冬子は見合い結婚をした。だが、結婚生活はわずか一年半しか続かなかった。子供はいない。

「結婚しても会社を辞めなかったことだけが、私の幸運よ。辞めてたら、離婚した後、暮らせなかったわ。でも、結婚してしばらくたった頃から、私は色んなセクションを転々とさせられたのよ。会社としては退職させたかったんでしょうね、きっと。回ったセクションは離婚後の分も入れると総務、電算機室、厚生、営業、数え切れないなァ。あ、営繕と原価経理にもいたわ。どこでも雑用よ。私の顔を見れば、上司は『そろそろおめでたかい？』とか『子供できたら、辞めるの？』とか。女子社員の回転をよくしたいっていうのがハッキリ見えたわよね。会社としては若くて安い給料の女子社員の方がいいもの。どうせ雑用なんだし。だけど、こっちはおめでたの前に離婚しちゃった」

そんな中で、外資系に行かなかったことが大きな後悔となって、冬子を苦しめた。その決定打となったことが、週刊誌で見た小さなコラムだった。それは冬子が辞退した外資系で働く女子社員のインタビュー記事だった。その女子社員は一年のうち半分近くを海外で働く。記事はバリバリと活躍する様子を伝えていた。そして、彼女は冬子と同世代でありながら、二倍近い年収を誌上で語っていた。

「ショックで体が冷たくなった。あの時、入社していれば、私もそうなれたかもしれないと思ってね。私は外資の入社を辞退した後、大企業で便利使いされて転々としていたから、ずっと後悔はしてたの。でも、あのコラムは決定的。打ちのめされた。その人の写真も出ていたけど、いい服を着て、おしゃれで、すてきだった。今でも思い出せるわ」

その後、「男女雇用機会均等法」などの社会的変化の中で、冬子の会社も女子管理職を作らざるを得なくなった。そして、冬子は四十代に入った頃、「スタッフ主任」（仮称）の役職についた。四十代と五十代の女子社員が同時に数名、この「スタッフ主任」になった。

「それまではなかった役職なのよ。ラインの主任は部下がいるけど、ラインじゃないから『スタッフ』ってことなんでしょうね。ま、女たちに役職をくっつけるための、苦肉の策よ。仕事は一般ＯＬと何ひとつ変わらないしね」

それでも初めて持たされた名刺の嬉しさは、今も忘れられないと言う。私が勤務当時の三菱重工業でもそうだったが、男子社員は入社と同時に名刺を持たされ、女子社員は定年まで誰も持っていなかった。

　こうして、「スタッフ主任」を約十年やった頃、冬子は肩を叩かれた。子会社への移籍命令である。

「五十歳をちょっと過ぎた頃のことよ。『移籍』だから、親会社を辞めるわけよ。私、父の自慢だった親会社にもう籍はないのよ。今はこのちっぽけな会社だもん、不況の中、いつつぶれたっておかしくないわ。ね、笑っちゃうわよね。私は野心なんて年齢と共になくなって、ますます一流大企業にしがみついて、安定と安全を狙って。それで結局は出向よ。何だったのかなァ、私の人生……って思うわよ」

　そこまで言う冬子に残酷だとは思ったが、私は訊いた。

「飛べばよかったって思う？」

　冬子はうなずき、しばらく黙ってから言った。

「飛べばよかったどころじゃないわ。やり直したいわ、人生。そうね、中学二年生くらいからやり直したい。そしたら目的を持って高校を選び、目的を持って大学に行く。そして目的の仕事についてバリバリやるわよ」

　冬子と話しているホテルの一室は、かなり薄暗くなっていた。話に夢中で灯をつけることを忘れており、私は立ち上がって部屋中の灯をつけた。冬子はくたびれきった顔をしていた。思い出したくもないことを、吐露させられたせいだろう。私が、

「下のレストランで、おいしいもの食べようか。個室でもやっぱりイヤ？」

と言うと、冬子は笑顔でかぶりを振ったが、立ち上がらなかった。そして、なおも言った。

「飛べばよかったという思いは、本当にみじめなものよ。取り返しがつかないって焦ったり、危険なことをやるよりこれでよかったのよって思ったり……そのシーソーなのよね。それも本心では飛べばよかったって思っているのに、これでよかったのよって無理に言い聞かせてるんだから。疲れるし、みじめよ。男でも女でも、飛んでみた方がいいわ。そう思う。女優を諦めて芸者になった彼女、いい人生よね」

私が話した横川千はるのことを、冬子は何度となく「いい人生」と言った。しかし、冬子はまだ五十二歳である。社員年齢としては晩年に入っているにせよ、人生八十年にはまだ三十年近く残している。あまりに暗く考えすぎではないだろうか。まだまだ可能性は十分にあるし、ボクシングだってワンチャンスをものにして、相手をマットに這わせる。それまでずっと劣勢だったボクサーが、ワンチャンスで世界の頂点に立ったりするのだ。だが、私は口に出せなかった。冬子の話があまりに重く、うわっつらの慰めに取られそうな気がしたのだ。しかし、私は慰めではなく、本心から思っている。人生には逆転のワンパンチが必ずあるのだと。私は相撲やプロレスやボクシングを愛し、何がよかったかと言って、逆転を心から信じられるようになったことだ。数えきれないほど、逆転の勝利をこの目で見ている。

「そんなものはマグレか、出来レースだ」

と言う人もあろうが、そう考えることがすでに頽廃《たいはい》である。頽廃からは芸術と文学は生まれても、他の何ものも生まれない。

「ごはん、食べに行こうか」

冬子は化粧直しをすませ、自分からそう言った。その時、唐突に打ち明けた。

「私ね、来年四月で退職するの。定年前だけど、今やめると退職金が多く出るのよ。それで従妹と商売を始めるの。その話もちょっと聞いてほしいわ」

その時の晴れがましい表情は、化粧を直したせいばかりではないと思った。しかし、若いうちからずっと飛べずにいた冬子である。飛べばよかったと後悔し続けていたにせよ、五十歳を過ぎてからなぜ、飛ぶ決心ができたのか。私は一瞬、冬子が嘘をついているのでは……と疑った。彼女自身が「みじめ」と言う人生を長時間にわたって語った今、最後くらいは嘘のひとつでもついて、景気よく締めようと考えたのではないか。そのくらい唐突で、ありえない話だった。

「従妹が前から商売をやってたの。それでもう少し大きく、もっと洗練させて、二人でやり直そうってことになったの。私に決心させた一番の理由は、年齢よ。年齢と関係ないところで生きたかった」

冬子は四十代の頃から、何かというと周囲から年齢のことを言われるようになっていた。それもストレートに言うのではなく、冗談めかして笑われる。たとえば、有名な歌手の有名なヒット曲の話になると、

「冬子さんはその頃、小学生？　なァんてことないよな。もう入社してたよな」

という風だ。私もこういう経験は十二分にしている。三十代で退職した私でさえそうなのだから、四十代だった冬子はもっとやられただろう。若い彼らはこういう言葉をジョークだと言い、悪意はないと言いたがる。だが、悪意はある。年齢のことを言えば、相手はペチャンコになることをわかっており、いわば伝家の宝刀である。溜飲《りゅういん》を下げたい時にはそれを抜く。だが、今はそれらも「セクハラ」とみなされ、私は減っているものだと思っていた。

「現実には減ってないわよ。不況で男たちもストレスがたまるから、弱い者いじめするわよ。若い子もそう。だって、どんなに強気のイヤなお局《つぼね》だって、年齢のこと言われるとグッとくるから、いい手口なのよ。そりゃ、セクハラとして訴えればこっちが勝つだろうけど、訴える人なんていないわよ、普通」

冬子が五十歳を過ぎると、年齢の話はさらにきつくなった。現在の子会社での状況だ。

「すぐ言われるのよ。『そろそろ、後作《あと》っといてくれよな』って。定年が近いんだから、若い人に仕事を引き継いでくれってことよ。『じき定年なんだから、後作ること第一にしてく

れよ』ってストレートに言われることもしょっちゅう」

冬子は居場所がなくなりつつあることを感じ、五十八歳の定年までまだ間があるにもかかわらず、

「チクチク、チクチク年齢のことを言われて、本当につらかった。私自身は年齢のことなんて考えてないのに、周囲は言う言う」

と苦笑した。

私の女友達も、私の前で悔し涙を流したことがある。彼女が残業していると、若い課長が来て言ったそうだ。

「残業より、今から老後の趣味を見つけておく方が大事なんじゃないですか？　定年が近いんだし、のんびりしてられないでしょ」

冬子もそんなことを言われる中で、またも「あの時、外資系に行っていれば、今頃はニューヨーク勤務だってありえたのに。給料だって……」と思い、二十五年も昔のことなのに何もかもイヤになるのだと言う。

冬子が会社を辞めて従妹と商売をしようと決めたのは、現在の子会社に移籍した後の「事件」であった。

その日、親会社から三十代の男女が二人、打合せに来ていた。二人とも冬子とかつては同

じセクションにいた人間である。二人は、現在の冬子の上司と打合せを始めた。上司は冬子よりずっと若く、やはり三十代である。冬子は「課長」の肩書きはあるものの、雑用ＯＬである。打合せ中の三人にお茶をいれ、運んでいこうとした。その時、つい立ての向こうから、親会社の男女二人の声が聞こえてきた。

「どうですか。うちのバアサン、頑張ってますか」

「ヤダァ！　バアサンなんて悪いわよォ」

すると、冬子の上司が言った。

「いや、頑張るから困るんだよなァ。バアサンはもっと他にやることあるだろうって」

「あるある、老人ホームの下見とか」

「あッ、俺、そこまで言ってないからな」

ワァッと笑いが起こる中、物かげにいた冬子は血の気が引いた。自分が陰でバアサン呼ばわりされていることをハッキリと知った。少し時間を稼いでからお茶を運ぶと、彼らは何ごともなかったかのように、にこやかにお茶の礼を言い、

「赤坂さん、子会社に来たら何かイキイキしてるみたいですね」

と言った。冬子は笑顔で受け流し、席に戻って自分もお茶を飲んだ。

「あの時、もう限界だと思った。自尊心をズタズタにされてまで居る所じゃない。ハッキリ

と思ったわ。たぶん、年齢に関してチクチクとやるのは、うちの会社だけじゃないと思うの。だから、思った時に思ったように飛べと言いたいのよ。企業なんて年齢と共に居づらくなるんだから」

「総合職」や真のキャリアウーマンたちの現実はわからない。ただ、かつての私に「早く辞めないと、私みたいになっちゃうわよ」と言った五十代のＯＬは、あの当時、面と向かって、

「バアサン、コピー頼む」

「バアサン、お茶くれ」

と、男子社員の一部に言われていた。そういうことを平気で口にする時代だった。むろん、「セクハラ」などという言葉さえなかった。私は二十代だったが我慢できず、そのうちの二人に喧嘩を売ったことがある。

「あなたたちだって、すぐジイサンになるのよッ。何よりも会社でバアサンって呼ぶのはおかしいわよッ」

男子社員は二人とも強気のエリートだった。野心満々のエリートだった。二人は笑いながら答えた。

「愛称だよ、愛称」

「そうだよ。愛称だってこと、バアサンだってわかってるよ。だから怒らないだろ、本人

は」

私は冬子の話を聞いた後で、三菱重工業時代の女友達に電話を入れた。あの強気のエリート二人は、今どうしているのかと思ったのである。女友達は電話の向こうで言った。

「二人ともとっくに子会社よ。重工籍なんてとうの昔にないわ。定年よ、そろそろ」

ああ、人生は短いと思った。人生は虚しいとも思った。野心満々の、あの強気のエリートが今は子会社で定年を待っている。私は人を人とも思わなかった時代の、二人の艶々した頰を思い出していた。

ともあれ、冬子は従妹と商売を広げることになり、すでに心は完璧に会社から離れている。

「父と母も亡くなって、失敗したって誰も悲しまないし、すごく楽なの。こんな年齢になってから、新しい道を歩くっていうのはどこか楽よ。失敗したって、どうせすぐ死ぬんだから。若い時だと死ぬまで時間があるからねえ。大変よォ」

冬子は本気とも冗談ともつかぬ口調で言うと、舌平目のムニエルをおいしそうに食べた。話すだけ話したらスッとしたのか、レストランは個室でなくていいと言っていた。

冬子が私の取材を受けたのは、次なる道を決めていたせいだったのではないか。何もかも話し、話すことで過去のものとする。そんな作業には、私の取材がうってつけだったように思えてならない。

すっきりした表情で白ワインを干す彼女を見ながら、私は赤坂冬子という盛りを過ぎたボクサーが、第二ラウンドで逆転のカウンターを放つシーンを思い描いていた。

第六章　死　そしてタイムリミット

――人生は何歳までやり直しがきくか――

人生は何歳までやり直しがきくか

私は学生の頃から、清岡卓行の詩が好きだった。初めて出会ったのは高校の図書室だったことを、今でもはっきりと記憶している。その清岡卓行に、こんな詩がある（『清岡卓行詩集』思潮社）。

ある四十歳

煙草を吸わなかった少年の頃の
澄んでいた空の青さが恋しくなり
ある日ふと　煙草をやめる

音楽を浴びていたその頃の皮膚感覚が
夏の海の中で　不意によみがえり
ある日ふと　音楽会へ通いはじめる

すべての職業の滑稽さを知りながら
その頃夢みた仕事への悲しみのため
ある日ふと　職業を変える

学生時代にはわかるはずもなかったが、今になると、この詩は体にしみ入る。澄んでいた空の青さも、音楽を浴びていたその頃も、年齢と共に失ってしまった。しかし、その頃には知り得なかったすべての職業の滑稽さを、今は知っている。私はそれは頽廃だと思う。だが、人はそうやって枯れていくものかもしれない。

ここに、それを裏づけるアンケート結果が出ている。

〈あなたがあなたらしく生きていく上で、一番大切なことは何ですか？〉

この質問に対し、二十代から五十代までの各年代とも上位二位が「夢」と「家族」である。だが、年代によって、その占める数字の変化が興味深い。

生きていく上で、「夢」が何よりも大切という数字は、四十代が四十三・〇パーセントと際立って高い。これは非常に意外であった。私は若いほど「夢」と答える人が多いと思っていたのだが、若い年代は「恋愛」「趣味」「仕事」など多くのことに数字が分散した。まずは目先の楽しいことに没頭するということかもしれない。

そして、さらに衝撃的なのは、五十代になると一気に「夢」が十七・〇パーセントに落ち込み、「家族」と逆転することだ。五十代が「夢」の占める数字が最低であることは予測がついたが、それにしても四十代の半分以下まで下がるとは考えなかった。

おそらく、四十代は夢に賭けるリミットの年代としてとらえられているのではないか。四十三・〇パーセントという数字の向こうに、夢を叶えるための最後のチャンスとして動き、もがき、努力し、渾身《こんしん》の力を傾ける四十代の姿が浮かぶ。

〈あなたがあなたらしく生きていく上で、一番大切なことは何ですか？〉

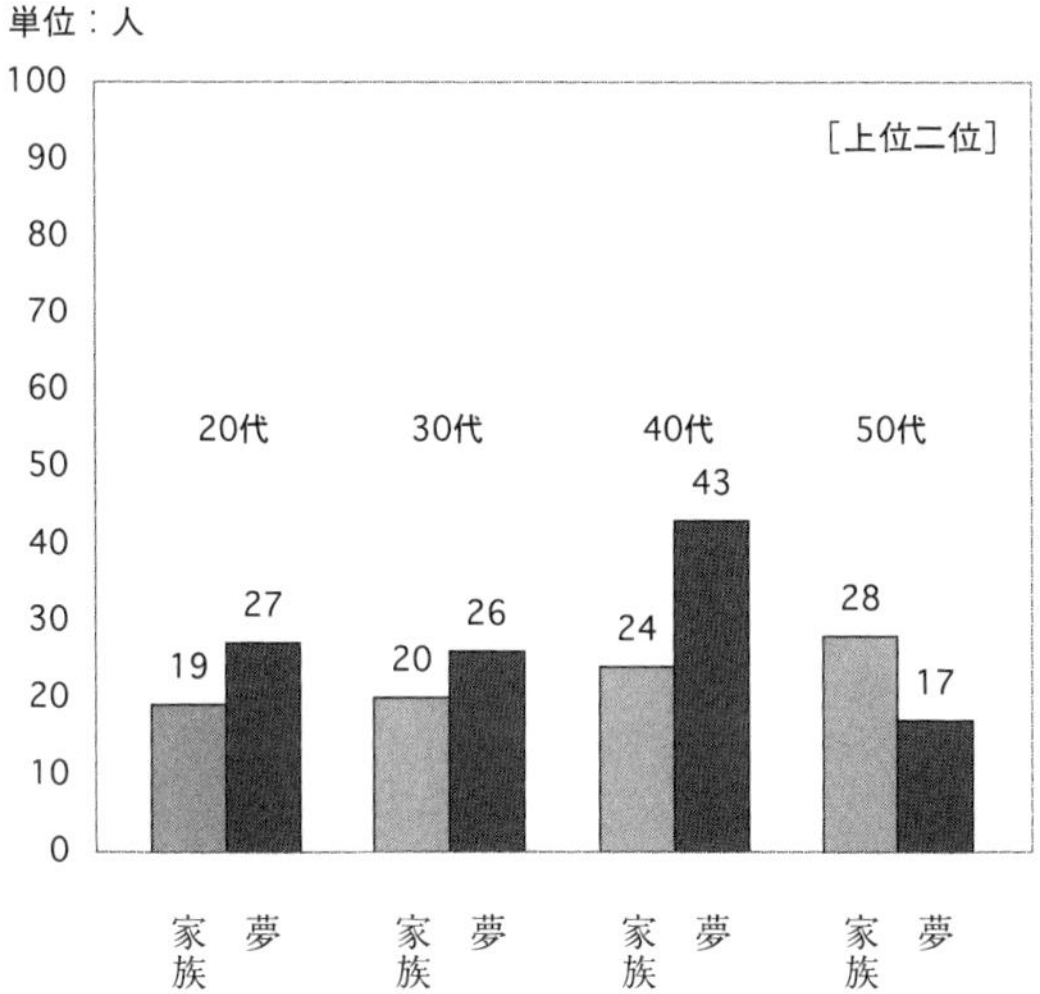

そして、五十代は余生への助走に入るということではないだろうか。人生八十年の今、これはいかにも早すぎるが、アンケートの数字からはそう読み取っても不思議はあるまい。四十代で夢を叶えた人たちは、五十代では敢えて「夢」と答えないことはあろう。だが、四十代でもがき、努力したものの思うように運ばなかった人たちが、最も大切なものはやっぱり「家族」だと気づき、戦いすんで静かにそこに帰っていく。そんな数字とも考えられる。それは「余生」への穏やかな助走と言えないだろうか。

清岡卓行に「冬のレストラン」という詩がある。その中に、年齢について書いた部分がある。前出の詩集より、その部分だけを抜粋する。

――十九歳から二十歳になるときが
一番絶望的で　甘美で
真珠の中には　それよりも大きな
水蜜桃がかくされています。
二十九歳から三十歳になるとき
おつぎはもう四十歳とあきらめ

暴風雨の中に　ぼくはせめて
音楽の沈黙を聞こうとしました。
ぼくは奇妙なメタフォールまじりのせりふを
内心深く恥じながら　付け加えたのだ。
——だから　四十歳になるとき
おつぎは五十歳だと観念する
にちがいないと　思ったのですが
そのとき　実際に感じたことは
ぼくはもう死ぬんだという
ごくありふれたことでした。

五十代で「もう死ぬんだ」と思うか否かは別にして、余生への助走は数字としてとらえられるし、死は少しずつ現実的なものとなって近づいてくることは確かだ。
そんな中で、人間は何歳までなら人生をやり直せるのだろうか。何歳までなら「その頃夢見た仕事」に挑戦可能だろうか。現在の安定や持てるものを捨てても、夢に賭けられるものだろうか。むろん、「叶える」という成功を大前提としてのことだ。

まずは、アンケート結果である。

〈学生時代に夢見た仕事にもう一度挑戦するとしたら、何歳までやり直しがきくと思いますか？〉

これも上位二位を紹介する。

これまた、各世代の第一位が「やり直しは何歳でもきく」になるとは思わなかった。「本当にみんながそう考えているのだろうか」と思う。それほど、各世代そろって第一位である。

私はこの答には、「やり直しは何歳でもできるはずだし、そうあってほしいし、そうあるべきだ」という理想が多分に反映されているのではないかと考えている。私はむしろ、各年代とも第二位の年齢に本音が出ているように思う。

二十代の第二位が「三十一歳から三十五歳」と、各世代を通じて最も高い年齢であることが興味深い。二十代にとって、「三十五歳」という年齢はまだまだ先のことであり、特に二十代前半の人たちには現実性がない年齢だろう。当然、それまでにはチャンスや挑戦の可能

〈学生時代に夢見た仕事にもう一度挑戦するとしたら、何歳までやり直しがきくと思いますか？〉

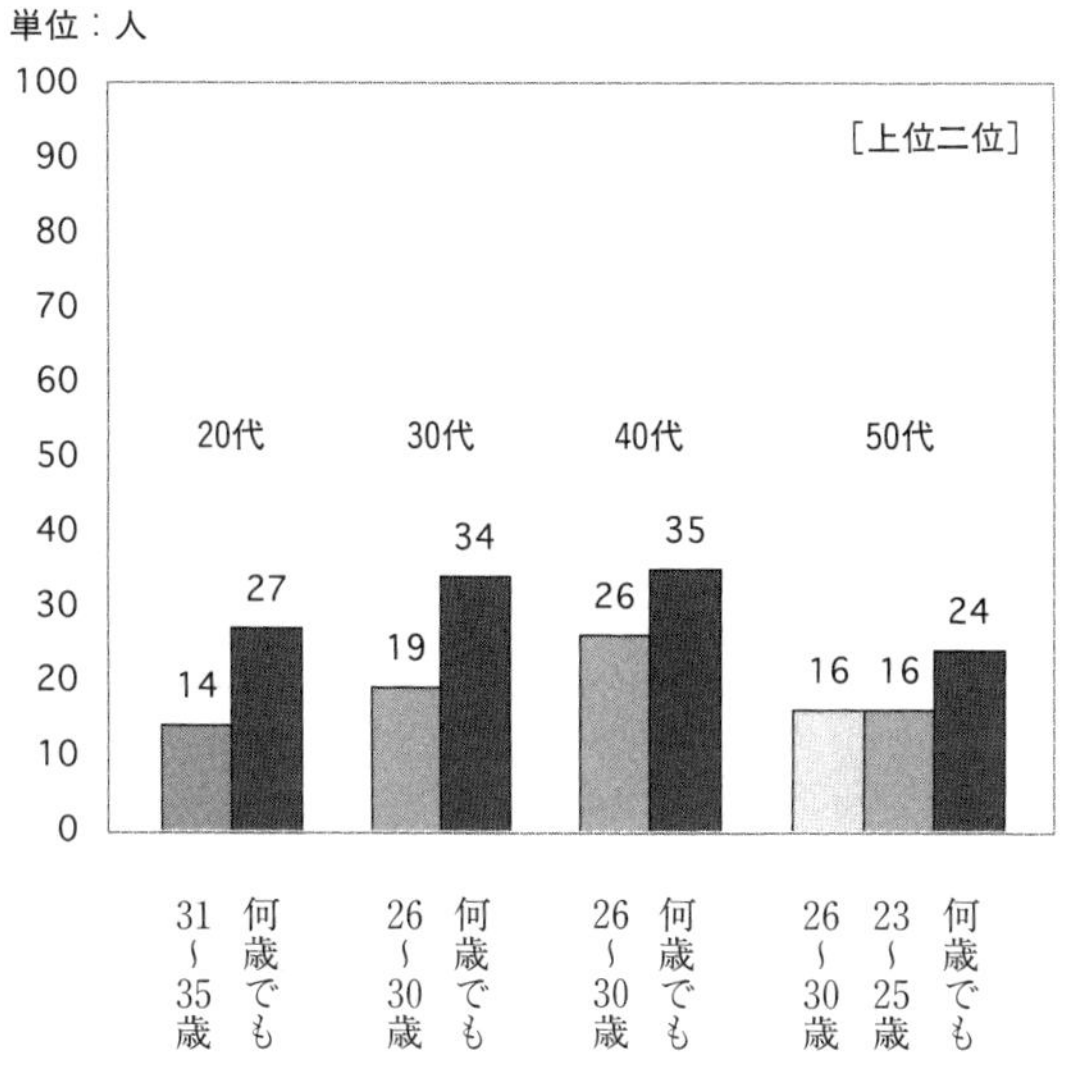

性も準備期間もたっぷりあると考えているだろうし、「三十五歳」という年齢は、まったく違う自分になるには十分すぎるほどの時間なのである。「春秋に富む」とはこのことだと、数字を見て改めて思わされている。

ところが、年代があがるにつれ、自分を取り巻く現実がわかってくる。三十代になると「二十六歳から三十歳」が、やり直しのきく期間だとなる。これはつまり、三十代の人たちが「三十歳までにやっておくべきだった」と、いささか後悔をにじませての回答だろう。

四十代になると、その「三十歳までにやっておくべきだった」の思いがさらに大きくなり、「二十六歳から三十歳」という数字が三十代より七・〇ポイントも上回っている。さらに五十代になると、同率で「二十三歳から二十五歳」という回答も二位になり、年代があがるごとに「若いほどやり直しがきく」という実感が読みとれる。

面白いのは、「四十一歳以上でもやり直しがきく」と答えている数字である。それは五十代が群を抜いて高く、四十代がゼロである。五十代は過ぎ去った四十代を思い起こし、「今にして思えば、あの頃だったらまだやり直せたのに」と考えたのではないか。そして、五十代の今、「その頃夢見た仕事」そのものに挑戦するというよりも、形を変えて携わることの可能性を抱けるようになっているようにも見える。プロのミュージシャンにはなれないが、アマチュアでバンドを組もうとか、小説家にはなれないが、同人誌を作ることにしたとか、

〈学生時代に夢見た仕事にもう一度挑戦するとしたら、何歳までやり直しがきくと思いますか？〉

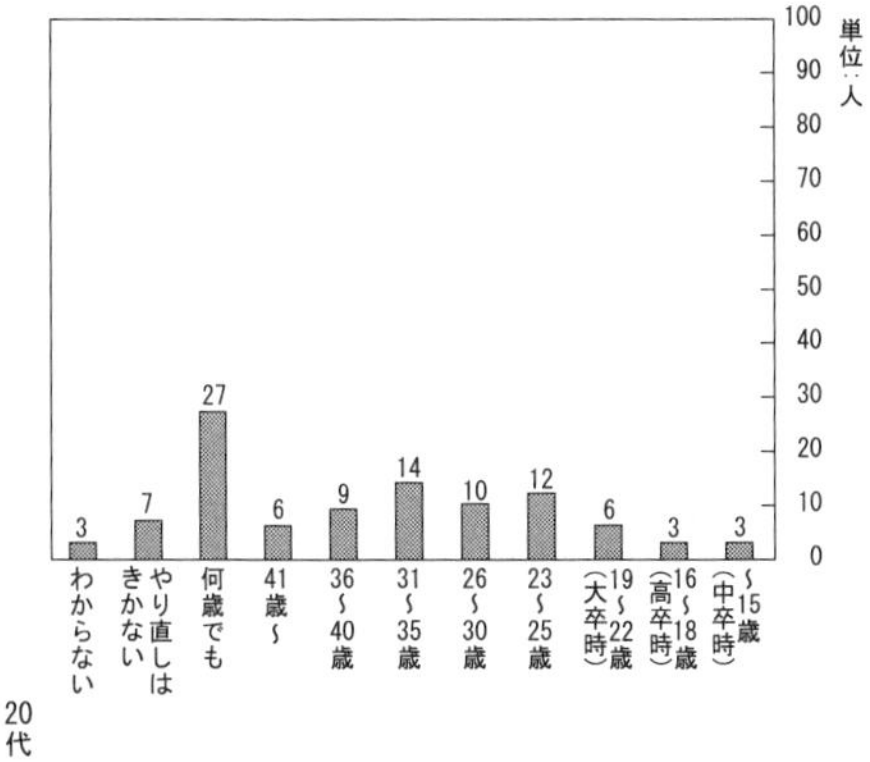

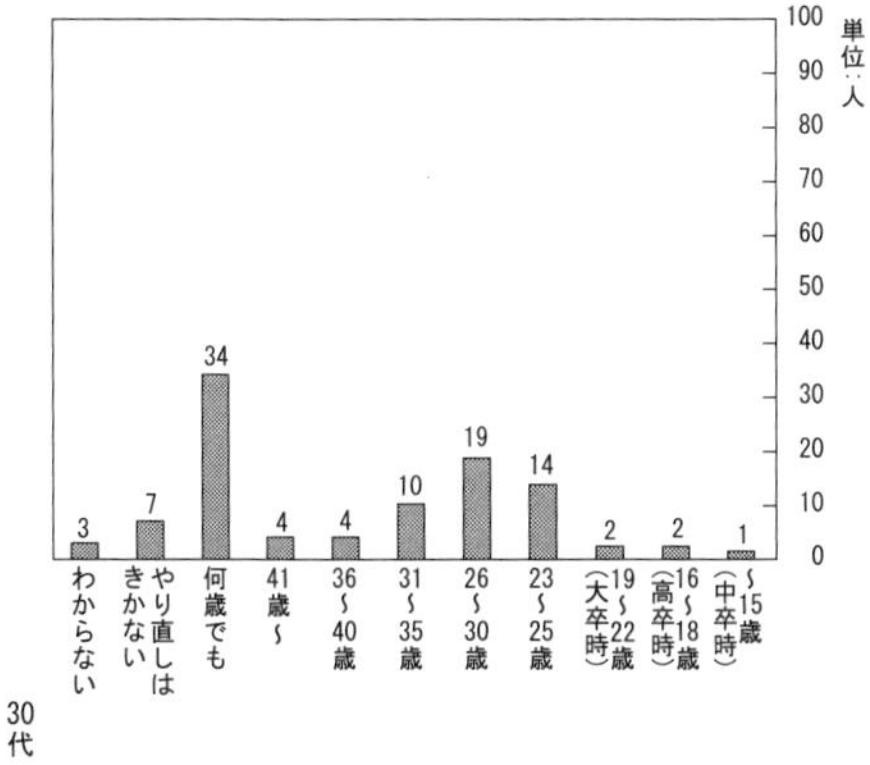

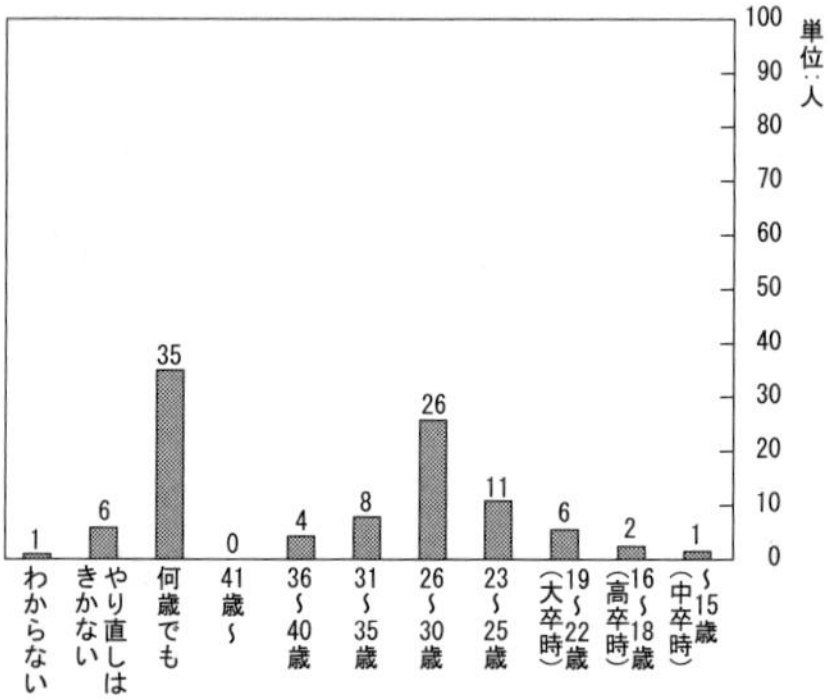
単位：人
100
90
80
70
60
50
40
30
20
10
0
1
6
35
0
4
8
26
11
6
2
1
わからない
やり直しはきかない
何歳でも
41歳〜
36〜40歳
31〜35歳
26〜30歳
23〜25歳
19〜22歳（大卒時）
16〜18歳（高卒時）
〜15歳（中卒時）

40代

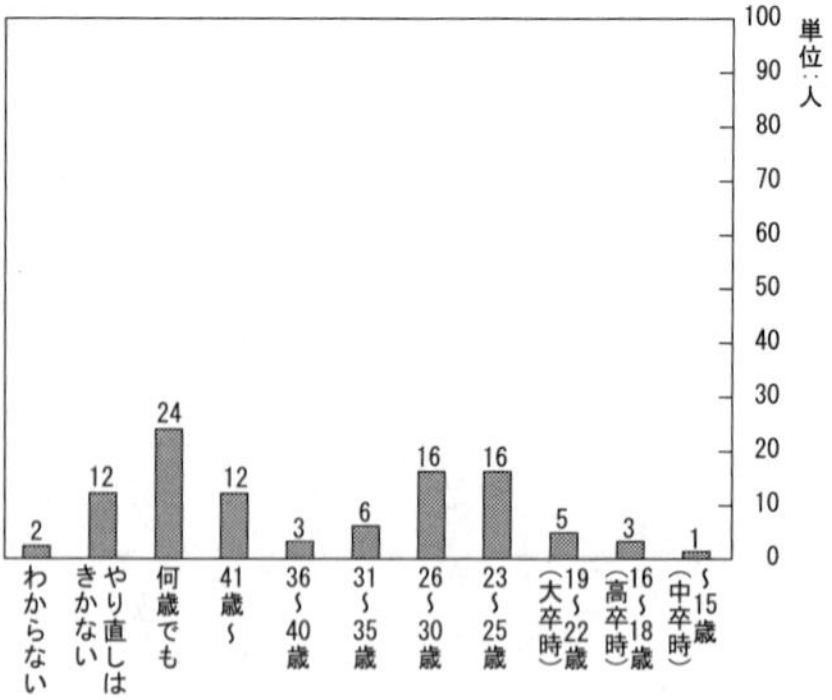
単位：人
100
90
80
70
60
50
40
30
20
10
0
2
12
24
12
3
6
16
16
5
3
1
わからない
やり直しはきかない
何歳でも
41歳〜
36〜40歳
31〜35歳
26〜30歳
23〜25歳
19〜22歳（大卒時）
16〜18歳（高卒時）
〜15歳（中卒時）

50代

そういった「人生の変え方」である。事実、アンケートコメントにも、それを示すものが少なくなかった。

〈職業としてではなく、特技、趣味の範疇で外国語に親しみたいと思う。／53歳／現在は保育士／夢は同時通訳／女／大阪〉

〈学者にはなれなかったが、趣味として今も関連したことに興味を持って、人生を前向きに進んでいる。／60歳／現在は金融機関に勤務／夢は天文学者／男／京都〉

五十代のこれはゆとりでもあり、前向きな見切りでもあり、年齢とのうまいつきあい方でもあり、「もがき、あがき」の時代の終焉《しゅうえん》でもあるだろう。

一方、四十代は「もがき、あがき」のまっ只中である。「三十歳までにやっておくべきだった」と思いながらも、五十代ほどの気持には到達していない。四十代はまだ人生八十年を折り返したところなのだ。子供の教育費などの出費、組織における将来、夫婦関係、親との関係、何もかもがうなりをあげて襲ってくる。四十代は最もきつい年代であり、最も沙婆《しゃば》で生きている年代である。そんな中にあっては、とてもじゃないが「四十歳以上でも人生をやり直せる」とは思えないのだろう。
本著のアンケートは各年代百人という少ないサンプルであるが、もっと多いサンプルで調べた場合はまた違う結果も出てこよう。ただ、四十代というのはキーマンであることに、大差ないのではなかろうか。
さらに、アンケートは続く。

〈夢見た仕事に、今からチャレンジする気はありますか?〉

これも実に現実的な数字である。各年代とも「やり直しは何歳からでもきく」と、あれほど答えておきながら、チャレンジする気持は年代と共に激減していく。

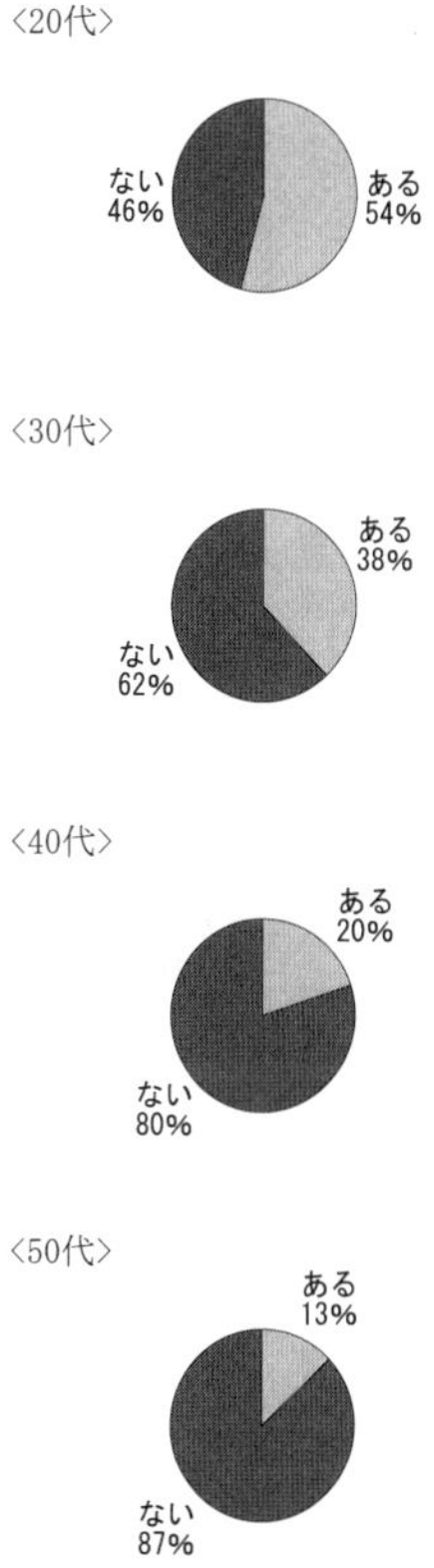

〈なぜチャレンジする気がないのですか？〉

これについては、上位二位は次の通りである（四一〇頁）。

同じようにあれほど「やり直しは何歳からでもきく」としながら、三十代から早くも「年齢的に」という答が出てくる。ここでも四十代の四人に一人が「年齢的に」と答えている。むろん、スポーツ選手など、年齢がポイントになる職業はあるにせよ、やはり、「何歳からでも」という回答には、希望や理想の念がこめられていた証拠ではないか。

〈なぜチャレンジする気がないのですか？〉

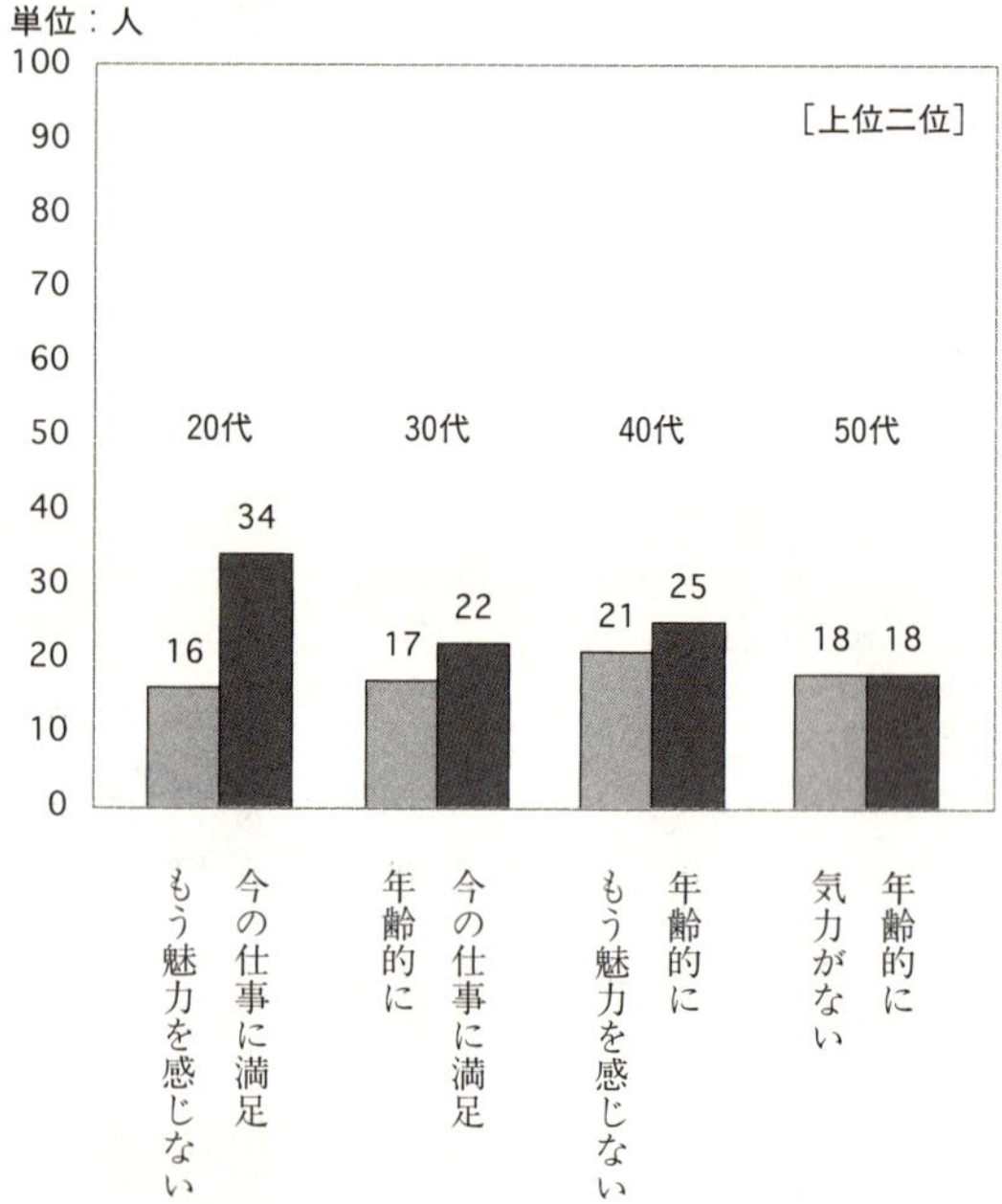

夢を叶えるために、人生を変えるために「今からチャレンジする」と言う人と、「もうチャレンジしない」と言う人の、代表的なコメントを各年代から拾ってみた。なお、「現在の仕事に満足している」と「その仕事に熱意がなくなった」という人のコメントは、理由が明確なので除外してある。

二十代

◎今からチャレンジする

〈今諦めたら一生悔やむし、今諦めたらもうチャレンジする勇気も持たないと思う。／26歳／現在は無職／夢は教師他／女／山梨〉

〈時間は止まってはくれない。今やらなくてこれからの何十年、スカスカのスポンジのような生活は嫌だから。出し惜しみしている場合じゃない。／25歳／現在はTV局事務／夢はスポーツメーカー勤務／女／東京〉

◎もうチャレンジしない

〈年齢的にこれから全く新しい分野に取り組む自信がなくなってきたので。／29歳／

現在は一般事務／夢はＣＭ制作／女／東京〉
〈ある程度、生活を犠牲にする勇気がないから。／26歳／現在は会社員／夢は美術館学芸員／男／長野〉

◎今からチャレンジする

三十代

〈このまま終わりたくないという焦燥感に駆られているから。／33歳／現在は自営業の手伝い／夢は作家、ライター、出版社勤務、図書館司書／女／新潟〉

〈やりたいことは必ず失敗してもトライしてみたいから。やらないで後悔はしたくないので。／33歳／現在は証券会社勤務／夢は声楽家／女／東京〉

〈モノを作り出すことが好きですし、自分にはその才能があると信じています（笑）。／36歳／現在はＩＴベンチャー企業重役／夢は作家・画家／男／東京〉

◎もうチャレンジしない

〈チャレンジするファイトが湧かない（もう夢は見ていられない）。／37歳／現在は会社員／夢は作家／男／千葉〉

〈悲観的というのではなく、仕事は生活していく上での手段で、楽しみや充実感は仕事でないものに見出せばいいと思うようになったから。期待しなければ、後悔や落胆もない。／32歳／現在は会社員／夢は本・文章関係／女／東京〉

〈生活の安定を捨てられない。／38歳／現在は会社員／夢は役者／女／大阪〉

四十代

◎今からチャレンジする

〈理由なんてない。私自身の感性が衰えていなければ、一生目指し続けられるものだと思う。／46歳／現在は専業主婦／夢は詩人／女／埼玉〉

〈自分の才能を信じているから。／44歳／現在は書店経営／夢は自動車、バイク設

計／男／秋田〉

〈いろいろな職業を体験できたし、そのことが自分のこやしにもなっている。その経験も今後、役に立てていきたいと思う。／41歳／現在はPCインストラクター、通信教育添削者／夢は出版社／女／香川〉

◎もうチャレンジしない

〈体力的にも、創造性も、とうに枯れているなあと思う。今の仕事の忙しさに、自分の夢も忘れていることさえある。エネルギーが切れたような気がする。／48歳／現在は小学校教員／夢は演劇関係／女／広島〉

〈昨年、年子の弟が39歳でくも膜下出血で急死してから、もう人生半分だし、これからは自分に負荷をかけることは（精神的にも肉体的にも両方）もうあまりない人生にしたいと思っているので、頑張ってまでなろうとはしないだろう。／42歳／現在はステンレス表面加工メーカー事務員／夢は編集者／女／千葉〉

〈現在の安定と引き換えにはできない。この中でプラスアルファの挑戦をしていく。それさえも、自分自身を鼓舞できない年齢になった。／42歳／現在は保険会社社員／夢は会社経営／女／東京〉

五十代

◎今からチャレンジする

〈生きている限り、チャンスはある。夢は死期を迎えるまで持ち続けたい。／51歳／現在は総合食品メーカーの店頭ディスプレイ／夢は作家、演出家／女／青森〉

〈幾つになっても、やる気と情熱の有無でしょう。自分は当然、やります。／53歳／現在は会社員／夢はイラストレーター／男／福島〉

〈もう年齢的にあとがない。そこで終わる人は終わる。僕はまだ可能性が十分にあると思っていますから、今も着々と勉強中。／56歳／現在は商社部長／夢は庭師／男／北海道〉

◎もうチャレンジしない

〈無駄な動きはしない。／53歳／現在は自営業／夢は開業医／男／兵庫〉

〈勉強する元気がないので。／52歳／現在は経理兼総務事務員／夢は栄養士／女／埼玉〉

〈終わりました。／53歳／現在は製造販売業の営業事務／夢は教師／女／神奈川〉

〈年齢的に、とうの昔に手遅れですので無理ですね。／56歳／現在は営業開発課係長／夢は刑事／男／宮城〉

コメントから読み取れる通り、同じ年代でこうも違うものかと驚かされる。

当然ながら、これはどちらがいいとか悪いとかの問題ではない。私は改めて「性格」というものを考えさせられている。「飛ぶのに不可欠なもの」として、多くの人たちが「性格」を第一に挙げた時、実はあきれたのだが、確かに「性格」はあなどれないものかもしれない。

二〇〇二年五月、俳優の島田正吾は新橋演舞場で一人芝居『夜もすがら検校《けんぎょう》』を演じた。

島田は九十六歳である。彼は毎年、「新国劇」の演目を一人芝居用に自ら構成して台本を書く。そして、約九十分の舞台に立ち、まったくよどみなくセリフを語る。耳は遠くなり、脚も弱くなったが、芝居への意欲と情熱は九十六歳になってもまったく衰えない。客席は毎年、超満員で、補助席が出ても入りきらない。

私は『夜もすがら検校』の芝居終了後、島田を楽屋に訪ねた。化粧を落としていた島田は、私の姿を見るなり言った。

「僕はね、百歳までは新国劇の演目をやる。だけど、一〇一歳からはまったく新しいものをやりたいんだ。内館さん、一〇一歳の時の新作を書いてくれないか」

また、朝日新聞二〇〇二年二月二十五日付の朝刊には、九十歳の現役医師・日野原重明のインタビュー記事が出ている。そのタイトルは『酷使』であり、書き出しは次のようだ。

「老いてこそ、体も脳も激しく使わなくちゃ。休みなく、切れ目なく。ゆうべは原稿3本を書き上げるのに徹夜でした」

90歳が、さらりと言う。徹夜明けで、都内の医院で13人を診察。続いて神奈川県西部のホスピスへ。インタビューは移動の車中でようやく実現した。

そして、その記事の中で日野原はこうも語っている。

「始めることを忘れなければ、人は老いません。75歳を過ぎてからこそ」

それが「性格」であれ何であれ、こんな高齢者は全国に数多くいるであろう。とすれば、「人生は何歳からでもやり直しがきく」ということに、希望が出てくる。

私は今回の取材に協力してくれた人たちにも、「やり直しのリミット」を質問している。まず三十代の年齢を挙げた人たちがいた。

東京スポーツの記者・森伊知郎は言う。

「本当は社会に出て五年くらいでやり直すのが、最も成功の可能性が高いとは思いますね。客観的に言えばね。でも、スポーツ選手とか年齢を特に重要視しない職業であれば、三十五歳まではやり直しがきくと思います」

また、「三十代」というよりは「結婚前」と言う人は多かったが、智乃花もその一人である。

「自分は力士という、年齢が大切な仕事でしたけど、どういう挑戦でも家庭を持つと動きにくくなりますよね。独り者なら失敗しようが思い切り動けますし。家庭を持つと責任が出てきますから。やり直すリミットという意味では、身軽なうちに越したことはないでしょう」

ＪＡＳを退職して、村上景峰と共に中国ビジネスの『泰雅』を立ち上げた小林裕子は、二つの意見を持っている。

「女性の場合、転職して別の組織に入ろうとするなら三十歳まで。その組織が女性をどこまで認めてくれるか、それによって違うんですけど、やっぱりバリバリやるんだったら三十歳まで。ただ、自分で何かを始めようと思うなら、たぶん何歳でもできると思いますね」

そして、四十代がリミットと言う人が最も多かった。

幻冬舎の見城徹は、自らも四十二歳で幻冬舎を起こしている。

「スポーツ選手や女優や作家や、特殊な仕事は比較しようがないですよ。でも、仕事っていう意味で言ったら、僕は三十代前半は早すぎると思いますよ。やり直すこと自体はできればですけど、三十代のうちにと思いますけど、でもね、三十代前半だとやっぱりあまりにも経験がないんですよ。自分を知るとか、自分の才能を知るっていう機会もあまりないだろうし。それから色んな苦労をしたり、負《ふ》の感情を知るということもそんなに多くないだろうし。それと、ちゃんとした相手が、自分をどういう風に評価しているかっていうデータの集積もないでしょう。だから、三十代の後半が僕は一番いいかなと。で、リミットは四十五かな」

私はその言葉に、念を押した。

「リミット四十五歳、ですね？」

見城はうなずいた。

「だと思います。僕は四十二でしたけど、いつも焦ってましたよ。四十超えたらリセットできない、自分の人生をリセットできないって、いつも思いながら生きていたから、四十超えた時は焦りましたよね。やっぱり、人生見えちゃうよね、四十はね。四十一でも四十二でも、それは誤差はあるでしょうけどね。そうなると、三十代をどう生きるかですよ」

第二章でも触れたが、見城は三十代をどう生きるかが、その後の人生のカギになると繰り返し言っている。

また、商社マンから園芸ビジネスの『アン・コーポレーション』を起こした安秀和は、「四十歳リミット説」である。本人は三十五歳でやり直した。

「僕は子供の頃から『折り返し』っていう意識があったんですよ。四十くらいになったら折り返しなんだなって。ですから、四十くらいまでは勉強して、折り返したらあとの半分は応用していくっていうかね。そういう意味では、四十までに方向性をきちんとできるものが欲しいなというのはありましたよね。その後はあまり方向転換できないかもっていうのがね。四十超えたら迷いたくないっていうか」

神奈川新聞社の服部宏も「四十歳リミット説」である。私が、

「何歳までなら、人生やり直しが……」

と、最後まで言い終わらないうちに、

「四十」

と言い切った。私とのやりとりを再現すると服部の断言がよくわかると思う。

内館「四十？」
服部「四十ならできる」
内館「四十まではやり直しがきく？」
服部「きく、きく」
内館「四十からあとはききにくい？」
服部「家庭を持っていなければ別だけど、持っていれば四十」

同じように四十代をリミットとしていても、村上景峰は「四十四歳」まではやり直しがきくと言う。四十四歳で「飛んだ」彼の、その実体験からの言葉である。

「僕の年齢がギリギリだと思う。四十四歳。四十代後半になったらきついと思うね。僕自身、決断する上で、この四十四歳という年齢は大きな要素だった。人生を絵にたとえた時、そろそろ仕上げに入る時期だなと思ったのね、四十四歳って。やっぱり、周囲を見回した時に、老いというものは確実に来るんだと感じ始める年齢でもあるわけですよ。今、この年齢でやり直さなかったら、決断しなかったら、二度とやれないと思ったからね」

村上は「体力」についても、四十四歳リミット説を取っている。

「僕自身、昔より体力はもちろん落ちてますよ。だけど、まだ何の問題もないですよ。若い人間と仕事上で勝負するにしても、まだ困りませんよ。だから、この年齢ならやり直せるってことなんです。これから年齢と共にもっと体力が落ちて、気力も落ちる。そこからやり直すのは難しいですよ。ゼロから始めることのプレッシャーや、環境の変化や、色んなことを、肉体的にも精神的にも持ちこたえ難いでしょう」

洋服と雑貨の店を開いた池亀千鶴は、やや幅をもたせて「四十代半ばがリミット」と言った。

「四十代半ばまでなら、まだ馬力があると思うんですよ。私自身、『今、やらなかったらできないな』と思った。その時期を逃すと、きっと『ああ、そんな夢を持ってたこともあったな』で人生終わっちゃうと思ったの」

私自身は見城と同じに「ベストは三十代後半」、リミットは村上と同じに「四十四歳説」を取る。

　体力は五十歳まではそう問題はない。五十歳を超えると、確かに落ちてくるのが自分でもわかる。気力はそれこそ「性格」により、幾つになってもみなぎる人はみなぎる。私が最も問題にするのは「相手」である。

　つまり、やり直した時点では自分は年齢に関係なく、「新人」である。「ヒヨッ子」と言ってもいい。ヒヨッ子は新しい世界で、新しい「相手」に教わり、もまれ、鍛えられながら育っていく。その際、ヒヨッ子の年齢が高ければ高いほど、相手は扱いにくいのだ。五十歳のヒヨッ子を、四十歳の相手が叱咤激励して可愛がって鍛えるのは、かなりやりにくかろうと思う。こちらが何とも思っていなくても、相手にしてみると若い方がやりやすいのは道理である。

　私が四十歳で脚本家デビューした頃、テレビ局のプロデューサーや、雑誌社の編集者など第一線の人たちの年齢は「四十歳プラスマイナス五歳」というところだった。管理職になると五十代であり、当時の私より十歳以上年長である。これが私には非常にラッキーだった。現在ではテレビ局も出版社もスタッフはすっかり若返っているが、私の場合は共に仕事をする相手が、最も若くて五歳年下程度であった。それだと同年代としてやっていける。他はほとんど年長者であり、非常に鍛えてもらったし、可愛がってももらった。幾人かの年長のプロデューサーたちは、何か困ると私に電話をしてきて、

「大至急、これやってくれよ」

「大至急、この仕事何とかして」

と言い、ある時に一人がポロッともらした。

「いつも便利使いして、悪いなァと思ってるんだ」

私は今でも、相手が便利使いしやすい年齢で人生をリセットできたことは、最大のメリットだったと思っている。むろん、私はそれを計算してリセットしたわけではない。だが、新しい世界における「相手」の年齢が、自分より高い人が多いうちにスタートを切るということは、決してあなどれない。逆に考えれば、自分のやりたい仕事の「業界平均年齢」を知っておくことも必要かもしれない。平均年齢が二十代という業界に、四十代で飛びこむつらさは、おそらく想像以上である。

私は見城の言う通り特殊な仕事は別にして、ある程度自分を知ったり蓄積があったりという年齢の方が、やり直してからうまくいくと考えている。その意味では三十代後半から四十代半ばまでは、体力も問題ないし、気力も十二分に脂がのっている時期だ。また、特殊な業界でない限り、同年代や年長者が現場にいる。

私がリミットを「四十五」とせずに「四十四」とするのは、あくまでも感覚である。たった一歳の差なのに「四十五」となると、どうも「五十」が接近している気がするのである。

誰もが「四十四」だとむしろ「四十」に近く、「四十五」だと「五十」に近い印象を受ける。誰もがそういう受け取り方はしないであろうが、四捨五入の「四捨」の方が相手も鍛えやすく、扱いやすいように思える。

そんな中で、五十二歳から人生をやり直す決断をした赤坂冬子は言う。

「五十二歳からやり直すのは、普通は無理よ。私の場合は、従妹がある程度の実績を持っている商売の共同経営者だから。もちろん、そうでなくても、自分で何かを始めるというのなら、幾つになったってやり直せると思う。でも、どこかの会社に転職するというのなら、女の場合は三十歳がリミット」

小林裕子とまったく同じ意見である。冬子はさらに続けた。

「私は会社の中で、女にとって加齢がいかに悲しいものか骨身にしみたの。それでもキャリアや実力で男をねじ伏せられる女ならいいの。私の場合、単なるオバサンだもの。だから、少しでもそういう憂きめを感じている女は、幾つであろうと飛ぶ準備をひそかに進めた方がいいわよ。私、これまでの自分の人生を本当に後悔してるもの。あの時、ああすればよかったって。あの時、どうして逃げちゃったんだろうって。でも、誰のせいでもないのよね。自分のせい。取り返しのつかないことをした自分に腹が立つのよ。ずーっと、悔んで、腹立てて、気を取り直して自分を慰めて……五十二になっちゃった。リセットしたいわ、人生。

……腹が立つ」

私は冬子の怒りをたたえた目を見た時、この人は本当に、五十二歳のリセットを成功させるのではないかと思った。というのは、月刊『潮』の二〇〇二年六月号で私と対談した舟木一夫は、この冬子にピシャリと重なることを言っているのである。舟木自身のことを語った言葉なのだが、驚くほど今の冬子に重なる。

「自分に腹を立てなくなったところから、男は急激にエネルギーを失うんだろうと思いますね」

冬子は大学受験から逃げた二十三歳を起点に、二十七歳で外資系企業内定から逃げ、その後は「後悔と自らを慰める日々」を約三十年間送ってきたと言っても過言ではないだろう。その間、彼女の人生にはエネルギーがなかったに違いない。「自分に腹が立つ」と口に出すこともなかったのではないだろうか。口に出せば、改めて認めることになる。それは出口のない毎日を送っている最中には相当つらいことだ。

そして今、ハッキリと後悔を幾度となく口にし、自分への腹立ちを口にし、人生をリセットしたいと口にする冬子に、私は「急激にエネルギーを生んだ」という印象を持った。彼女は本当に五十二歳から人生をやり直し、成功してしまうかもしれない。そう思った。

私はホテルのレストランで、冬子に言った。

「『潮』という雑誌で舟木一夫さんと対談した時、おっしゃってたのよ。『人間は逃げ傷が大切だ』って」

案の定、冬子は意外な顔をして問い返してきた。

「逃げ傷？　向かい傷じゃなくて？」

「ううん、逃げ傷。私も対談の席で、向かい傷じゃないかって問い返したの。だけど、舟木さんはハッキリとおっしゃった。逃げ傷が大事だって。逃げ傷は自分を一生後悔させて、いつまでも疼《うず》くからだって。あの時に逃げなきゃよかったって、みっともない傷を見るたびに苦しむでしょう。それが必ず人間を大きくするし、深くするって。舟木さん、そうおっしゃってた」

冬子は黙った。

私はオマール海老の皿にかぶさるようにして食べ、絶対に冬子の方を見ようとしなかった。冬子が大粒の涙を流していたからだ。手の甲で涙を払い、

「ごめんね」

と笑った冬子に、やっぱり生きていることはいいなァと、突然思わされていた。

一方、「何歳になっても人生はやり直せる」と言ったのは、三菱重工業を辞めてブラジルレストランを開いた大﨑邦男と、一流繊維メーカーを辞めてキャスターになった立花裕人である。

大﨑は言う。

「まずトレーニングを受けて、ゼロから教えてもらう。自分のメンタリティとしてそれができるか否か。それに対して非常にフレキシブルな頭を持っている限りにおいては、いつでもやり直しがききます。六十歳だろうが、七十歳だろうが関係ないですね」

大﨑は今、ドイツ系企業にいるわけだが、非常に忙しいため人材を探しているという。年齢の高い人の応募も多いが、面接で確認するのは、

「あなたはゼロになって、ゼロからの出発ができますか」

ということだ。大﨑は言った。

「ゼロにした時に、人間は非常に謙虚になれますよね。謙虚になると、相手の言っていることがすんなりと頭に入ってくるんです。そうすると得るものがいっぱいあるわけです。知識なんかいくらでも入ってきます。それをどう生かすかという応用問題になると、これはトシ食ってる方が有利なんです。今までの人生経験を全部使えますから」

人生経験がプラスに働くということは、多くの人たちが言う。特殊な仕事でない限り、若

すぎるうちのリセットは逆にうまくいきにくいという所以だ。

「たとえばこの情報とこの情報がある時に、これとあっちをこう組み合わせたらこういう方向の展開があるなとか、そういう状況判断が素早くできれば、新人だからってキャリアのある人に負けませんよ。まったく新しい分野に飛びこんでも、その応用問題がちゃんと解ける人なら十分な力になるんです」

そう言った後で、大﨑は改めて気づいたようにつぶやいた。

「キャリアっていうのは、基本的には応用問題が解けるってことだろうな」

いい言葉だった。この言葉は、「人生は何歳からでもやり直せる」ということに説得力を持つ。

立花は二十九歳から約四年間、テレビ朝日と衛星のCNNのキャスターを務めたのだが、三十三歳の時に局の改編によって、朝のCNNがなくなることになった。立花の番組が終了したわけである。

その時、当時のテレビ朝日の「報道の大エース」と言われていた人に呼ばれた。そして言われた。

「立花君、キャスターをやるんだったら、男は正直言って四十からだ。君はまだ三十代だから、キャスターとして信頼を得るには若い。まず、みっちりラジオをやれよ」

この時に言われた「男は四十から」という言葉が、立花は今も忘れられない。今、四十一歳になったばかりの立花は、これからが始まりだという手ごたえをつかんでいる。

「何歳までやり直せるかと言ったら、それは独身のうちの方が楽ということは、確実にありますよ。年齢と共に背負うものが大きくなって、リセットする時に捨てるものが大きくなりますからね。やっぱり若いうちに、まだ少ない荷物を捨ててしまう方が楽っていうのは思いますよね。ただ、捨てる覚悟があって、ゼロから始められるメンタリティがあるなら、僕の経験からは何歳でもやり直せる。そう思います」

私は再び、清岡卓行の「ある四十歳」の詩を思い出していた。

「煙草を吸わなかった少年の頃」、「音楽を浴びていたその頃」から「すべての職業の滑稽さを知り」に至るまでの間は、一瞬だ。人間はあっという間に老いる。それでも「ある日ふと煙草をやめる」とか「ある日ふと　音楽会へ通いはじめる」とか「ある日ふと　職業を変える」という行動は、まだエネルギーがあればこそだ。たとえ諦念にも似た静謐《せいひつ》な無常感に裏打ちされていたとしても、だ。

しかし、その後はきっと徐々に枯れていき、やがて黙って空や雲を眺める日々に行きつくのだろう。その時、老いた人間は何を思うのだろうか。空や雲を見ながら、若く旺盛だった日々を思うのだろうか。そうではあるまい。おそらく、何も思わないのではないか。ただ、空があるから見ている。若い頃にボクサーとして闘ったことなどは思い出すまい。思い出しながら空を見ているのであれば、まだエネルギーがある。

さらには空を見に行く体力が失せ、横たわるだけの日々になる。うつらうつらと此岸と彼岸の境界に生きている。そしてある日、彼岸に旅立つ。

いつの日か、誰にでも空を見るだけの日々や、此岸と彼岸をたゆたう日々が来る。確実に来る。第一章で見城徹が、

「人間はみんな、死に向かって行進しているわけですよ」

と言った通りだ。

詩人の高橋睦郎が、朝日新聞（二〇〇二年一月三日付）に『海、ボーダーについての思索』という文章を寄せている。高橋は、波打ちぎわは海と陸の境界、つまり「ボーダー」だとし、そのボーダー・ラインは絶えず動いていると書く。しかし、人間は護岸を造った。高橋はそこに触れている。

護岸とは究極的には海と陸のボーダーの絶えざる変動を否定し、海の富は惜しみなく奪うがけっして返さないという思想である。その結果は短絡時には陸を富ませるように見えるが、海の生命力を痩《や》せさせ、ひいては陸の生命力を痩せさせる。陸は海から多く

——の富を貰《もら》い、また海に返す。この繰り返しによって陸も海も生命力を恢復《かいふく》し増幅してきた。

そして高橋は、この「護岸の思想」を死と生についても重ね、示唆《しさ》に富んだ文章を続けている。

——

護岸の思想の向かう先は海と陸のボーダーにとどまらない。死と生のボーダー、未知と知のボーダー、闇と光のボーダーも、同じ思想にさらされている。人間は死と闘い、未知を追いつめ、闇を追撃しつづけたあげく、生を、知を、光を痩せさせてしまった。実は生を富ませるのは死、知を甦《よみがえ》らせるのは未知、光を輝かせるのは闇であるという単純な事実を忘れてしまったからだ。

この文章を読んだ時、私は「後悔したくない」という言葉は、本来いかに重いものであるかと考えざるを得なかった。たとえば猫も杓子も、

「やっぱァ、後悔とかしたくないじゃないですかァみたいな。ていうかァ、好きに生きた方がいいかなみたいな。後悔とかって取り返しつかない系？　とか考えるじゃないですかァ。

自分的には、うん」

と軽く口にし、「後悔したくないから」と言えばすべてが許される風潮がある。つまり、「後悔したくないから」という言葉自体はとうに形骸化している。にもかかわらず、今でも十分に免罪符になっている。

本来、「後悔したくないから」という言葉は「生を富ませるものは死」、「死を富ませるものは生」という厳然とした思いと覚悟の上に成り立つものであるはずだ。第一章で、長野ハルは、

「何かをやる時、『悔いのない人生にしたいから』ってよく言うでしょう。悔いがなければそれでいいって言えるのかしらねえ……。何だかなァって思いますよ」

と言い、私はこの視点に衝撃を受けたのだが、長野はおそらく、形骸化したこの言葉を使う人たちをさんざん見てきたのではないかと、今にして思う。軽く「やっぱァ、後悔とかしたくないじゃないですかァみたいな」と言うような人たちと会い、そのレベルでいいのかと疑問を持ったに相違ないと思う。

「やっぱァ、後悔とかしたくないじゃないですかァみたいな」という言葉の裏には、本来は死への強烈な意識が不可欠だ。それは「死」という一瞬の「点」のために、「生」という長い「線」と闘う覚悟をつけるという宣言なのだ。つまりは「生を富ませるものは死」、「死を

富ませるものは生」という、もはや止めようもない思いの末に出てくる言葉なのだと、その重さに気づかされる。

今回、本著のために取材した人たちのすべてに、その言葉の裏に「生と死」の重さがのぞいた。それは地獄を見た人であり、何もかも失う覚悟で飛んだ人であり、強烈な恨《ハン》を抱えた人であり、プロボクシングという過酷な世界に生きる人であった。彼らは常に「ボーダー」の意識を持っているのだと思う。激しい日々の中で、寄せては返す生と死の意識が、生を富ませ死を富ませることを体感している。むろん、片時もそれを忘れずに意識しているわけではないにせよ、である。

原田政彦（元ファイティング原田）は言った。

「僕はプロボクサーとして、死といつも隣り合わせで生きてきましたからね。生きている間は悔いを残さずに生きたいと、これは常に思ってますよ。まだ幼い頃に、親父に言われたんです。『男は勉強して学者になるか、カネをつかんで世に出るか、努力して栄光をつかむか。そのどれかだ。悔いのない人生を送れ』と。いい言葉だと思います。勉強やカネがダメでも、努力して栄光を手にする可能性は誰にだってある。人は死が訪れるまでの、いわば限定期間を生きるわけですから、そう考えるとどんな努力だってできるはずなんですよね」

そして、原田は言い切っている。

「生まれ変わっても、僕はプロボクサーになります。水洗トイレの水を飲んじゃおうかと思ったほどボクサー人生は苦しかったけど、耐えられる。また、同じ人生がいい」

こう言い切ることができるのも、ここまでの人生に悔いがないからだろう。安秀和もその点に触れている。

「もし後悔しなければ、僕はたぶんまた似たような人生を選ぶと思うんですね。死ぬ時に振り返って、ああしておけばよかった、こうしておけばよかったと悔やむかどうか、それが生まれ変わった時の選択に重なるでしょう。後悔しないように生きて、また同じ人生を選びたい。そう思えるように生きたい……と考えてますよね、やっぱり」

智乃花は面白い言い方をした。

「生まれ変わったら、もう一回、力士になりたい。悔いがありますから、今。今度はもっと早く、十六歳で入門します」

そう言って笑った顔には、今はやるだけのことをやったという安堵感が見えた。彼が突然の引退を発表したのは、この日からわずか二十日後のことである。私はそのニュースを聞いた時、悔いなく生きたからこその安堵の表情と、「生まれ変わったら十六歳から」と言った笑顔を思い出していた。

「死」の意識として、「生まれ変わったら」と言う人たちがいる一方で、「人生は短い」という言葉を使う人たちも多い。

角海老宝石ジム会長の鈴木真吾は、

「僕はやっぱり、人生って短いものだという意識があります。たった一回だという意識も強い。だから、動ける年齢のうちに、できることを一生懸命にやれと思いますね。人間、誰でもチャンスがめぐってきますから、それをつかむためにも、人生は短いと意識することじゃないですかね。そうすれば、どう動くべきか、どう生きるべきかが見えてきますから」

と言っている。

青森県アマチュアボクシング連盟の顧問ドクター村上信子は、医者として明快だ。

「ストレスというのはバカにできないんですよ。実際に脱毛症になったり、潰瘍《かいよう》ができたりってありますからね。だから、クヨクヨするのが一番いけない。『あの時、ああすればよかった……』って後悔してクヨクヨするよりも、行動して失敗した方がクヨクヨしないでしょ。短い人生なんだから、クヨクヨしてちゃ損よ、心も体も」

そして、拳を突き上げると、

「自分で『さあ、行けッ！』って言える場所や時期を持つことね。短くて一度きりの人生だから、そういうすごく密度の濃い時期を持つことは、心にも体にも幸せなことなの」

と言った。村上信子は実に「陽」の人である。青森の選手たちがリングに立つ時は、

「怪我したら私が手術場までついていくから、悔いのない試合するのよ」

と言って送り出す。選手たちはリングサイドに信子医師の姿を探し、見つけるとホッとするのだという。選手の一人が、私に照れながらそう言った。他県の関係者からは、

「青森はいいなァ。信子先生がいる」

と羨しがられる。しかし、信子自身はこう言う。

「私も選手たちに幸せにしてもらってるの。私は七、八年前にボクシングのドクターを頼まれて、それまではボクシングと無縁だったわけですよ。最初は病院の仕事が忙しいからって、青森市内だけなら引き受けますなんて言ってね。それが選手たちと会ったら、舌の根もかわかないうちにインターハイだ、国体だって追っかけが始まって。こんな年齢になってから、あの子たちが私の人生をものすごく豊かにしてくれたの。それは短い人生の中で、私にとって本当に幸せなことよ。自分に『さあ、行けッ！』って号令かけられる場を与えてもらったの。あの子たちに」

短い人生の中に、この「さあ、行けッ！」という思いを持てる幸せを、横川千はるも言う。女優の夢に見切りをつけ、向島で芸者に生きる彼女はまだ二十代ながら、

「やっぱりね、人生って一度きりで短いという、それはいつも頭のどこかにありますよ。だから今、一番気合いが入るのは着物を着て帯を締める時なの。『さあ、行くわよッ！』って」

と言った。信子医師と同じに「さあ、行く」という言葉を使った一致に、私はびっくりさせられていた。そして千はるはこうも言った。

「私、『さあ、行くわよッ！』と気合いを入れられる時期を、短い人生の中で持ててよかったと思います。『今夜はお座敷がいっぱいあって戦争だわ』なんていう日は、長襦袢《ながじゅばん》を着るあたりから気合いが入って、衿を抜いて、もう『行ったるで！』くらいの勢いですね」

千はるを見ていると、あれ以上、女優になる夢を深追いしなくてよかったとつくづく思わされる。さんざん多くのことを経験した彼女の、その豊かな生が必ず豊かな死に続くだろうと実感せざるを得ない。

角海老宝石ボクシングジムのチーフトレーナー田中栄民も、信子医師や千はるに重なることを言う。

「うちのジムにはOB会があるんです。今はもうボクシングをやめた元選手たちが、年に一回集まるんですよ。今では医者になってたり、学校の先生になってたりという人もいましてね、北海道から沖縄まで散ってますけど、みんなワクワクして集まるんです」

その時、田中はみんなの話を聞きながら、毎回感じるのだと言った。

「誰しもボクサーをやっていた時期が一番輝いてたんです。みんな、自分でそう思ってるんです。一番パワーを使って、一番がむしゃらに生きてた時代なんですよ、誰にとっても。オギャーと生まれてから、たぶん棺桶に入るまでの間で一番。だから、短い人生の中でそんな時期を持てた人間の幸せを、やっぱりＯＢ会で感じますよ。死ぬ時に誰もが『ああ、命削って生きた時期があって幸せだった』って、思うでしょう」

三迫ジム会長の三迫仁志は、さらに具体的に「死に場所」という言い方をした。

「僕は精神論を明治生まれの師に叩きこまれましたからね。師は『男は死に場所が大切なんだ』っていつも言っていた。今は男も女もですよ。せっかく生まれてきて、人として短い一生を与えられた時、自分が体を張って輝いて生きる場所を手にしないで、どこで死ぬんですか」

今、改めて高橋睦郎の「ボーダー」を思い出している。生と死は寄せては返す波であり、それによって相互が豊かになる。三迫の言葉は深い。「生き場所を手にしないで、どこで死ぬんですか」――つまり、「生き場所」が「死に場所」なのだと気づく。いい生き場所を持たなかった人は、いい死に場所も持てないということだ。「生を富ませるものは死」、「死を富ませるものは生」という思いが、これほど重なる言葉もない。

寺山修司は『負け犬の栄光』の中で、漫画『あしたのジョー』の力石徹の死に触れて、印象的な文章を残している。

ボクサーにとってリングの外では死は「死」ではなくて、ただの人生の休息にすぎないからである。

医学的な死を休息と思えるほどの「生き場所」を得た人は、死に何らの恐怖をも持ち得ない「死に場所」をも得たことになる。それこそが人生の勝利者ではないか。

幻冬舎の見城徹は、言っている。

「人間が死なない運命を持っているんだったらば、一億年生きる者だったらば、淋しくも切なくもないですよ。やり直しだっていくらでもできる。哲学的命題なんかないですよ。哲学もないし文学もない。恋だって夢だって、いつかは成就するでしょう、一億年生きられるなら。だけど限られた生命で、人生の時間が決まってるから、人は淋しいし、切ない。生を語ることは死を語ることですよ。僕は全部プロセスだと思っていますから」

死という「点」に向かう、生という「線」はまぎれもなくプロセスである。

「飛ぶにせよ飛ばないにせよ、最後に迎える死ということがすべての価値観になってますね、僕の。死ぬ時に、自分が『ああ、いい人生だった』と思えれば、それはプロセスの完結を成功で迎えたことですよ。他人から見た時に、小さな人生だったとか、貧しい人生だったとか言われようが、成功した人生だったんです。自分が幸せだと思って死ねれば」

そう言った後で、見城は正面から私を見た。

「それがすべてですよ。すべて」


二〇〇二年七月六日、後楽園ホールは満員の観衆でむせ返っていた。

全国に現代的なアリーナや競技場が建ち並ぶ中、ここ後楽園ホールだけは時代遅れな雰囲気が今もたちこめている。その昔、ボクシングにまだまだアウトローの匂いがあった頃の、それを今に甦らせる聖地は実にもって悪くない。

この夜、榎洋之はセミファイナルで、鈴木将富（高崎）と十回戦を戦った。榎本人もジム関係者も、そして観衆も、この一戦が日本王座戦の前哨戦であることを暗黙のうちに感じていた。

榎は文句のつけようのない右で、六ラウンド一分五十六秒、鈴木をマットに沈めた。これまでの納得しきれない勝ち方を、一掃するようなノックアウトシーンだった。五年前、アマチュア連盟を除名されたきかん気な少年は、今、自らの手で日本王者のベルトをつかむところまで昇ってきた。

リングから降りた榎は、汗とワセリンにまみれた体で、そのまま私の前に来た。彼が何か言う前に、私が言っていた。

「榎君、気持よかった。いい勝ち方」

そう言ってワセリンだらけの肩にふれた私に、榎は目だけで応じると「エノキー！　エノキー！」とコールする観衆の中、控室へと歩き出した。私は「無敵」と刺繍されたトランクスを目で追いながら、彼が最も苦しい時期にポツンと言った一言を思い出していた。

「俺、いつもいつももめていたい。死ぬまでもめていたいんです」

彼の背が観衆の中に隠れた時、私は客席の奥にひっそりと座っている両親に、初めて気づいた。一瞥もくれずに花道を下がる三男坊の末っ子を、両親は観衆の中で見送っていた。

あとがき

どうしても書きたいテーマだった。

夢を不発のまま抱えて死んでいく。夢を爆発させて死んでいく。人間はこのどちらかしかないのだと、まだ会社勤めをしていた頃から私は考えていた。

おそらく、どちらを選び取っても後悔はある。それならば、どう生きたらより後悔が少ないのか。危険を承知で何もかもゼロに戻して、夢に向かって人生をリセットする方が幸せなのか。それとも不発の夢は夢として、家族や友人たちと豊かにあたたかい人生を楽しむ方が幸せなのか。

私は一九九五年に、テレビ朝日の二時間ドラマとして『転職ロックンロール』を書いている。一流企業のエリートサラリーマンが、どうしても夢を諦め切れず、ロックシンガーになるために飛ぶ話である。その時、私は飛べない同僚のセリフとして、

「俺は夢の不発弾を抱えたまま死ぬことを選ぶ。敢然と選ぶ」

と書いた。

あの頃も今も、私はどちらの生き方が正しいとは思っていない。どちらも正しく、どちらも後悔があり、どちらも自分で決めることだ。

ただ一点だけ、世間でよしとされる風潮を、すべからくよしと思う必要はない。それはあの頃も今も思っている。そして、よしとされているがために逆らいにくい考え方に、自分が合わないなら逆らっていい。そこだけは、本著でも明確にしたつもりだ。

世間的によしとされ、逆らいにくいのは、それはたとえば、

「仕事だけの人生は淋しい」

という考え方。

「伴侶も子供も仕事も、すべて手にすることで人生は豊かになる」

という考え方。

「自然体が一番」

という考え方。

「死ぬ時に後悔したくない」

という考え方。

いずれも一理ある。ひとつの考え方として肯定する。だが、こういう考え方もあるという程度のことだ。それのみを賛美するのはあまりにもステレオタイプで、あまりにも僭越で、

あまりにも乱暴だ。自分に合わなければ、合わせる必要はない。例に挙げた考え方はどれも反論しにくい美しさを持つ。そして、それが世間の主流になっているだけに、誰しも異を唱えるには勇気がいる。異論のある自分がおかしいのかと思ったり、気がひけたりもしよう。特に若いうちはそうだと思う。

だが、たとえば「一生独身で、仕事だけが人生のすべてで、趣味はひとつもなく、自然体どころか常にやせ我慢と忍耐と努力の連続で、死ぬ時に後悔するだろうと思いつつ、現状で頑張る」という人間でも、それが自分に合うならそれでいい。本人がつくづく幸せを感じているならば、世間の主流を気にする必要は一切ない。ステレオタイプの潮流に流されないことだ。本著に登場する人たちの生き方から、それは感じて頂けると思う。

清岡卓行の詩に、「オーボエを吹く男」という一篇がある（『清岡卓行詩集』思潮社）。

オーボエを吹く男

ライプチッヒ・ゲヴァントハウス管弦楽団を聞きながら

テレビの中のオーケストラの全員が

ふと　休止符のそよ風に
めいめいの羽をゆだねて　無言のまま
シンフォニーの空を　一瞬
飛びつづける。
ドイツから楽器をぶらさげてやって来て
そんな渡り鳥のイメジをあたえる　かれらの
その束の間の　静寂の深さに
ぼくの疲れた夜のからだは
眼覚めたようにこころよく
のめり込むのだ。
やる以上は　惨めな仕事でも
精魂をこめてやらずにはいられなかった
昼間の人間の悲しみから
解き放たれて。
画面は　すでに
オーボエを吹いて　頬をすぼめている

律儀そうな男の顔のクローズ・アップだ。
ぼくは
見知らぬ土地と薔薇の臭いを
そのゆるやかな時の流れに嗅いでいる。
そして　何となく考えている
あの　髪が薄く
目玉のすこし飛び出た男は
どんなつもりで生きているのだろうと。

ＯＬ時代に初めてこの詩を知った時、強烈なショックを受けた。「やる以上は　惨めな仕事でも　精魂をこめてやらずにはいられなかった　昼間の人間の悲しみから　解き放たれて」という部分から「そして　何となく考えている　あの　髪が薄く　目玉のすこし飛び出た男は　どんなつもりで生きているのだろうと」と続いた時の衝撃。
宇佐美斉は、同書の「清岡卓行論」で書いている。

（シンフォニーを聴いている男は）一見したところ、つつましくはあるが、かなり安定した生活を送っているように思われる。美しい妻と、彼女との愛の結晶である幼い子供たち。大都会の片隅にひっそりと身を寄せあって暮している小市民の穏かな家庭――。しかし、表面上のこのような安定にもかかわらず、彼の日常生活を時として得体の知れない虚無の風が、吹き抜けて行くことがある。


さらに宇佐美は、清岡の第二詩集『日常』の「思い出してはいけない」という作品に触れている。清岡はその作品の中で、

「そんなに遠い夢の中の廃墟」

という言葉を使っているのだが、これについて、宇佐美は次のように書く。


清岡卓行の詩の世界は、一見充実しているかにみえる日常的現実の世界が、何かのきっかけで開示してみせる虚無の深淵なのだ。

「そんなに遠い夢の中の廃墟」とは、ふだんは妻と子の平和な家庭生活を送っているにちがいない、ひとりの男の精神にひそむ、一種の埋めがたい穴ぼこであろう。それはどうやら、彼の心がたえずたちかえって行かなければならない、なつかしい愛の風土でも

——あるらしい。

この「彼の心がたえずたちかえって行かなければならない、なつかしい愛の風土」を、私はOL時代に「夢の不発弾」だと解釈した。死ぬ間際にもたちかえる風土——だからこそ「不発のままだと後悔するのだ」と考えた三十代を思い出している。

「一種の埋めがたい穴ぼこ」は、不発のまま抱いている夢であり、「虚無の深淵」なのだと解釈できまいか。されば現実として、どう生きるか、だ。

今までずっとフィクションを書いてきた私にとって、これは初めてのリポートである。三年間の長きにわたり、私の「追っかけ」につきあって下さった榎洋之さん、そしてプロボクシング界の皆様に心からお礼を申し上げたい。さらに、「旧知」というだけで、私の無躾《ぶしつけ》な取材に快く応じて下さった皆様、さらに、不慣れなリポートを書く私に取材からアンケートに至るまで、細やかに心強い伴走者となって下さった幻冬舎の舘野晴彦さんに深くお礼申し上げたい。

なお、たった今、いいニュースが飛びこんできた。二〇〇三年四月に、榎洋之さんがついに日本王座に挑戦することが決まった。彼は無敗のまま、日本フェザー級のチャンピオンベルトを巻くかもしれない。

最後になったが、この一冊が、人生のリセットに焦っている方々や、飛ぼうか飛ぶまいか決断のつかない方々に、何らかの参考になればと願っている。人生における多くの岐路、決断はとても重要なことには違いないが、私は雑誌『トランヴェール』（二〇〇一年十月号）に出ていた大西信行さんの句が好きだ。

あれもこれもこの世でのこと曼珠沙華

二〇〇二年十一月

東京・赤坂の仕事場にて
内舘　牧子

文庫版あとがき

本書は二〇〇二年十二月に単行本として出版されたのですが、あれから二年半の間に、多くの変化がありました。

何よりの変化は、私が三年間追っかけ続けた榎洋之さんでしょう。彼は当然ながら、無敗のまま日本王者になりました。単行本のあとがきに、私が「二〇〇三年四月に日本王座に挑戦決定」と書いた通り、その日程はハッキリと決定していました。ところが突然、その「決定」が流れたのです。何とその後、一年半も挑戦できず、彼が初挑戦でチャンピオンベルトを巻いたのは二〇〇四年九月のことでした。

スポーツ選手にとって、一年半の「宙ぶらりん」はどれほどの焦燥でしょう。刻一刻と体は若くなくなっていくのです。私はその間もずっと榎選手を見てきましたが、彼は驚くほど冷静に、淡々と待ち続け、心身を鍛え抜いて、いつ訪れるかわからない「その日」に備えていました。そして、王座挑戦も初防衛戦も、文句なしのノックアウト勝利で飾りました。私はその試合を観ながら、そしてリング上でファンに感謝を伝える榎選手を見ながら、「つらい時期」というものが、確実に人間を大きくし、技術的にも熟成をもたらすのだと思わされていました。

また、JASを辞めて起業した村上景峰さんは、アウトソーシング契約していた企業と離れました。今は完全に自分の中国ビジネス一本です。小林裕子さんと絶妙のコンビも健在で、上海と東京を往復する日々。つらい時期もあったようですが、二人は笑顔で、

「やっと明るい展望が持てるところまで来ました」

と生き生きしています。

ボクシングのチーフトレーナーの田中栄民さんは、チャンピオンを量産。角海老宝石ジムに一人の世界王者と四人の日本王者を、同時期に誕生させました。榎選手をはじめ、世界を狙えるボクサーがまだまだひしめいています。

五十二歳で飛んだ赤坂冬子さんは、従妹と店を始めてまもなく大恋愛し、今は彼と一緒に暮らしています。もちろん店は続けていますが、彼女は、

「恋人ができるなんて考えもしなかった。人生って諦めちゃいけないって、つくづく思ったわ。不況で店も苦しいけど、絶対に諦めないわよ」

と、別人のように明るくなっています。

そして、長野ハルさんのまったく変わらぬ若さには、ただただ驚くばかりです。二年半前

と同じ美しさと潔さで、静かにボクサーを支える姿に、私はますます憧れを抱いています。長野さんのように生きたい。つくづくそう思います。

　そして、このあと書きを書いている今日、青森のリングドクターの村上信子医師から手紙が届きました。

「四月の榎君の防衛戦には、私も後楽園ホールに行きます。会えますかしら。そうそう、内館さんはついに、東北大学の相撲部監督に御就任とか。選手たち、ビビっているのでは？」

　そうでした。私も大きく変わりました。東北大学大学院の受験に合格し、「大相撲における宗教学的研究」のために、宗教学研究室で勉強を続けています。そして、あろうことか相撲部監督になってしまいました。映画「シコふんじゃった。」のままに、部員数四名という相撲部です。今はクラスもC級ですが、いつか必ず「強豪国立大学」と言われるよう、選手たちと一緒にがんばるつもりです。五十代も半ばになって、こんなにドキドキすることに恵まれるなんて、冬子さん同様に考えもしませんでした。

　思いもかけないことが起こるから、生きていることは面白いと改めて思わされています。もしかしたら、東北大出身の力士を、智乃花改メ浅香山親方のもとに送りこむことだって、ないとは言えないのですから。

　どんな夢だって、生きてさえいれば可能性はゼロではない。あれから二年半がたった今、ますます強く思わされています。

二〇〇五年三月

東京・赤坂の仕事場にて

内館　牧子

解説

藤島大

ボクサーは鍛え抜いた我が身をさらにグラムの単位で引き絞る。顔面を殴打され、まぶたを切り、手の甲の骨を砕き、なお日本王者にして報酬は信じがたいくらい薄い。へたをすれば死と結びつくから、そうならぬように周到で難儀な準備を重ねる。よって試合の機会は限られる。そこに「はい、次」＝「リセット」の安易はありえない。ひとつの敗北からの挽回は容易でない。

才能の劣勢を縮めようと努力に努力を重ねる。必ず成果は上がる。勝ち進む。また勝ち進む。「努力はすべてを制す」。そう口に出しかける。すると、いよいよ決戦、究極の場所にまたもや才能の壁は立ちはだかる。それが本物のボクシングだ。真剣勝負のスポーツは人生と同じだけ残酷である。

元WBCJ・ウエルター級の世界王者、浜田剛史は、左の拳を痛めた二年間の空白を以下のように過ごしたと本書にはある。

「浜田がみんなとごはんを食べていた時、テレビで野球をやっていたんですって。その時、浜田の頭だけが揺れている。みんな、どうしたのかと思ったら、浜田はテレビの野球を見ながら、ピッチャーの球をよけてたの」（帝拳ジム・マネージャー、長野ハルの証言）

いかにも僧のごとくボクシングに浸った硬骨らしい光景である。ただし浜田剛史と同じように頭を揺らしたボクサーは他にもいたと思う。ひたむきで、まじめで、不器用で、うんざりするほど一途な若者なら。しかし浜田剛史のパンチ力（十五連続ノックアウト勝利！）を同じように授かった者はいなかった。

人間は夢を叶えずして人間なのか。

まさに人間ならば誰であれ考える。夢に悩んでこそ人間だ。夢をめぐる決断と逡巡《しゅんじゅん》には、人間が人間であるための要素がすべて存在する。才能と努力。意志と環境。生と死。それに「運」という望外で、ゆえに受け入れがたいような現実も。

そんな深い深い森を作家は丸ごと引き受けようとした。しかも事実を事実のまま積み上げながら。なんたる労力。なんたる誠実。ページの厚みの半分は人生の充実で埋まり、もう半分はその残酷を正視する。

やはりプロボクサーの榎洋之は、高校三年夏の大会で「事件」を起こし、アマチュア選手としての将来をなくした。こうなればプロへ。故郷の秋田から東京のジムを訪ねてみる。会長がやってくるまでの待ち時間、農業高校に学ぶ少年は奮然とサンドバッグを叩き始めた。ジムの関係者は瞬時に「天性」をかぎとった。私たちも、この逸話に「天職」を感じる。ひとまずは羨望を抱く。そして、また私たちは、無垢《むく》な魂が天職を得て、なお困難は待ち受けるのだとも知っている。

踏み出すべきか。踏みとどまるべきか。夢の爆弾に着火するのか。しないのか。夢を叶えようと飛んで、人間らしい充実を覚えた。夢を叶えようと飛んだら、かえって人間らしく生きられなくなった。もちろん、それらの逆もありうる。絶対に正解は見つからない。断じてしまえば、作者は、そんなことは、あらかじめ分かっていた。それなのに、あたかも「使命」のごとく正解を求めようと走り回ってくれた。実感に満ちた言葉を採集してくれた。

あの内館牧子が私たちに代わって、永遠に芯には届かぬ皮をそれでも芯に向かって剝《む》いてくれている。迷える善男善女は、そうして、一枚ずつの薄皮に刻まれた人生の喜怒哀楽を受け止めるのだ。

教職を捨て二十七歳で角界に飛び込んだ智乃花を部屋に取材する。若い衆が麦茶をふるまう。「おかわりを注ぐたびに、土俵上の蹲踞《そんきょ》の姿勢になるのが何ともおかしい」。作者はそんなふうに人間を見てきた。そちらが先だった。

お相撲さんの微笑ましい所作も、ビジネスにおける冷徹な失敗も、旧電電公社職員の「一行だって新聞に載ったことのない」半生も、なにもかもは記録されるべき人類の歴史だ。本書には、偽りの精神世界や薄っぺらな人生訓をふりかざして「ありもしない芯」を語る不埒はない。

曲がりくねった回り道をはしょらないから少しまどろこしく、うわべの深刻とは無縁で、それでいて怖ろしいところがある。ドラマを紡ぐ脚本家の初めてのノンフィクションの価値である。

——スポーツライター

この作品は二〇〇二年十二月小社より刊行されたものです。

幻冬舎文庫

●好評既刊
バスがだめなら飛行機があるさ
内館牧子

受験、結婚、仕事に出産……周りを見渡して出遅れたと焦る必要なんてない。大河ドラマ「毛利元就」で大評判の元気な女たちから学ぶ、人生を楽しむ新たなスタイル。書き下ろしエッセイ集。

●好評既刊
寝たふりしてる男たち
内館牧子

「女の時代」、男は本当に弱くなってしまったのか。不動産業界を舞台に、これまで寝たふりをきめこんでいた男たちが夢をかけ激突。女たちの心をも揺さぶるスリリングな企業戦士の物語。

●好評既刊
義務と演技
内館牧子

夫は義務で妻とセックスし、妻は内心うんざりしながら演技で応える!? 映画化、テレビドラマ化され「ギムエン族」として話題となったベストセラー恋愛小説。続編「週末婚」も反響を呼んでいる。

●好評既刊
あなたはいないけど…
内館牧子

著者の身の回りにあったり、毎日使っている品々をモチーフに描かれた心あたたまるエッセイ。何か大切な人や大事なものを失ってしまった悲しい夜にも、きっと元気をくれる一冊。

●好評既刊
週末婚
内館牧子

姉・陽子に結婚を誓った恋人との仲を引き裂かれた月子は、仕事も恋人も手にすることのできる「週末婚」を思い立つ。現代の結婚が抱える様々な問題に焦点を当て、ドラマ化もされた話題作。

幻冬舎文庫

●好評既刊
忘れないでね、わたしのこと
内館牧子

「年々気が短くなってくる」という著者が、日々の生活で感じた「怒り」を、ユーモラスに描くエッセイ。横審やドラマ現場での裏話を始め、読んでいるうち、気持ちがスカッとする50編を収録。

●好評既刊
私から愛したい。
藤堂志津子

恋、仕事、そしてひとりの時間。積極的に、自分から愛していくことで、女の人生は、大きく変わる。〝愛する者がゆえの幸せ〟を追求する、生を楽しむための、恋の極意36編。

●好評既刊
うそ
藤堂志津子

今日もまた〝殺したい奴リスト〟に名前をつける。レンタル家族のバイトをする女子大生の玉貴は、ゲイと暮らし、愛のないセックスを運動のようにし、いつも何かに苛立っていた――。感動長編。

●好評既刊
窓をあければ
藤堂志津子

恋、買い物、メイクなどにはすっかり興味を失って、何ものにもとらわれない心の軽快さをかみしめている今日この頃。この心境の変化って？　人気恋愛小説家のユーモア・エッセイ。文庫オリジナル。

●好評既刊
夫の彼女
藤堂志津子

「いったい、どんな女とつきあってるの？」見知らぬ「夫の彼女」にあれこれ思いをめぐらせ、もがき、苦しみ、翻弄される妻。読みだしたら止まらない、自分さがしのユーモア恋愛結婚物語。

幻冬舎文庫

●好評既刊
山本文緒
群青の夜の羽毛布

家族っていったい何でしょうね——？　丘の上の一軒家に住む女三人。長女の恋人をめぐって母娘の憎悪、心の奥底に潜めた闇が浮かびあがる。恋愛の先にある幸福を模索したミステリアス長篇小説。

●好評既刊
山本文緒
そして私は一人になった

あれほど結婚したかったのに離婚してしまった。そして三十二歳にして、初めての一人暮らし。その一年間を日々刻々と綴った、日記エッセイ。文庫版特別書き下ろし「四年後の私」も収録。

●好評既刊
吉本ばなな
日々のこと

ウエイトレス時代の店長一家のこと。電気屋さんに聞かされた友人の結婚話……。強大な「愛」がまわりにあふれかえっていた20代。人を愛するように、日々のことを大切に想って描いた名エッセイ。

●好評既刊
吉本ばなな
夢について

手触りのあるカラーの夢だってみてしまう著者のドリームエッセイ。笑ってしまった初夢、探偵になった私、死んだ友人のことなどを語る二十四編。夢は美しく生きるためのもうひとつの予感。

●好評既刊
吉本ばなな
ハードボイルド／ハードラック

死んだ女友だちを思い起こす奇妙な夜。そして、入院中の姉の存在が、ひとりひとりの心情を色鮮やかに変えていく「ハードラック」。闇の中を過す人人の心が輝き始める時を描く、二つの癒しの物語。

夢《ゆめ》を叶《かな》える夢《ゆめ》を見《み》た

内《うち》館《だて》牧《まき》子《こ》

平成17年4月30日　初版発行
令和4年11月30日　3版発行
発行人——石原正康
編集人——高部真人
発行所——株式会社幻冬舎
〒151-0051東京都渋谷区千駄ヶ谷4-9-7
電話　03(5411)6222(営業)
03(5411)6211(編集)
公式HP　https://www.gentosha.co.jp/
印刷・製本—中央精版印刷株式会社
装丁者——高橋雅之

幻冬舎文庫

ISBN4-344-40637-0　C0195　う-1-7